東北の幕末維新

米沢藩士の情報・交流・思想

友田昌宏

吉川弘文館

はじめに——幕末維新期における情報と思想

人は前例のない事態に遭遇したとき、それに対処すべく情報を収集する。情報がかようなものであるとするならば、激動期ほど、その重要性が高まることはもはや多言を要しまい。幕末維新期の日本が高度な情報化社会であったことはそれを裏付ける。

ペリー来航後、日本は国際社会の荒波に投げ出され、国内は激動の時代に入った。そうしたなかで、あらゆる階層の人々が、自己、または自己の属する組織のために情報を渇望した。豪農や豪商といった人々が、国内外の情勢に目を向けたのは、それが景気の変動をもたらし、彼らの商業活動を左右したからである。また、武士階級は、自分の属する藩が動乱の渦中に巻き込まれ、去就を決せねばならなくなったときに備え、つねに内外の情勢に目を配っておく必要があった。

現在、我々はインターネットを通じてさまざまな情報を無料で即座に入手することが可能である。だが、通信技術が未発達な幕末維新期において情報を得ようとするならば、金銭をもって購うか、さもなくば自らの足で稼ぐよりほかない。ゆえに、諸藩は探索方《たんさくがた》あるいは周旋方《しゅうせんがた》と呼ばれる藩士を江戸・京都をはじめ全国各地に派遣し、情報の収集にあたらせた。もっとも、探索方・周旋方はただ情報を収集することのみをもって任としていたのではない。得た情報を取捨選択のうえ意味あるものとし、それをふまえて藩に進路を示すことが、より重要な責務として課されていた。さすれば、優れた人材を探索方・周旋方に配することができるか否かが、藩の命運を決したと言っても過言ではなかろう。また、比較的身分の低い探索方・周旋方の藩士が、藩政で重きをなすようになっていくのを見ると、幕末維新期において情報やそれをもたらすネットワークが政治的にいかに重要であったかがうかがわれる。

奥羽諸藩は慶応四年（明治元、一八六八）に勃発した戊辰戦争において奥羽列藩同盟を結成し新政府軍に抗して敗れた。同盟諸藩がかかる運命に甘んじたのは、もちろん軍事的劣勢のゆえだが、幕末期、内外の情勢を正確に把握できなかったからだともされる。当該期、政局の中心は、朝廷の政治的台頭、長州処分問題の政治争点化により江戸から京都に移り、好むと好まざるとにかかわらず、去就を決せねばならなかった西国諸藩に比して、奥羽諸藩はその地理的な条件から、京都守護職であった会津藩を例外として政局に深く関与せずともすんだのである。それが奥羽諸藩から政治的緊張感を奪い、情報活動を不活発なものとしたとは言えるであろう。

だが、奥羽諸藩とて幕末の動乱から完全に超然としていられたわけではなく、したがって内外の情勢にまったく関心を払わないことはなかった。文久三年（一八六三）、徳川家茂《とくがわいえもち》は徳川将軍としては三代家光以来、約二百三十年ぶりに上洛しているが、このとき諸侯にも供奉《ぐぶ》が命ぜられ、奥羽では仙台・米沢・秋田諸藩の藩主が兵を率いて京都の地を踏んでいる。

その後、長州処分問題が国政の中心的課題として浮上し、将軍がしばしば畿内滞在を余儀なくされるなか、奥羽諸藩は幕府から将軍留守中の江戸の警衛を命ぜられた。このような幕命に対して奥羽諸藩は理由を設けて謝絶したり、藩主の早期帰藩を願い出たりするのがつねであった。これらの行動は経済的負担等を嫌って政局への関与を極力回避せんとする意図に発したものであったが、それならばそれで、政局をしかと把握しておく必要がある。

　そうした要請から、奥羽諸藩もまた探索方・周旋方を京都や江戸に派遣した。仙台藩では主に昌平黌《しょうへいこう》の出身者がその任にあたったようである。幕府の学問所昌平黌は旗本の子弟以外にも門戸を開き、書生寮には全国の諸藩から俊秀が集まった。そこでは自ずと藩の垣根を越えた交流が生ずる。昌平黌出身者が探索周旋に従事したのは、ひとえに彼らがこのような人脈を有していたからであった。万延元年（一八六〇）に幕府正使新見正興《しんみまさおき》の従者としてアメリカに渡り、戊辰戦争後の藩内抗争で切腹となった玉虫左太夫《たまむしさだゆう》もその一人である。玉虫は、日米和親条約締結交渉において幕府の全権となった林復斎《はやしふくさい》の門下であり、最終的には林門の学頭にまで上り詰めた。彼が従者とはいえ幕府使節に加わることができたのは、昌平黌時代に幕府とのパイプを形成していたからではなかろうか。帰国した玉虫は藩命をうけ諸事探索のため各地を東奔西走したが、そうして集めた情報を『官武通記《かんぶつうき》』という探索書にまとめて藩に提出した。同書は幕末期の政情を知るうえで有益な史料として今も珍重されている。

　秋田藩は国学者平田篤胤《ひらたあつたね》の後継平田鉄胤《かねたね》とその子延胤《のぶたね》、平田門の藩士を通じて情報収集を行った。尊王攘夷に理論的根拠を与えた平田国学は幕末期に隆盛を極め、全国からあらゆる階層の人々が平田門に殺到した。秋田藩はそのネットワークを情報収集に利用したのである。

　さて、戊辰の敗戦により明治期の東北は一律に「白河以北一山百文」の蔑称のもとに置かれることとなった。では、近代は東北にとって屈辱のみの時代だったのかと問われれば、必ずしもそうではない。見やすいところで言えば総理大臣の数である。日本で山口県に次ぎ二番目に多くの内閣総理大臣を輩出しているのは東北の岩手県で、このうち原敬《はらたかし》・東条英機《とうじょうひでき》・米内光政《よないみつまさ》は旧南部藩の出身であった。南部藩の陰に隠れているが、米沢藩もまた明治期に多彩な人材を輩出している。内務大臣・農商務大臣を務め、伯爵となった平田東助《ひらたとうすけ》、大蔵大臣・日本銀行総裁を務めた池田成彬《いけだしげあき》、海軍大将の南雲忠一《なぐもちゅういち》、平田の甥で建築家の伊東忠太《いとうちゅうた》等はよく知られた存在であろう。

このように後身が活躍できたのは、先人が歩んだ道があったればこそである。本書で取りあげる甘糟《あまかす》継成《つぐしげ》・宮島誠一郎《みやじませいいちろう》・雲井龍雄《くもいたつお》もそういった先人に含まれよう。そして、米沢藩のなかで情報の最先端にあったのがこの三人なのである。

甘糟継成は早くから情報収集の重要性を強く認識し、消極的な藩にこれを訴え続けた。その継成が探索方・周旋方として期待を寄せたのが、後輩の宮島誠一郎であり、雲井龍雄である。やがて三人は藩の内外において大きな存在となっていく。米沢藩が、幕末期、情報活動で仙台藩や秋田藩に必ずしも先んじていたわけではなかったにもかかわらず、維新後、両藩を凌ぐ人材を輩出しえたのは彼ら三人によるところが大きかったものと思われる。

では三人は、それぞれの立場で情報を収集し、幕末の動乱に向き合いながら、いかに思想を紡いでいったのか。また、同じく情報の重要性を認識しながら、異なる道を歩むことになったのはなぜなのか。以上を念頭に置きつつ、情報と思想をキーワードとして、明治維新の敗者の多様な姿を描き出したい。

目　次

一　動乱の胎動

1　それぞれの生い立ち

甘糟継成の生い立ち

米沢城から外堀を隔てて西へ数町進んだ直峯町に、甘糟《あまかす》家の屋敷はあった。同家は、戦国時代、上杉謙信の麾下にあって勇将の名をほしいままにした甘糟備後《びんご》景継《かげつぐ》を祖とする名家で、江戸時代は侍組《さむらいぐみ》という上士《じょうし》の家格に属した（家禄二百石）。天保三年（一八三二）三月十二日、その甘糟家に呱々の声がこだまする。待望の男児の誕生であった。虎之助と名付けられたこの男児こそ、戊辰戦争の際、越後戦線で軍務参謀として勇名を轟かす甘糟備後継成《つぐしげ》である。

祖父継寛は継成の誕生をいたく喜び、「鷹山《ようざん》公の忌日に生まれたこの子は、必ずや不学文盲の子ではあるまい」と期待を寄せた。継成はその期待に違わぬ聡明な少年へと成長していく。天保十二年、十歳ではじめて奉行の千坂高明《ちさかたかあき》（楯渓）から句読を授かり、藩校興譲館《こうじょうかん》に入学するや、その年の試業で秀逸を獲得、以後、天保十四年・弘化元年（一八四四）・同二年・同三年・嘉永元年（一八四八）・同三年・同四年・同五年・安政元年（一八五四）・同二年・同三年と秀逸に名を連ねている。この間、弘化四年に友于堂（興譲館の建物、通学生を対象に読書・習字を教授）の課業が年齢別に上中下三等に分けられた際には、十五歳で本来ならば下等に振り分けられるべきところ、二階級特進で上等に配属された。藩校で教鞭を執るようになると、定仮助読（嘉永五年）、友于堂助読（同六年）、学館典籍（文久二年〈一八六二〉九月）と昇進を遂げ、儒者として確乎たる地位を築いていく。

継成の旺盛な知識欲は課業以外にも及んだ。まず彼を惹きつけたのは世界である。その契機は『春《しゅん》秋左氏伝《じゅうさしでん》』にあった。継成が『左伝』を読み始めたのは弘化元年頃のこと、書中に登場する地名を調べんと藩校所蔵の『漢土沿革図』『大清広輿全図』を借覧したが、どちらも一長一短あり思うに任せない。そこで、彼はこれら二つを折衷のうえ自ら一の地図を編纂する。これで火が付いたのか、嘉永五年には地球儀まで作ってしまう。この翌年にペリーが来航したことにより、国内では西欧列強に対する関心がとみに高まったが、そのようなさなか、継成は『西洋通記』『亜米利加国史』等の欧米諸国の地誌・歴史書をものした。のちに外国人たちを驚かせることになる博覧強記ぶりは、青年期にその芽を宿していたと言えよう。

継成の目は外ばかりでなく内にも向けられた。彼が上杉家に関する書物を読みあさるようになったのは十三、四歳の頃であったという。読むうちに諸説紛々たることに気付くや、自ら一書をなすことを思い立つ。そして、嘉永元年に『越鑑』第一巻を脱稿したのを皮切りに、以後、『本藩名臣録』（嘉永二年）、『本藩野史』（同五年）と次々に上杉家に関する歴史書を編み、文久二年には約八年の歳月を経て『鷹山公偉蹟録』を完成させている（以上、甘糟継成「慶応元年乙丑胸秘備忘日録」一）。

もっとも、継成がこれらの書物を編んだのは、己《おの》が知識欲を満たすためばかりではない。他日、藩政に参画した折、議論する機会あらば、旧典を補いつつ鷹山の遺志を祖述し、それをもって主家に微衷を示さんとの思いが彼にはあった（甘糟「慶応元年乙丑胸秘備忘日録」二、三月十二日条）。こういったなかで、彼は上杉家に対する尊崇の念を深めていく。継成はまなざしを世界に向けつつも、心中ではつねに主家のことを思っていた。

甘糟継成　市立米沢図書館所蔵

そして、上杉家への尊崇の念は、同家に越後以来仕える名家甘糟家に対する矜持へと繋がった。しかし、継成の青少年時代の甘糟家はたび重なる危機に見舞われた。原因を作ったのは父継善《つぐよし》である。継善は圭角のある人物で、畠山家・斎藤家・本庄家といった親戚筋とたびたびいさかいを起こし、それがために嘉永元年には隠居を余儀なくされた。家の取り潰しさえ危惧されるなか、十七歳で当主となった継成は事態の収拾に奔走する。こういった危機に直面するなかで、彼の生家に対する思いはますます大きくなっていったことであろう。

この甘糟家への矜持は侍組としてのそれと表裏の関係をなしていた。彼の階級意識をよく示すのが、安政四年に侍組と三扶持方《さんふちがた》とのあいだで勃発した高足《たかあし》騒動である。前年十月に、三扶持方（下級武士）の中川英助が侍組の宮島掃部《かもん》に対して高足をはいたまま会釈したことから起こった事件だが、藩が一向に処分を下さないなか、継成は平侍《ひらざむらい》を代表して、侍組筆頭中宛ての意見書を執筆、この一件を侍組全体に関わることとし、平侍も加えて処分方を評議するよう訴えた（甘糟「慶応元年乙丑胸秘備忘日録」一）。侍組としての階級意識は、彼のなかに越えがたき閾を形づくることになる。

宮島誠一郎の生い立ち

宮島家は、戦国時代、上杉景勝《うえすぎかげかつ》のもと数々の戦功を挙げた焼山《やけやま》城主（現新潟県上越市）宮島三河守吉房を遠祖とし、江戸時代は五十騎組という中級藩士の家柄に属した。天保九年（一八三八）七月二十日、米沢城の北西猪苗代片町に居を構えた、この宮島家にも男児が生まれた。幼名は熊蔵。幕末期、米沢藩の周旋方として活躍し、維新後、「朝敵」藩の出身ながら明治新政府に出仕し、「立国憲議」を起草していち早く立憲政体の樹立を唱えた宮島誠一郎《みやじませいいちろう》である。

誠一郎の少年時代、右筆《ゆうひつ》の職にあった父一郎左衛門は、藩から江戸詰を命ぜられることしばしばであった。二人扶持五石の宮島家の家禄で、一家（母・妻うのと誠一郎・猪吉・琢蔵・季四郎・じゅんの四男一女）の家計を賄い、なおかつ江戸へ送金するのは容易なことではない。そのようななかにあって、誠一郎は内職に手を染めながら、学問にはげんだ。誠一郎が藩校興譲館に入学したのは、弘化四年（一八四七）のことだが、以後文久元年（一八六一）までの十五回の試業において、五回、秀逸の選に入っている（宮島誠一郎「自年譜稿」）。毎年秀逸に名を連ねた継成のような秀才ではないが、右のような境遇にあってよく健闘したと言うべきであろう。

誠一郎がかかる成績を収めえたのは、何よりも父の教えの賜物であった。一郎左衛門は教育熱心な父親で、江戸にあっても国許の妻にしばしば書を致し、子供たちの勉強ぶりを把握しつつ、それぞれの進捗段階にあった指導を行った（以下誠一郎の生い立ちは、一郎左衛門の日記「成章堂日記」による）。「熊蔵（誠一郎）は『左伝』を何遍読んだか」（嘉永三年五月十四日条）、「熊蔵には先日送った書物を読ませなさい。白文は始めのうちは読みづらいだろうが、返り点なしで読みを覚えたほうが、かえっていい」（弘化二年十一月二日条）、一郎左衛門の配慮・指導は事細かい。そんな一郎左衛門の教育の基本方針は、「兄弟喧嘩せずおとなしく勉学に励む」（安政元年九月十九日条）であった。とりわけ長兄の誠一郎にはそれを強く求め、国許の妻から誠一郎が勉学に励み、弟たちの面倒をよく見ているとの知らせを受けると、「今度御褒美に『論語』でも送ってやろう」（弘化二年七月十四日条）と目を細めたのであった。人との争いを極力避けようとする誠一郎の性格は、このような父の教えに由来するものであったが、そうであったればこそ誠一郎は後に藩から周旋方を命ぜられた際、他藩士と円満な関係を築き、彼らからさまざまな情報を引き出すことが可能だったのである。

一方、学問の前提として一郎左衛門がもっとも重視したのが、手習い、作文であった。これらの重要性は、一郎左衛門が右筆としての職務を通じて日々痛感しているところであった（嘉永六年九月二十四日条、安政元年七月二日条）。手跡《しゆせき》ほどどんな役にあっても必要とされる技術はなく、今自分が「下手御右筆」に甘んじているのは、幼時に手習いを疎かにしたゆえだ、そのような思いから子供たちにはたびたび手習いの清書を送らせ、その出来を確認したのである。

宮島誠一郎　『養浩堂詩鈔』より

それとともに一郎左衛門が子供たちに送付を義務づけたのは日記であった。これにより一郎左衛門は国許での彼らの様子を知りつつその文章を見たのである。ここでの一郎左衛門の指導の主眼は達意の文と情報の正確さにあった。一郎左衛門は誠一郎の文章に奇をてらった表現を認めるや、「どふか学者言葉などつかわず、学者ぶり候《そうろう》事などいたさぬ様《よう》心得べく候」（嘉永六年六月十二日条）、「すべて学者こと葉などつかわぬよふニいたし申すべく候」（同年八月二十七日条）とたしなめ、江戸から送った鬢《びん》付《づ》けの本数が誠一郎の日記と猪吉のそれとで食い違っていると、「定めて猪吉が間違かとぞんし候。どふか下しものハなに〳〵請取たと、しつかり申し越すべく候」（嘉永七年正月四日条）と注意を加えている。わかりやすい文字と文章で正確に物事を伝える能力は、他藩から得た情報を書類にして藩に報告することを任とした周旋方に必要不可欠なものであり、ここでも父の教えが彼を助けていた。

では、学問そのものに関してはどうだったのか。かように教育熱心な一郎左衛門であるから、子供たちの試業の出来は大きな関心事であった。だが、彼は嘉永六年に誠一郎が秀逸に入ったとき、それを喜ぶとともに、慢心から人の道に外れる行いをせぬよう戒めることも忘れなかった。「秀逸を取ったからと言って人から後ろ指を差されるようなことでは、それを取らなかった者にも劣る。兄弟にはもちろん

朋友に対しても嘘をつかず信義をもって接するべきで、そのことのほうが読書の出来如何よりよほど重要だ」（嘉永六年十二月七日条）。学問は人の道を明らかにするものであり、人格が伴ってこその学問というのが一郎左衛門の立場であった。人は信用のおける人物以外に重要な情報が明かさない。してみれば、このような嘘偽りを排し信義を重んじる姿勢が、情報収集の場において誠一郎を利したであろうことは想像にかたくない。

また、一郎左衛門は個々の長所が延びるよう子供たちを指導する。誠一郎について言えば、送られてきた自作の漢詩を見て彼に作詩の才能を見出した（嘉永四年六月十八日条、同月二十七日条、同月二十九日条等）。ゆえに、嘉永六年八月、一郎左衛門は一時帰藩すると、詩人として名高い山田蠖堂《やまだかくどう》のもとに誠一郎を入門させたのであった。

もっとも、一郎左衛門にとって、学問はあくまで「国（藩）を治め天下を平かにする本手」（安政元年五月十七日条）であり、経書の文句を諳んじ、詩文をよくすることだけをもって事足れりとはしなかった。そのような教えを受けて育った誠一郎は幼少の頃より天下の情勢に関心を抱く。その好奇心は時に度を超し、江戸の父から桜田門外の変の報が届いたときには、それを方々に吹聴し後日父からたしなめられている（万延元年三月二十二日条）。

とりわけ、誠一郎が敏感に反応したのは対外情勢であった。時は幕末、頻々と日本沿海に姿を現す諸外国の動静には、誠一郎ならずとも思いを致さずにはいられない。そうして、彼は、嘉永四年頃、米沢藩の西洋砲術家浅間翁助《あさまおうすけ》のもとに入門する。北地で西欧列強と戦争が起きれば、米沢藩にも幕府から軍役が課されるであろう。そのときに備えて砲術を学んでおこうとの意図であった。誠一郎は常々一郎左衛門からロシアの脅威を聞かされており、それが彼の対外的危機感を抜きがたいものとしていた。浅間は江戸在勤中に忍《おし》藩士井狩作蔵《いかりさくぞう》の門で高島流砲術を学んでおり、その頃一郎左衛門と交流があった。誠一郎が浅間のもとに入門したのは、あるいは父の勧めがあってのことかもしれない。

ここでいま一人、登場してもらわねばならない人物がいる。雲井龍雄《くもいたつお》である。彼が戊辰戦争の際、「討薩之檄《とうさつのげき》」を草して薩摩藩批判の論陣を張ったこと、明治新政府の転覆をはかり梟首《きょうしゅ》の刑に処されたことは、よく知られていよう。

雲井龍雄の生い立ち

龍雄は天保十五年（一八四四）正月二十五日、米沢城下袋町に中島摠右衛門の次男として生まれた。通称は猪吉、熊蔵、龍三郎等。諱《いみな》は守善。文久三年（一八六三）、叔父で養父の才助が病没すると龍雄は小島《こじま》家を相続する。したがって本名は小島龍三郎。一般に知られる雲井龍雄は戊辰戦争の頃から使うようになった変名である。

龍雄の生家中島家は堀立川を挟んで甘糟家と向かい合っていたが、両家の家格には大きな隔たりがあった。甘糟家が米沢藩の最上位に位置する侍組であったのに対して、中島家は組外という下級武士に属する家柄である。養家の小島家もまた組外であった。よって、中島・小島両家は、甘糟家はおろか五十騎組の宮島家よりも格下ということになる。

しかし、嘉永二年（一八四九）の分限帳を見れば、右筆の宮島一郎左衛門の家禄が一人扶持五石なのに対して、組外御扶持方の中島摠右衛門と小島才助のそれは、二人半扶持七石五斗、三人扶持七石となっており、禄高のうえでは中島・小島両家のほうが上であった。加えて、いわゆる原方衆《はらかたしゅう》（半士半農の武士層）であった両家には農地に由来する収入があり、小島家にいたっては金融を営んで、利を得ていた形跡がある。してみれば、内職で何とか生計を立てねばならなかった宮島家などに比べて両家ともよほど裕福だったのではなかろうか。実家・養家、さらには妻の実家丸山家の豊かな財力は、後に江戸で学問を続けるにあたって、また、戊辰戦争の際、探索周旋に従事するにあたって、龍雄に有利な条件をもたらした。

さて、優れた詩人としても知られる龍雄だが、幼少時の彼は決して継成のような優等生ではなかった。龍雄が興譲館に入校したのは安政四年（一八五七）、十四歳のときのことで比較的遅い。それまでは私塾に通って学問の初歩を学んだ。龍雄がはじめて就いた師は中島家の北隣に居を構える上泉《かみいずみ》清次郎《せいじろう》であった。上泉塾において、龍雄はその性格をうかがわせる興味深い逸話を残している。

雲井龍雄　『東北偉人雲井龍雄全集』より

ある日のこと、龍雄が近所の子供たちと道端で遊んでいると、そこへ立派な身なりの武士が通りかかった。それを見て龍雄が、「あのお侍は、おリキリキだ」というと、友人の一人は「お侍のことはおリキリキとは言わない。おレキレキだ」と反論した。ここに両者のあいだで口論が始まる。結局、「それでは上泉先生にお伺いしよう」ということになり、負けたときは大椀で十杯の水を飲むことを龍雄は約束してしまう。正解は言うまでもなく「お歴々」。「立派なお侍なら、力があるからおリキリキでしょう」と師に食い下がったところで解答が覆るはずもなく、龍雄は十椀の水を飲むこととなった。一杯、二杯と杯を重ね、七、八杯までくるとさすがに苦しくなってくる。見かねた友人が制止するも、龍雄は「約束を違えることはできぬ」といって、とうとう十杯の水を飲み切ったという（安藤英男『新稿雲井龍雄全伝』下巻）。

ここから読み取れるのは、最後まで引かない負けん気の強さ、約束を破らぬ律義さ、十杯の水を飲み干す豪胆さである。龍雄は小柄で額が広く、さながら女性のような容貌であったが、その容姿に似つかわぬ、こういった気質は自然と朋友を畏服《いふく》せしめ、ために龍雄は塾の子供たちのなかのリーダーと目されるようになった。維新後、新政府に反感を抱く浪士たちの輿望《よぼう》を集め、彼らを束ねることとなったその素地は、すでにこのときに形をなしていた。

入塾の翌年、師上泉清次郎が没すると、龍雄は曽根俊臣《そねとしおみ》の家塾へと移った。しかし、依然学問には身が入らない。そんなある日、自分の粗暴ぶりを父母が心配し歎いていることを知った龍雄は、一念発起して、以後文武にいそしむこととなる。とくに学問への精進には鬼気迫るものがあり、夜読書をしていて眠くなったときには、棒でもって自ら頭をたたいて目を覚まし、読書を続けたほどであったという（人見寧撰「龍雄雲井君之墓表」）。ついで、安政元年（一八五四）、龍雄は誠一郎の師でもある山田蠖堂について学ぶ。この蠖堂からはその詩風はもちろん、必ずしも朱子学にこだわらぬ自由闊達な学風にも大いに感化されるところがあったようである。

そして、前述のとおり、安政四年に満を持して興譲館に上った。ある日のこと、学友佐藤志郎と『春秋左氏伝』をめぐって議論を交わし、これに敗れた龍雄は、悔しさのあまり全十五冊を一日で読破し、翌日、佐藤の発した質問に対してよどみなく答えて見せたという（安藤『新稿雲井龍雄全伝』下巻）。負けん気の強さは勉学においても発揮されたと言えよう。さらに、ここに見られる流暢な弁舌は、江戸の三《さん》計塾《けいじゅく》での研鑽を通じてより磨きがかかり、戊辰期の探索周旋活動ではその威力を遺憾なく発揮することとなるのである。かかる猛勉強の甲斐あって、龍雄は安政六年・万延元年（一八六〇）と立て続けに藩校の試業で秀逸の選に入っている。

しかし、蟆堂によって洗礼を受けていた龍雄は、興譲館での朱子学一辺倒の勉学にやがて飽き足らなくなり、講会にはあまり姿を見せずに、図書館から本を借り出しては自宅に籠るようになった。数ある蔵書のなかで龍雄を惹きつけてやまなかったのは、中国明代の儒者王陽明の著書である。「知って行わぬは知らぬと同じなり」という王陽明が説く知行合一の精神は、龍雄の気性にぴったりと重なりあうものであった。後に龍雄が江戸で三計塾の門を叩いたのも塾主安井息軒が陽明学の信奉者であったからであろう。

このように身分も育った環境も異なる三者だが、勉学を通じて交流が生まれた。誠一郎と龍雄は山田蟆堂のもとで机を並べて以来の仲であり、気質の違いがありつつも互いを認め合う間柄であった。文久二年（一八六二）七月、二人は白布高湯《しらぶたかゆ》（現・山形県米沢市）への小旅行をともにしたが、以下は一足先に米沢に帰る誠一郎に龍雄が贈った詩の一節である（「雲井龍雄文書写真帳」）。

君方爽朗以才鳴　　君は方《まさ》に爽朗にして才を以て鳴らし

我自疎狂誤我名　　我は自ら疎狂にして我が名を誤る
山水是媒酒為幣　　山水是れ媒《なかだち》にして酒を幣と為し
酔中領得好詩盟　　酔中領し得たり 好《よ》き詩盟

龍雄は、聡明なる才をもって鳴らす誠一郎を称揚しつつ、ややもすれば粗暴に走って名を誤りがちな自身を戒める。そして、二人は白布高湯の山水を媒に、酒を酌み交わし、詩友として交わりを温めたのであった。

一方、二人にとって藩校で教鞭を執る継成は兄事すべき存在であり、継成にとって二人は信頼を寄せる愛すべき後輩であった。ゆえに、継成は『鷹山公偉蹟録』を米沢藩世子（世継）上杉茂憲《もちのり》に献上する際、誠一郎とその弟小森沢琢蔵《こもりざわたくぞう》（のちの長政）に清書を託した（甘糟継成「慶応元年乙丑胸秘備忘日録」一、二月十五日条）。龍雄が藩校の図書館から自由に蔵書を借り出せたのは、典籍の地位にあった継成の配慮によるものであったかもしれない。

では、異なる個性を有した三者の目に幕末の対外的危機はそれぞれいかに映じ、彼らはいかにそれに対処しようとしたのであろうか。

「桜田事変絵巻」（部分）　彦根城博物館所蔵　画像提供：彦根城博物館／DNPartcom

2　対外問題をめぐって

桜田門外の変

ペリー来航を機に国内の情勢は対外問題をめぐって大きく動きはじめていた。そのなかにあって、動乱の本格的な幕開けとなったのは、安政五年（一八五八）にはじまる安政の大獄、そして、それに続く安政七年三月三日の桜田門外の変であろう。

江戸登城の途次、大老井伊《いい》直弼《なおすけ》が白昼水戸浪士に殺害されるというこの衝撃的な事件は、外桜田にあった米沢藩の上屋敷のすぐ傍で起こった。このとき、上屋敷にいた宮島誠一郎の父一郎左衛門と実弟の小森沢猪吉は事件を目の当たりにしている。

当日は時ならぬ大雪。「珍しきことよ」と雪を眺めながら朝食をとっていた一郎左衛門と猪吉の父子であったが、屋外が何やら騒がしい。不審に思って一郎左衛門が窓の外を見れば、井伊家の駕籠舁夫《かごかき》が逃げ去っていき、齢二十余りの若侍が血刀を振るってこれに続く。一郎左衛門が「これはどうしたことか」

と言うが早いか、今度は、馬乗袴あるいは白襷に伊賀袴という出で立ちの武士八、九名が。ある者は頭を半分そがれたうえ鼻を突かれ、ある者は指を切り落とされ、またある者は袈裟《けさ》懸《が》けに切られ満身血に染まっている。そうかと思えば、次に見える武士は、首を差した刀を肩にかけ何恐れる色もなく意気揚々と引き揚げていく。血が白い雪を染める様子はまごうかたなく戦場のそれであった。

一郎左衛門は留守居に今見たことを注進する。これをうけて、藩邸ではすぐさま評議がなされ、作事屋敷方の村越嘉蔵らが現場に遣わされることとなった。村越らが見分したところ幸いにも現場は上杉家の持場ではなかったが、その惨状たるや言語に絶した。猪吉は即日国許の兄に書を致して以上を報じるとともに、犯行は当時水戸街道の長岡に屯集していた水戸浪士によるものであろうと推測をめぐらしている（以上、「米沢藩小森沢猪吉筆記」）。事件発生直後のいまだ真相が判然としない時点ですでに、犯行が水戸浪士によるものであることは、誰の目から見ても明らかであった。それほどまでに水戸藩士の井伊に対する憎しみは強いものであった。

しばし時は遡る。安政五年六月十九日、幕府は勅許を得ることなくアメリカとの修好通商条約締結に踏み切った。前水戸藩主徳川斉昭《とくがわなりあき》は自他ともに認める急進的な攘夷論者であったが、幕府の無勅許条約調印を知って激怒、同月二十四日、その日は登城日ではなかったにもかかわらず、息子で水戸藩主の慶《よし》篤《あつ》、尾張藩主の徳川慶恕《よしくみ》（のちの慶勝《よしかつ》）、越前藩主の松平慶永《まつだいらよしなが》とともに江戸城に押しかけ、幕府の非を訴えるべく大老井伊直弼に面会を求めた。だが、面会はかなわず、それればかりか七月五日には幕府によって彼らは隠居・謹慎に処される。

一連の情況はすぐさま京都にも伝わった。朝廷は幕府に勅諚《ちょくじょう》を下し、条約の無勅許調印と齊昭らの処分について非難、御三家をはじめとする諸大名に諮問し、条約締結について再考するよう求めた。この勅諚が幕府に下されたのは八月十日のことであったが、それより二日前の八日には、同じ勅諚が水戸藩にも下されていた。幕府の許可なく朝廷から諸藩に直接勅諚が下るというのは異例の事態である。この後、幕府は、勅諚降下の背後に水戸藩の策動があったとして関係したと思われる人物を次々と摘発していく。いわゆる安政の大獄である。

さらに、幕府は水戸藩に対して勅諚を朝廷に返納するよう圧力をかけた。これによって水戸藩内は分裂をきたした。諸論入り乱れるなか、もっとも急進的だったのは、どのような方法であれ、返納は拒否するという激派の面々である。彼らは幕府の圧力に屈して藩が勅諚の返納を承諾すると、実力をもってしてもこれを阻止せんと水戸街道の長岡宿に屯集した。井伊を襲撃したのは実にこの一派であった。猪吉の推測は当を得ていたということになろう。

誠一郎の対外論

さて、桜田門外の変を報じた猪吉からの書簡は、三月七日に米沢にいる誠一郎のもとに達した。一読するなり誠一郎が驚愕したであろうことは想像するに余りある。誠一郎が、猪吉からの書面を携え、この事件について諸所に吹聴して回って、父からたしなめられたことは、先に述べた通りである。十一日、誠一郎は江戸の父と弟に返書を認めた。

このなかで彼は、「天下の大変、最早徳川家滅亡、邦家柱石の臣、城下狙撃の為《ため》屍を路上に曝し候事は、古今未曽有、太平前後未聞の事」と悲嘆にくれるとともに、猪吉同様犯行を水戸浪士によるものとし、彼らの背後に「老公」徳川齊昭の「姦謀《かんぼう》」を見る。そして、「天下此《こ》れ以後何れに仕抹これある者か」と事態の展開を憂慮するのだが、とりわけ彼にとって心配の種であったのは、「徳川には全く不忠の義もこれなく」「累世の忠家、徳川の為には是非とも此の家を滅す事、相成《あいな》らず」という文言から察せられるように今回の一件で井伊家が御家取り潰しとなることであった。無勅許で条約調印に踏み切ったにもかかわらず、井伊には何等不忠の筋はないものとし、そればかりか「邦家柱石の臣」とたたえているのである（「江戸桜田邸ニ寄ル日記」）。その反面、井伊を襲撃した水戸浪士やその背後にあると思しき齊昭は誠一郎にとって非難の対象であった。

誠一郎はどのような政情認識のもとに、井伊と齊昭にかかる評価を下したのか。もとより、彼は西欧列強との開国和親を最善の策と考えていたわけではない。それは安政二年（一八五五）八月に砲術修行のため江戸に上る友人小田切勇之進《おだぎりゆうのしん》に贈った漢詩（「送小田切子敬遊江戸」、「養浩堂詩稿」二所収）において「和親を以て上策と為《な》すこと勿《なか》れ（勿以和親爲上策）」と賦していることでもうかがえる。そして、「観西洋戦艦（西洋戦艦を観る）」（安政四年作、「養浩堂詩稿」四より）では、西欧列強につき、その欲深きことを「貪狼《どんろう》より甚《はなは》し」と形容し、「外に和親を唱ふれば内は量り難し（外唱和親内難量）」と彼らへの警戒心を露わにする。というのも、「此の膝一たび屈すれば伸ばす可からず（此膝一屈不可伸）」という「調馬」（万延元年作、「養浩堂詩稿」五所収）中の一句に示されるとおり、貪婪《どんらん》（強欲）極まりない西欧列強に強いられて和親を結べば、以後彼らのいかなる要求をも拒みきれなくなると考えたからである。

かかる事態を防がんとせば、まずなすべきは武備の充実よりほかない。ゆえに、誠一郎は浅間翁助のもとで西洋砲術を学んだのであり、ペリー来航後、藩の軍制改革を中心的に担った浅間が、安政六年に西洋流兵法の導入をめぐってもう一人の師山田蠖堂と激しく対立したときも、板挟みになりながらなお西洋流砲術の稽古をやめなかったのである。

だが、現状の日本には列強に対抗しうる軍事力がない。そのことを身をもって知る誠一郎は無謀な攘夷に否定的であった。「洋船來（洋船来る）」（安政二年作、「養浩堂詩稿」二所収）には次のようにある。

平生漫稱君子國　平生漫《みだ》りに君子の国と称して
不治甲兵治至德　甲兵を治めず至徳を治む
忘戰雖大國必亡　戦を忘るれば大国と雖《いえど》も必ず亡びん
休說一戰掃洋艦　説くを休《や》めよ 一戦して洋艦を掃《はら》はんと

「我が国は、平生、むやみに君子の国と自称して、武備の充実をはからず、徳を積むことばかりに務めている。平時にあっても戦うことを忘れたならば、いかな大国でも必ず亡びるであろう。一戦して列強の軍艦を追い払うなどと説くのは止めよ」というのである。

その誠一郎にとって、幕府がとった和親条約締結という選択は「上策」ではないにせよ、一時適宜の処置として評価さるべきものであった。誠一郎は、老中首座として諸外国との和親条約締結を決断した阿部《あべ》正弘《まさひろ》が、安政四年六月十七日に没したとき、「奉哭閣老福山侯（閣老福山侯を哭《こく》し奉る）」なる詩（「養浩堂詩稿」四所収）を賦している。そこには次のような句がある。

揭將一木奈難支　一木を掲げ将《も》つも支へ難きを奈《いか》んせん

棟折榱崩國自隨
廿載精忠安社稷
百年謀略制洋夷

棟折れ榱《たるき》崩れて国自づから随ふ
廿載の精忠は社稷《しゃしょく》を安んじ
百年の謀略は洋夷《ようい》を制す

「福山侯（阿部正弘）が一木を捧げ持っても、幕府の屋台骨を支えきれぬのをどうすればよいのか。侯の死によって垂木《たるき》が折れ、幕府という棟が崩れ去れば、我が国は自ずから亡びることであろう。侯は二十年のあいだ忠義を尽くしてこの国を安んじ、百年の謀略でもって欧米列強を制した」。和親条約は「百年の謀略」であり、阿部はまさに一人でもって幕府の屋台骨を支えてきた「忠臣」であった。この点からすれば、苦悩の末に、無勅許で通商条約の締結に踏み切った井伊もまた、誠一郎にとって賞讃に値する政治家であったと言えよう。

龍雄の対外論　一方、龍雄は桜田門外の変に対して誠一郎とは全く異なる評価を下した。龍雄に「刺客論」（安藤英男『新稿雲井龍雄全伝』下巻所収）という漢文の論説がある。その冒頭で龍雄は水戸浪士の挙を「盛んなる哉、偉なる哉」と称えている。龍雄が彼らを評価したのは、一身を顧みず自らの正義を実行し、それによって世間の「頑夫《がんぷ》」「懦夫《だふ》」の士気を奮い立たせ、志を抱かせたからである。

龍雄もまた、誠一郎同様、開国和親に反対の立場であった。論説「貿易論」（安藤『新稿雲井龍雄全伝』下巻所収）によって彼の意見に耳を傾けよう。彼は欧米列強の意図を次のように忖度する。彼らが我らに近づこうとするのは、日本の領土を併呑せんとしているからである。だが、彼らはそうしようにも我が国の国体を知らない。それゆえ、時に甘言をもって公卿《くぎょう》を欺《あざむ》き、時に激しい言辞でもって王侯を脅かし、我が国体を知らんとしたがそれでもわからず、結局は貿易の利益をもって我が国と和親を結ぼうとしたのである、と。

ここで龍雄が言う我が国の国体はいかなるものかといえば、君臣の義、父子の親といった儒教的な価値観がすべてを規定するそれである。この国体を諸外国から守るために龍雄が最も重視したのは、先に桜田門外の変を論じた「刺客論」にも見たとおり「人心」の力であった。彼は漢詩「時勢論」において次のような詩を賦している（安藤『新稿雲井龍雄全伝』上巻所収）。

刀技精粗君莫擧　　刀技の精粗　君擧《あ》ぐることなかれ
砲法新古君莫論　　砲法の新古　君論ずることなかれ
衆煦漂山非山薄　　衆煦《しゅうく》山を漂《うご》かす　山薄《かろ》きに非ず
十夫撓槌爲力均　　十夫槌を撓《たわ》む　力均しく為す

龍雄は言う、「剣技の巧拙を取り上げるのはよせ。砲術の新古を論ずるのもやめよ。人々の声が山をも動かすのは、山が軽いからではない。十人力を合わせれば鉄槌をも曲げられるのである」と。龍雄にとっては、攘夷に向けて人々が心を一にすることこそが、何にも勝る最優先事項であり、その前にあっては武備の充実など瑣末なことなのである。

ペリー来航後の米沢藩の軍制改革では、藩士の子弟にも軍事調練への参加を求められたが、右のような考えから調練に身が入らなかったのか、龍雄の射撃の成績は必ずしも芳しくなかったらしい。後年江戸に上った際、国許にあった実父中島摠右衛門と実兄虎橘《とらきち》へ宛てた書簡（慶応元年十二月四日付、安藤『新稿雲井龍雄全伝』上巻所収）のなかでも、甥の惣吉（虎橘の長男）の教育につき「武芸などは下手でいいし、調練などはしなくてもよいが、ただ学問だけは精進させるように」と進言している。

では、継成はどうか。対外政策について彼は二人の数歩先を行く見解を示している。

継成の対外論

まず、継成は、桜田門外の変をうけ、これを機に法律を正して浪士を厳罰に処すように求めている。士気揮《ふる》わず、西欧列強に抗しうるだけの備えもないという日本の現状を知るだけに、井伊殺害に及んだ水戸浪士らが主張するような闇雲な攘夷は継成のもっとも忌避するところであった。それどころか、彼は幕府の統制下であれば、貿易はかえって大きな利益を日本にもたらすとさえ考えていた。

では、継成は幕府の外交方針に賛成だったのかと言えばそうではない。彼は西欧列強との条約締結に踏み切った、堀田正睦《ほったまさよし》・井伊直弼ら幕閣を口を極めて非難している。それは、彼らがただ西欧列強を恐れるが余り、言われるがまま条約を結んだからである。列強に強いられての開国和親には誠一郎も反対であったが、継成は、まさにこの点をもって、誠一郎が「邦家柱石の臣」と評価した井伊を非難したのである。

そのなかで、継成が例外的に高く評価した幕閣が、阿部正弘であった。安政元年（一八五四）、阿部は、現状ではアメリカに対抗しうるだけの軍事力がないという判断のもと、和親条約締結を決断したが、その後、西欧列強に対抗すべく軍制改革を実施、大船建造の禁を解き、さらには蕃書調所《ばんしょしらべしょ》・長崎海軍伝習所を開設して広く諸藩に門戸を開くなど、全国規模での武備の充実に務めた。継成が阿部を評価する所以である。

逆に、阿部の路線を継承しなかった堀田正睦・井伊直弼・安藤信正らは彼の筆鋒を免れなかった。阿部には誠一郎も高い評価を与えているが、阿部と後継の幕閣を分けて理解する点は継成ならではと言えよう。継成にとっては、西欧列強に対抗しうる武備を日本が有することこそが、開鎖にまさる重要事だったのである。

その観点からすれば、継成にとって、徳川齊昭は阿部と並ぶ当代の英傑であった。前述のとおり、齊昭は攘夷の急先鋒として尊王攘夷派の志士たちから尊崇の対象とされた人物であった。しかし、その急進的な攘夷論は表面的なものであって、継成は齊昭の本質をもっと別のところに見ていた。

齊昭がもっとも危惧したのは太平に泥《なず》み戦争を恐れる萎靡沈滞《いびちんたい》した日本の人心であった。戦をも辞さない気概があってこそ、倹約も、土着の兵制も、西洋式の軍艦建造も、砲術の発展も可能となる。それゆえ、齊昭は、西欧列強との交渉において、たとえ最終的に和を選択することになろうとも、あくまで和を表に出さず常に戦を主とすべきだとする。継成はここに齊昭の主張の要を見出すのである。人心の振起に重きを置くあたりは龍雄に通じよう。

また、継成は誠一郎とその目的を共有しつつも、彼のように開国和親と攘夷を二者択一的にはとらえていない。すなわち、武備の充実を最重視する立場から、開国和親にも是（将来を見据えた「開国和親」―阿部）と非（その場しのぎの「開国和親」―後継の堀田・井伊）があり、また、攘夷にも是（人心鼓舞の手段としての「攘夷」―齊昭）と非（盲目的な攘夷―桜田門外の変の水戸浪士）があることを主張したのである。

以上をふまえ、継成が目下の日本に与えた処方箋はこうである。「現状では列強に対抗すべき軍事力はなく、開国和親を選択せざるを得ない。だが、それは単なるその場しのぎであってはならない。将来、列強に伍する国力を備えることを前提とした適宜の処置でなくてはならない。そして、列強との戦争も辞さぬほどの気概で軍制の改革にあたらねばならない」と（以上の継成の意見は、文久二年十二月二十七日付の藩への意見書による。「封事雑稿」一所収）。

西洋流砲術に基づいた軍制改革を急務とする誠一郎、人心の振起を重視する龍雄、これに対して、軍制改革と人心振起の双方を国家的危機回避の不可欠な要素として、より高い次元で議論を展開したのが継成であった。継成がこの時点でかかる域にまで達しえたのは、情報の力によるところが大きかったろう。

いかなる伝手を使ったのか、彼はペリー来航以降の江戸の政情についてかなり詳細で正確な情報を得ており、それを「海警雑記」「安政五年戊午雑記　安政六年己未雑記」等にまとめていた。そこには、幕府に提出された徳川齊昭の建白書が全文引用され、幕閣の交代にともなう政策の変遷が詳しく書き込まれている。このような情報は彼の深い学識を濾過して意味を附与され、先のような優れた見解に結実したのである。

二　文久三年京都における甘糟継成と宮島誠一郎

1　藩主上京をめぐって

上杉齊憲の上洛

桜田門外の変は、幕府に軌道修正を迫ることとなった。井伊直弼は水戸藩に密勅を下したことから、朝廷への圧力を強め、安政の大獄の手は廷臣にまで及んだが、井伊亡き後幕政を引き継いだ、老中の久世広周《くぜひろちか》・安藤信正《あんどうのぶまさ》は、悪化した朝幕関係を修正すべく、将軍家茂《いえもち》と皇女和宮《かずのみや》（孝明天皇の実妹）との婚姻を企図した。だが、万延元年（一八六〇）九月五日、幕府は和宮降嫁の交換条件として朝廷から、七、八年ないし十年以内の条約破棄を求められる。

そうしたなかで国事周旋活動に乗り出したのが、長州藩であった。文久元年（一八六一）三月の和宮降嫁内決をうけて、長州藩主毛利慶親《もうりよしちか》（敬親《たかちか》）は重臣たちに時局対策に関して諮問を下したが、このとき「弁舌第一」をうたわれた直目付《じきめつけ》（のち中老）の長井雅楽《ながいうた》は、長文の意見書「航海遠略策」を呈した。その冒頭、長井は朝廷の意向を無視して条約調印に及んだ幕府を非難しているが、一方で、条約を破棄

上杉齊憲　個人蔵，米沢上杉博物館写真提供

し攘夷を実行するよう主張する朝廷にも再考を求めている。長井は利害曲直の観点から破約攘夷の非を主張する。

まず曲直である。諸外国が朝廷から国政を委任されている幕府を「皇国の政府」と判断するのは無理からぬこと、その幕府が条約を締結した以上、朝廷が不承知だからといって条約を破棄しては、我が国は「不信」の国となろう。つまり、彼が直、我が曲ということである。

ついで利害である。我が国は四面を海に囲まれながら軍艦に乏しい。このありさまで、航海術に長け、航路にも通じている列強と戦争に及んでも勝ち目はない。利は彼にある。

さらば、いかにすべきか。長井は言う。開国を奇貨として、今より海軍を興し、積極的に海外に進出することで、その国力を増強し、それを諸外国に誇示すれば、自ずと彼らは我が国を畏服し、進んで朝貢してくることであろうと。

長州藩は航海遠略策を藩論とし、長井に朝幕双方への周旋を命じた。朝廷から条約容認を引き出すことで対外問題をめぐる朝幕の対立を解消し、公武合体を実現せんとする長井の説は、久世・安藤にとって渡りに船であり、彼らはこれに期待を寄せた。だが、和宮降嫁を推進した安藤が文久二年正月十五日に坂下門外で水戸浪士らに襲撃されたことから、航海遠略策は実現の機を失い、さらに藩内で攘夷派が台頭すると、長井は失脚、切腹の憂き目にあう。

長州藩と入れ替わり、中央政局に進出したのは薩摩藩であった。いまだ年若い藩主島津茂久《しまづもちひさ》（のちの忠義《ただよし》）に代わって、当時藩政の実権を握っていたのは、茂久の実父で「国父」と尊称された久光《ひさみつ》である。文久二年三月十六日、久光は千の藩兵を率いて国許を出立、幕府に改革を迫るべく江戸に向かう。久光立つの報は全国の尊攘派の志士たちを沸き立たせた。

しかし、上京を果たした久光は、真木和泉《まきいずみ》や平野国臣《ひらのくにおみ》ら浪士と連携し所司代酒井忠義《ただあき》の襲撃を計画していた、有馬新七《ありましんしち》ら藩内の尊攘派を伏見の船宿寺田屋にて上意討ちにし、彼らとは目標が異なるところを示した。久光は開鎖の問題をひとまず棚上げにし、朝廷の権威のもと幕府に改革を迫り、幕政参画への礎を築こうとしていたのである。

六月七日、勅使大原重徳《おおはらしげとみ》を伴って江戸に到着した久光は、将軍が上洛して朝廷と国事を議すること、沿海五大藩（薩摩・長州・土佐・仙台・加賀）の藩主を大老に任ずること、一橋慶喜《ひとつばしよしのぶ》を将軍後見職、松平慶永《まつだいらよしなが》を大老に任ずることを求めた。その結果、井伊政権によって謹慎・隠居の憂き目にあった一橋慶喜が将軍後見職、松平慶永が新設の政事総裁職に就任、老中には井伊政権時に罷免された板倉勝静《いたくらかつきよ》が復帰する。かかる布陣のもと、文久の幕政改革が実施されることになる。

勅使の下向に先立って幕府も手を打っていた。四月から五月にかけて、安政の大獄で処罰された廷臣・諸侯を一斉に赦免し、六月一日には、江戸城に登城した諸大名に対して将軍上洛の旨を申し渡した。将軍上洛は朝幕和解を目に見える形で示し、その後の全国的な軍制改革の前提をなすものだというのである。

これをうけて、米沢藩主上杉斉憲《うえすぎなりのり》は、九月十五日の登城の際、政事総裁職の松平慶永に密かに将軍供奉を出願し、老中に申し出るよう指示をうけると、二十二日、老中に同様の旨を歎願した。この願いは二十八日に聞き届けられ、斉憲は明春を期して上洛することとなる。

幕初の景勝・定勝以来の藩主上洛という事態は、米沢藩内に物議を醸す。甘糟継成はこのとき数度にわたって意見書を藩に呈している。

継成の意見書

まず、十月十日の意見書（「封事雑稿」一所収）において、継成は上洛反対の意を示した。その第一の理由は経費の問題である。

藩は上洛にあたって幕府から手当が下されることを期待していたが、九月二十八日に幕府から斉憲に下された達では道中の諸費用は自弁せよとのことであった。文久の幕政改革で、諸大名の参勤交代は三年に一度に緩和され、大名妻子の江戸在府は廃されたが、もとよりそれは武備充実をはかるための財政的な負担の軽減策であり、しかも参勤交代緩和で浮いた費用は一万両前後。寛永度に比して物価もあがり、木賃宿ではなく旅籠に宿泊すれば、道中の費用だけでも二、三万両に達し、結局は借財や藩士からの借上で賄わざるを得なくなる。さすれば、藩内は窮乏化し、怨嗟《えんさ》の声が満ちるであろう、というのである。

加えて、前述のとおり当時の京都には尊攘派の浪士が跋扈《ばっこ》し、天誅《てんちゅう》と称する暗殺が頻発していた。かような地にわざわざ好んで出かける必要はないというのが、第二の理由であった。

しかし、上洛の方針が覆ることはなかった。ここに継成はこのたびの上洛の意義を見出そうとする。そして、十月十八日に、二度目の意見書（「封事雑稿」一所収）を藩に提出した。国事周旋活動において西南雄藩に先んじられていたことをかねて苦々しく思っていた継成は、今回の上洛を米沢藩が国政において存在感を示す絶好の機会と捉えて、上洛に際して国事につき幕府に建白するよう求めている。建白すべきは目下最大の懸案、「開鎖」の問題である。この点、継成の立場が「開」であることはすでに述べた。それを踏まえて、以下、継成の言に耳を傾けよう。

まず、現在の日本と西欧列強とを、武備（とりわけ海軍力）・士気の両面において比較し、万が一にも日本が勝利する見込みはないと断言する。ついで、継成は清国の勇将僧格林沁《センゲリンチン》を例に挙げつつ、かかる現状を直視することなく勇を鼓して闇雲に攘夷を主張する論者を非難している。アヘン戦争を引き合いに出すあたり、国際情勢に通じた継成らしい。そのうえで、継成が提言したのは兵法の全国統一である。

当時の日本の兵法は、山鹿流・越後流といった風に各藩まちまちであった。継成はこれを西洋流に統一しようと言う。そして、三年に一度、幕府から諸藩に監察使を派遣して軍制改革の現状を把握し、改革が進んでいる藩はこれを賞し、遅れている藩は罰すべきだとした。西洋にならった軍制改革こそが、今皇国が果たすべき第一の課題だというのだが、そうしたところから、継成は積極的な海外進出を主張する。曰く、「海外に出れば、実地に西欧諸国の進んだ軍備を目にすることできる。ついては、幕府や諸藩から留学生を募って海外に派遣し、「海軍・三兵（歩騎砲兵のこと）の活法」「築城製器の便法」のほか「舎密《せいみ》（化学のこと）・測度・製錬等の諸術」を学ばせたい」と。

さらに、西洋流の軍制改革を徹底しようとする姿勢は、齊憲に随従する供勢の陣容でも貫かれた。継成は財政的な見地からなるべく供勢の出で立ちを簡素にすべきだとしつつも、装備に関しては「槍に熟練の者」以外槍を廃し、得道具をすべて鉄砲とするよう求めている。

この間、藩論を破約攘夷に転換させた長州藩は、土佐藩とともに、三条実美《さんじようさねとみ》をはじめとする尊攘激派の公家と結託し、京都において巻き返しをはかっていた。まず、文久二年（一八六二）八月に、長州藩世子毛利定広《もうりさだひろ》が攘夷決行を幕府に促す勅書を携えて江戸に下向、ついで十月には、薩土両藩主が京都で天皇に拝謁《はいえつ》して国事周旋の沙汰をうけ、幕府に攘夷決行を求める勅使として三条と姉小路公知《あねがこうじきんとも》の江戸下向が決すると、藩主山内豊範《やまうちとよのり》率いる土佐藩士が三条を、長州藩士が姉小路を護衛して随従した。攘夷決行の叡慮に対して、幕閣内では奉承が大勢を占め、結果、家茂は叡慮に従い、来春早々上京する旨を勅使に奉答している。これをうけて、十二月十三日、幕府は諸藩に対して攘夷の策略について意見を募った。

事ここに至って、十二月二十七日に継成は三度目の意見書（「封事雑稿」一所収）を藩に提出した。その冒頭、継成は攘夷決定について「誠に長大息の至」と失望の念を露わにする。これより先、幕府は、諸外国を恐れるあまりその要求に唯々諾々《いいだくだく》と従って開国に踏み切ったが、それが基で彼らから小児のように侮られ、さらに国内においても、幕府への批判が高まり、尊王攘夷派の浪士や薩長土をはじめとする西南雄藩の跋扈を招くに至った。

継成はこのように幕府が「弱形」を露呈する過程を十段階に分けて論じている。現在の国力からして諸外国と条約を締結するのは仕方なかったにしても、他日、一矢報いんとせば、民心を一致させ、全国規模で武備の充実を図らねばならなかった。にもかかわらず、阿部正弘の死後、政権を担った堀田正睦・井伊直弼・安藤信正は阿部が推進した軍制改革を継承しなかった。ゆえに、幕府は今のような事態に陥ったという。継成の幕府への批判は厳しい。

だが、その継成も一橋慶喜・松平慶永が幕政の中枢につき、事態好転の萌《きざ》しを見てとっていた。そして、今回の上洛は、幕府が現在の「弱形」を払拭し、本来の「強質」を復する絶好の機会だと強調する。すなわち、「仁柔《にんじゅう》恭倹《きょうけん》」の態度をもって浪士たちを遇するのではなく、彼らを誅伐せんという「御勇決」のもと武備を厳にし、東北の諸侯を率いて上洛すれば、浪士たちはもちろん、薩長土の列藩とて幕府に服従せざるを得ないであろうというのである。

そのうえで継成は、公武合体を実現し、勅諚・台命（将軍の命）をもって、全国的な軍制改革を実施することを主張する。とりわけ重視されるのは、土着兵の設置である。江戸時代の武士は、多くの場合、藩主が居住する城の周囲に屋敷を構えたが、継成は、参勤緩和が実施された今、彼らを知行地に住まわせて郷団を組織し、海防に従事させるべきだと説くのである。この土着兵に関する議論は、実に徳川齊昭の建白書から想を得たものであった。

誠一郎の意見書

継成が三度目の意見書を提出した文久二年（一八六二）十二月、宮島誠一郎もまた、上洛につき藩に意見を具申している。誠一郎は、千坂高明《ちさかたかあき》から父一郎左衛門が上洛の随員に加えられるであろうことを聞かされるや、十二月四日、江戸の父に書を致し「いやな世の中に相成り候」と胸のうちを明かした。このとき宮島家の家計は火の車、上洛どころではなかったのである。誠一郎としては事が済み次第速やかに齊憲が帰藩することを願わずにはいられなかった（「江戸桜田邸ニ寄ル日記」所収）。

その一方、同月十四日の父への書簡（「江戸桜田邸ニ寄ル日記」所収）では「疝気《せんき》には迷惑しておりますが、まさかの際は京都に馳せ上る所存です」とも述べている。幕初以来の藩主上洛という事態を前に、心中期するところがあったようである。それゆえ、「時勢について思うところがあれば遠慮なく建言せよ」と千坂から促されると、すぐに千坂に意見書を提出したのであった。この誠一郎の意見書のベースにあるのは、長井雅楽の航海遠略策である。

これ以前、千坂から長井の意見書を示された誠一郎はその卓見に感銘をうけ、この意見書を提出したとき、千坂に「上洛の暁には我が藩も長井と協力し、国事周旋にあたるべきだ」と進言している（「文久二年建言之源因」）。だが、前述の通り、このときすでに長井は失脚し、長州藩は破約攘夷に転換していた。とまれ、誠一郎も今回の将軍上洛により「皇国安全の御良策」が立つものと期待を寄せたのである。では、彼の言にしばし耳を傾けよう（「愚見」所収）。

目下、西南諸藩は攘夷の叡慮の確乎たることを恃み、勤王を称して幕府を批判し、いたずらに国政に介入しようとしている。三条・姉小路が攘夷督促の勅使として長土両藩士を伴い江戸に遣わされたのは、その典型的なあらわれであろう。しかし、参勤交代の緩和、大名妻子の帰藩の処置がとられてからいまだ日が浅く、諸藩の武備も整っていない情況にあって、攘夷を即行せんというのは自ら禍を求めるようなものである。そもそも諸外国の増長を招いたのは幕府の因循姑息ゆえであり、諸外国が理不尽に軍艦を差し向けて来たというのならやむを得ないが、そうでない以上、一度条約を結んだ国に対しては信義をもって接すべきである。もし今攘夷を決行すれば、彼らが直、我が国が曲ということになり信義に悖《もと》ることになってしまう。信義を失って、どうしてこの天地のあいだに皇国が存続することができようか。

利害曲直から破約攘夷の非を説いた長井からの影響は明らかであろう。

さらに建白書を読み進めよう。「私が考えるに、「皇国不易の良策」とは、「公武御純熟」「人心一和」の基を開き、「御国体」を厳然と定めたうえで、全国諸藩が武備の充実に勉め、万全の備えをしておくことである。この大本が定まれば和親開港など枝葉末節であり、諸外国は自ずとわが国に畏服して法に従うようになり、貿易でもって国内の経済が混乱に陥るようなことはないであろう。それでもなお諸外国の凌辱がやまなければ、厳然と全国に命を下して攘夷を決行すればよい」。

誠一郎にとって今回の将軍上洛は「公武御純熟」「人心一和」の「御国体」が定まる好機であった。そして、「公武御純熟」は朝廷が開国和親の方針を一時適宜の処置として認めることにより成立し、「人心一和」は西南雄藩が国政にいたずらに介入せず本来の任務たる武備充実に専心する前提をなすものであった。

こうしてみると、誠一郎が抱いた期待は、根本において継成のそれと共通するものであったことがわかる。だが、かかる両者の期待はその後の政局の推移のなかでもろくも潰え去ることになるのである。

2　京都における甘糟継成と宮島誠一郎の行動

継成の場合

明けて文久三年（一八六三）元旦、上杉齊憲は米沢を出立、上京の途についた。正月十日には、跡勢がこれに続いている。甘糟継成と宮島誠一郎もこの跡勢に加わった。まだ家督前の誠一郎は、父一郎左衛門の「小者代」として上洛の随員に名を連ねている。時節柄、経費を節減する必要から、子弟が小者の代りとして随従することになったのである（木滑要人「京都日記」正月二十日条）。跡勢が江戸に到着したのは十七日。誠一郎は外桜田の藩邸に入るや、一郎左衛門と対面を果たした。「誠に御壮健、喜幸満懐《きこうまんかい》これに過ぎず」、日記（「上洛日記」第一巻）のごく短いくだりのなかに、誠一郎の喜びが凝縮されている。

かくして、上杉主従は二十一日に江戸藩邸を出立する。一郎左衛門は人馬目付を仰せ付かって道中の人馬の手配に従事している。一行は二月十日に京都に到着、齊憲は本陣である清水寺塔頭成就院《たつちゆうじようじゆいん》に入り、供登の面々はこのほか円養院・宝性院・安祥院・西光寺・慶閑庵・松林院・泰産寺、および近江屋・辰巳屋に分宿する（宮島父子は成就院詰、継成は円養院詰）。

宿が割り当てられると同時に、一同には「御令条」が下され他家との交わりが堅く禁じられ、そのうえ、外出も特別な場合を除いて月六度に制限された（『上杉家御年譜』十七）。景勝上洛時の前例にしたがってのことだが、三条実美をはじめとする尊攘激派の公家たちの支持を背景に、全国の脱藩浪士たちが暗躍していた、当時の京都情勢に鑑みての処置であったことは言を俟たない。

現存する継成の在京中（二月十日から九月二十三日）の日記（一から五まであったようだが、六、七月を記した三は現存せず）を見ると、私的な外出は、二月が三回、三月が四回、四月が一回、五月が一回、九月が三回と極めて少なく、進んで他藩士と交わりを結んだ形跡もない。さすが越後以来上杉家に仕える名家甘糟家の当主、藩の命には忠実であったようである。先代が数々の不祥事を起こし、藩から譴責を被っていたとあらばなおさらであろう。

三月二日、その継成に、齊憲上洛以来の年譜を編纂するよう命が下る。これに伴って、広間番取次、夜廻勤の役は免除された。このことにつき、継成は国許の母親に「これまでは侍組も御広間当番、夜廻勤をも仰せ付けられ候えども、すべてお許しに相成り、大に安たいになり申し候。お悦び下さるべく」と書き送っている（三月二日付書簡、『甘糟備後継成遺文』所収、以下、本章の継成の書簡はこれによる）。しかし、それは同時に、公務においても外界との接触の機会が奪われることを意味した。後にまとめた「公武治乱機」の緒言において、継成は「往々会津・肥前・肥後・備前・紀州・土州等諸藩ノ士ニ会シテ日ニ当世ノ形勢、公武ノ内情、諸侯ノ事実等ヲ聞クコトヲ得テ、其ノ事毎ニ筆記シテ篋底《きょうてい》ニ蔵スルコト怠ラス」と記しているが、交流の範囲や頻度はきわめて限定されていたと言えよう。

誠一郎の場合

その点、誠一郎はまだ家督前で、しかも今回の上洛では父の附属の身、こういった制約からは比較的自由だったようである。

継成の場合と同様、在京時の日記によって、誠一郎の私的な外出の回数を数えると、令条が定めた六回という限度を下回った月は一つもない。上洛というまたとない機会を得て、誠一郎はここぞとばかりに洛中の名所を巡り、珍品を買い求め、そしてさまざまな人物と積極的に交流した。まず彼が交わりを結んだのは、頼支峰《らいしほう》・藤井竹外《ふじいちくがい》・江馬天江《えまてんこう》・神山鳳陽《こうやまほうよう》・梁川紅蘭《やながわこうらん》・宮原易安《みやはらいあん》・日根野対山《ひねのたいざん》・村田香谷《むらたこうこく》・山田梅東《やまだばいとう》といった京都の著名な文人たちであった。

とりわけ、関係が深かったのは頼支峰であった。三月六日、誠一郎は米沢藩の河内忠逸の紹介ではじめて支峰を訪ねている（宮島誠一郎「京城日記」第三巻）。支峰は嘉永二年から四年のあいだ、江戸の昌平黌書生寮に入寮し、古賀茶渓《こがさけい》のもとで研鑽を積んでいるが、茶渓の門下には窪田源右衛門《くぼたげんえもん》（梨渓《りけい》）・片山仁一郎《かたやまじんいちろう》等米沢藩士が数多くおり、かねてより彼らと親交があったようである。そういった気安さからであろうか、支峰は誠一郎を初対面から快く迎え入れた。これ以後、出京までに誠一郎が支峰のもとを訪問した回数は実に十四回にのぼる。また、誠一郎は支峰を介して、藤井竹外や梁川紅蘭とも面識を得たのであった（同右、六月二十五日条）。

この支峰だが、頼山陽の次男で、安政の大獄で斬刑に処された頼三樹三郎《らいみきさぶろう》の実兄にあたる。そういうわけで、誠一郎は五月五日に支峰から山陽十七歳のときの日記『東遊漫録』を借り受け、これを筆写した。支峰が山陽の実子と知って継成も対面の機会を得たいと思ったのであろうか、誠一郎に同道し、支峰のもとを訪れている。当時、支峰は大坂の書肆《しょし》から山陽の著『日本外史』の改訂版を刊行しようとしていたが、六月六日、継成に対して、同書に記載する武士の通称について相談している。

この支峰の要請をうけて、継成は『外史』に登場する人物の姓名通称を取り調べて書類に認め、十三日、誠一郎とともにこれを支峰のもとに持参、このとき、『日本楽府』を見て感歎した清の文人銭泳が著者の山陽に贈ったという詩も誠一郎に筆写させ、あわせて支峰に贈った。これに先立つ、十日、支峰に差し出す書類の写を奉行に提出しているのは、いかにも律儀な継成らしい（宮島「京城日記」第三巻）。ちなみに、『外史』の新刻は元治元年（一八六四）に刊行を見、慶応元年（一八六五）、支峰はこれを継成と米沢藩主上杉齊憲に献呈している（慶応元年某日付頼支峰宛甘糟継成書簡）。

ところで、誠一郎と支峰の交流は何も文雅の世界に限定されるものではなかった。はじめてあった三月十四日から、二人のあいだでは時局に関する話題が挙がっている。支峰は誠一郎を前にして「異国と一戦交えねば、偸安姑息《とうあんこそく》の人心を一変させることはできぬし、軍備も充実いたすまい。一戦に及んではじめて人心は鼓舞され、軍備も整うであろう」と持論を展開、大坂に出向いて作成したという海岸地図を誠一郎に示した。

この支峰の見解は、現時点においては諸外国との戦争は何としても避けねばならないという誠一郎のそれと大きな径庭《けいてい》があるが、にもかかわらず誠一郎は支峰に対して「定て相応の先生なるべし」との感を抱き、その後幾度となく彼のもとに足を運んだのであった（三月十日付家族宛宮島誠一郎書簡、「文久三年上洛古書」所収、以下、本章の誠一郎の書簡はすべてこれによる）。当時の文人の多くは、同時に政論家でもあったのである。

また、彼らのもとにはその高名を慕って各藩の藩士が訪れ、政治情報がもたらされた。誠一郎もまた支峰宅において、藝州藩士加藤七郎兵衛に邂逅している（宮島「京城日記」第三巻、六月十日条）。支峰の祖

広沢富次郎（安任）　三沢市先人記念館所蔵

父春水は藝州藩儒であり、支峰の異母兄聿庵《いつあん》がこの藝州頼家を相続したことから、支峰は藝州藩とつながりを有していたのである。

こうして、誠一郎は諸藩士にまで交流範囲を広げていったが、その際、窪田源右衛門の存在は与って力があったようである。窪田は当時藩校助教、上洛後は継成とともに齊憲以来の年譜の編纂に従事した。誠一郎にとっては学問の師だが、山田蠖堂《やまだかくどう》門下ということでは先輩にあたる。窪田は前述のとおり江戸で古賀茶渓に学んだ経験があり、その際に幅広い人脈をつちかった。昌平黌で舎長を務めた、会津藩士秋月悌次郎《あきづきていじろう》もその一人であったろう。七月十六日、誠一郎は三本樹に藤井竹外を訪ねたが、このとき同道した窪田に伴われ三本樹にあった秋月の寓居の門を叩いている。

おりしも、秋月の寓居には広沢富次郎（のちの安任《やすとう》）・柴秀次・大野英馬・安部井政治・橋爪助次郎といった会津藩公用方の面々が一堂に会していた。さらに、誠一郎にとって幸運だったのは肥前藩周旋方の長森伝次郎も居合わせ、最新の政治情報を取得できたことである。このように誠一郎は着々と人脈を広げ、政治意識を高めていったのである（宮島「京城日記」第三巻）。

3　朝廷と幕府のはざまで

齊憲の滞京の長期化

さて、文久三年（一八六三）の京都政局は混沌を極めた。将軍家茂に先立ち京都入りした後見職一橋慶喜と政事総裁職松平慶永は、朝廷から攘夷期限を定めるよう督促される。朝廷からの催促のまえに、両名はひとまず、将軍の滞京期間十日と帰路の日数を勘案したうえで四月中旬をもって期限とする旨、回答せざるをえなかった。さらに、二月には、前年八月に起こった生麦事件（江戸から鹿児島へ帰る途上にあった島津久光の行列が、生麦にさしかかったおり、イギリス人商人がこれを横切ったとして薩摩藩士に殺害された事件）の問罪のため、イギリス、ついでフランス・オランダ・アメリカの四ヶ国の艦隊が陸続と横浜に入港した。

かかる事態を前にして、上杉齊憲は幕府から、二月二十九日に京都警衛を、三月一日に京都市中の火之番を命ぜられる。これにより、齊憲の滞京は長期化、藩は先登の八百名に加えて、新たに五百名を上京させ、国許から武器も取りよせた（莅戸九郎兵衛「皇都日記」四月五日条）。また、成就院では千三百名の人数を収容しきれず、米沢藩は四月二十三日に、宿所を東本願寺学寮に移している。

継成にしても、誠一郎にしても滞京の長期化はまったく想定していない事態であった。もちろん、藩の武備充実を第一義とする継成と誠一郎の立場からすれば、それは必ずしも歓迎すべきことではなかったが、両者ともこれを御家の名誉として積極的にとらえている。このとき誇らしさとともに継成の胸中を占めていたのは安堵感であった。

「イギリス艦隊の横浜入港により、一気に緊張感が高まった横浜・浦賀や、あるいはいつ彼らが来るともしれぬ沿海部の大坂などの警備を命じられようものなら、戦争を覚悟せねばならないが、京都の警衛であれば、当面戦争の恐れはない」、継成は国許の母にあててそのように書き送っている（三月一日付書簡）。それゆえ、人数・武器の補充という藩の方針に対して継成は反対の意を示した。「米沢藩の分限に照らせば、現在の八百人で精一杯。戦場に向かうでもなく京都警衛をもって任とするのならば、当面、人数・武器を補充する必要はない。また、実際に西欧諸国が攻め寄せればいくら人数がいても、到底太刀打ちできるものではなく、甲冑を補充したところで、見せかけにすぎず何の役にも立たない。その際は天皇を比叡山か奈良かに遷御《せんぎょ》たてまつるのが、京都警衛の本務であり、それならば今の兵備で十分だ」というのである（「封事雑稿」三）。

一方の誠一郎である。彼は国許の家族にあてた書簡にて、「（京都警衛拝命について）奥州の雄・上杉家の英名を再び洛中に轟かせるときがやってきた」（三月一日付）「（火之番拝命について）御失費は恐縮だが、これは御先祖以来の面目である」（三月五日付）と誇らしげに報じ、それとともに、「たとえ死すとも、松前や越後などの防衛で死ぬより、王城を護衛して死ぬほうがどれほど幸福か」（二月三十日付）と決意の程を語っている。かかる誇りと決意の背後には、薩長土に先んじたことによる優越感があったようである。誠一郎は、市中を巡り、薩摩藩が寺々に堅固な馬屋を建てているさまを見るにつけ、「江戸勤番は致さず、京都へ参勤致す下心」を感じていた。そうしたところ、今回、「京都方」をもって自認する薩長土を差し置いて、米沢藩に警衛の命が下ったのだから、胸の空くような思いであったろう（二月二十八日付）。

将軍東帰をめぐって

三月四日、将軍家茂は上洛を果たした。その後、七日に参内し、十一日には、孝明天皇の加茂社行幸《ぎょうこう》に供奉《ぐぶ》している。継成はこういった一連の動向に朝幕融和の兆しを見て取った。国許の母へ宛てた書簡には、「（家茂参内について）天下治平の本、京都関東（朝廷・幕府）御合体の日」（三月九日付）、「（加茂行幸について）あ、今日は誠に天下の大吉日にて、天子さま公方さま御合体、諸大名・諸公家一同に揃いたる有様、天下中始めて安心いたし候事に御座候《ござそうろう》」（三月十六日付）との文言が見える。

だが、継成の観測とは裏腹に、この後、将軍の滞京をめぐって朝幕の意向は齟齬を来すこととなる。幕府としては、四ヶ国艦隊への対処のため、家茂の江戸帰還を一刻も早く実現させる必要があったが、一方の朝廷は将軍に対し、大坂に異国船が到来した際に備えて、京都に滞在のうえ打ち払いの準備にあたるよう要請したのである。

かかる朝幕の対立について、誠一郎は「この表はたとえ軍に相成り候とも先々戦には及ばず、但々《ただただ》江戸表のみ案ぜられ候。然《しか》るに斯《か》かる時勢、将軍早速にお暇《いとま》も出づべきところ、却ってその義無く、何《いつ》れ天庭（朝廷）御無理の様に沙汰致し居り候」（三月二十一日付小森沢琢蔵・宮島季四郎・小森沢猪吉宛書簡）と、継成は「公方様は今以てお帰りなく、頻りにゐせん（異船）を打つの打たぬの御評判の由、然し天子様方は訳も知らずにぜひ打てとのおせまり、是には公方様大困り、何となり候事か末は案じられ候」（三月二十一日付母親宛）、「すべて京都（朝廷）は世の中しらず、たゞもの我が朝とうとし（尊し）にて、天子の仰せは如何なる無理もなるものと心得られ」（三月二十四日付竹太郎〈継成の長男〉宛書簡）と国許に報じている。両者には、朝廷の将軍滞京要請は無理な仕方と思われたのである。

そして、このような朝幕の意見対立の渦中に在京中の上杉齊憲も巻き込まれることとなる。三月二十二日、齊憲は伊達《だて》慶邦《よしくに》（仙台藩主）・細川《ほそかわ》慶順《よしゆき》（熊本藩主）・山内《やまうち》豊信《とよしげ》（土佐藩主）・池田《いけだ》茂政《もちまさ》（備前藩主）・浅野茂勲（藝州藩世子）とともに関白鷹司《たかつかさ》輔熙《すけひろ》から突如呼び出しをうけた。時に八ツ半（午前二時）である。鷹司関白の言によれば、先日、朝廷が家茂に滞京の命を下し、家茂もそれを請けたにもかかわらず、このたび、家茂から明後二十四日に京都を出立する旨の届けがあったということである。このことに不快の念を抱いた鷹司は、齊憲らに将軍に江戸への東帰を思いとどまるように説得して欲しいと要請する。

関白から要請をうけて、齊憲らは二条城に向かい、後見職一橋慶喜に面会するが、慶喜の返答は「昨日参殿のおり関白からは将軍東帰の許可を得ており、明後二十四日には京都御出立の予定となっている」というものであった。双方の言い分は平行線をたどり、一同は二条城と鷹司邸の往復を余儀なくされる（『上杉家御年譜』十七）。

主君や重臣たちの慌ただしい様子を見て、継成も誠一郎も朝幕のあいだにただならぬ事態が出来したことを看取したようである。「天子公方御合体の様取り持ち方に、君上（齊憲）始め仙台・細川公などお立ち入り成られ、一日に二条と関白様へ幾遍かお歩き成られ候」（三月二十四日付竹太郎宛甘糟継成書簡）、「重役、（齊憲の）お帰り後も密談、憂色面に顕《あらわ》れ候様子。何れ公武の間純熟致さざる様子に相見え申し候」（三月二十四日付母・諸弟宛宮島誠一郎書簡）と国許に報じている。

このように将軍東帰をめぐって朝廷の態度が二転三転した理由について、継成は朝廷の命令系統が一本化されていないからだと見た。つまり、現今の朝命は、一は天皇、一は国事御用掛の青蓮院宮《しょうれんいんのみや》（後の中川宮朝彦親王《なかがわのみやあさひこ》）、一は関白の鷹司輔熙、一は伝奏衆から出されており、天皇と将軍の関係は良好であるにもかかわらず、公家たちや青蓮院宮がこのあいだに割って入り朝幕の融和を阻害しているというのが、継成の見るところであった（三月二十四日付竹太郎宛書簡）。

これに対して、京都の政情を実際に見聞していた誠一郎は、公家たちのさらに向こうに彼らを「尻持ち」する薩長等西南雄藩の影を感じていた（三月二十四日付家族宛書簡）。

結局、事態は家茂の東帰延引ということでひとまず落着を見る。しかし、それは家茂が望んだことではなかった。二十三日、家茂は二条城に在京中の諸侯を一人一人召したが、その際、齊憲に「一日も早く江戸東帰が実現するよう朝廷に懸け合ってほしい」と涙ながらに懇願する。さらに、諸侯が退去した後、伊達慶邦・細川慶順とともにひそかに牡丹之間《ぼたんのま》に呼び出され、老中および一橋慶喜から「朝廷への周旋の義は三家のみのことなのでくれぐれも他へ洩らさぬよう」と言い含められている（『上杉家御年譜』十七）。

かように将軍直々の依頼をうけたことから、齊憲は京都屋敷将の堀尾保助《ほりおやすすけ》をして朝廷の内情を探らせ、そのうち重要な情報に関しては幕府に報告した（莅戸「皇都日記」四月十四日条、五月八日条、同月十三日条）。しかし、齊憲の周旋にもかかわらず、朝幕の溝は一向に埋まることがなかった。

肥後藩士森井惣四郎からの情報

四月十一日、孝明天皇は石清水八幡宮に行幸したが、病気を理由に家茂が供奉を断ったことから、朝廷は幕府に対する疑いを深めた。誠一郎は国許の家族に宛てた四月六日付の書簡で「八幡行幸が済めば、お暇も出るであろうか」と記しているが、かかる情況にあっては将軍の東帰など日程に上ろうはずがない。

そして、四月二十日、幕府はついに五月十日をもって攘夷期限とすることを朝廷に奏聞《そうもん》する。これをうけて、家茂は摂海防備の巡回のため大坂へ、一橋慶喜は攘夷実行に向けて江戸へ出立することになる。

継成は、家茂の大坂下向、慶喜の江戸東帰に「公武御合体の姿」を見た。また、攘夷期限の決定についても「来月は何か始まるのではないか」と危ぶむ人々を尻目に「我が胸中、驚くことなし」と息子竹太郎に気丈なところを示している（四月二十八日付書簡）。長州藩等は口では攘夷と言っているが、現状からしてよもやそれを実行するほど愚かではあるまいと踏んでいたのではないか。

一方、朝廷の背後に西南雄藩の不気味な動きを見ていた誠一郎は、事態の暗転を予感せずにはいられなかった。国許の家族に対しては「今日は今日、明日は明日の世の中にて何ともいやな事に御座候」と不安な胸中を吐露し（四月二十五日付書簡）、警衛期限の七月を迎えるまで何事も起こらないことを願うばかりであった。

ここに至ってもまだ継成が事態を楽観視できたのは、外部との接触を制限され諸藩の動静を十分に理解できていなかったからである。しかし、その継成も外から直接情報を得る機会に恵まれることで、次第に焦燥感、危機感を深めていく。

四月二十六日、継成は誠一郎や藩の剣術指南の須藤美保吉《すどうみはきち》とともに四条河原町の芝居小屋に出かけ歌舞伎を観覧した。観劇は滞京中節約を事としていた継成にとって唯一最大の楽しみであった。一行は、その帰途、須藤のとっさの思い付きで彼の知己である肥後藩士森井惣四郎（のち桜田と改姓）のもとを訪ねている（宮島「京城日記」第三巻）。このとき、森井は突然の訪問にもかかわらず三人を手厚くもてなし、さらには平素より書き留めていた「秘記」をも示した。

翌二十七日、継成は早速に森井に礼状を認めているが、そのなかには次のようにある。「今の時勢であれば、朝幕の得失、列藩の強弱、諸侯の賢愚、志士たちの動静、彼らの密書や謀議のありさまなど見るべきものは多くあろうが、実際に見聞きできなければ耳目がないも同然である。私としてはそれらを探り、我が主家のため不時の用に備えたいが、生憎藩からは他国のものと深く交わることを禁じられている。それゆえ、隔靴掻痒《かっかそうよう》を免れなかったが、昨日、お見せいただいた「秘記」により、今までわからなかった諸藩の事情がつぶさに了解できた。ついては、彼の「秘記」を今一度、内密にお見せいただきたい」。

かねてより天下の情勢に関心を抱いていたこともあって、継成のもとには諸方からさまざまな情報が寄せられた。また、齊憲在京中の年譜編纂を命じられていたため、齊憲の日記や御手許書類を内密に見ることも許されていた（四月十二日付母宛書簡）。したがって、継成はまったく情報から遮断されていたわけではない。むしろ、藩内の枢機を知る立場にあったとすら言えよう。だが、それらでは肝心の諸藩の情勢が十分に理解できなかったようである。諸藩の情勢を知ろうとすれば、各藩の周旋方・探索方などと交流する必要があったが、それは藩が禁じるところであった。ゆえに、森井がもたらした情報は継成にとって慈雨のごとく感ぜられたのである。

四月二十六日に継成が誠一郎らとともに森井の寓居を訪問したことは、誠一郎の日記（「京城日記」第三巻）によって知られるが、翻って継成の日記（「上洛日記」二）に目を落とせば、同日条には日付しか記されていない。藩の掟を破ったことへのうしろめたさゆえか。とまれ、ここに諸藩の事情を知った継成は事態の容易ならざることをはじめて認識し、改めて情報収集の重要性に想到したのである。

混迷化する政局、情報の重要性

攘夷期限の五月十日はやってきた。この日、幕府はついに攘夷を決行できず、全国の諸藩もまた事態を静観した。そんななかひとり勅を奉じて攘夷を決行したのが長州藩である。

長州藩は下関を封鎖すると、海峡を通過しようとするアメリカ帆船に砲撃を加えた。継成にとって長州藩の外国船砲撃は朝命とはいえ暴挙に他ならなかった。五月二十八日付の母親宛の書簡で、継成は「只困りたるは薩摩と長州なり。わるくすると以《もつて》の外《ほか》の事を仕出し候も計り難く、是には困り候。此の間長州下之関と云ふ所にも無法にアメリカ船へ大砲打ちかけたる風説あり、か丶る事は第一の日本御不《ご》《ふ》ため（ためにならない）と申すべく候」と憂慮の念を認めている。

その後、長州藩から攻撃をうけた諸外国は幕府への抗議に及び、さらに長州藩への報復を開始する。まずは、六月一日、アメリカ軍艦ワイオミング号が、下関沖合に碇泊していた長州藩の軍艦に砲撃を加え、このうち壬戌丸《じんじゆつまる》、庚申丸《こうしんまる》を撃沈させた。ついで、五日、今度はフランス軍艦のセミラミス号とタンクレード号が長州藩の前田・壇ノ浦砲台を砲撃、これを占拠する。これらの戦闘に関する報は、藝州藩の加藤七郎兵衛や肥前藩の長森伝次郎によって誠一郎の耳にも達している。彼の心中もまた穏やかならざるものがあったであろう（宮島「京城日記」第三巻、六月十日条、七月十六日条）。

また、京都でも変事が出来した。五月二十日、皇居からの帰途、当時国事参政であった姉小路公知《あねがこうじきんとも》が何者かによって暗殺されたのである。

姉小路は三条実美とともに尊攘激派の公家としてその名を知られた人物であったが、この頃には攘夷の不可を悟り、慎重論に傾きつつあった。それゆえ、犯行は当初より姉小路の変節に憤慨した尊攘派によるものと見られた。下手人探索の命は上杉齊憲にも下り、容疑者として薩摩藩士の田中新兵衛と仁礼《にれ》源之丞《げんのじょう》、仁礼の小者太郎が、京都守護職の会津藩の手によって捕縛されると、太郎の身柄は米沢藩奉行の竹俣美作《たけのまたみまさか》に預けられることとなった。

継成は国許の母に宛てた五月二十八日付の書簡のなかで、姉小路暗殺について「いずれにしても重役の公家が冠直衣にて禁裡の御門内にて切られ候事にては、最早天下くらやみの訳、誠になげかはしき事に御座候《ござそうろう》」と、太郎の身柄が竹俣に預けられたことについて「今日姉小路を斬りたる薩摩浪人御家におあづけになるとの取沙汰、気味悪き事に御座候」と報じている。「気味悪き事」――この不安は後に的中することになる。

姉小路の暗殺によって継成の危機感は沸点に達したようである。五月二十五日、彼は藩に建白書（「封事雑稿」三）を提出した。冒頭から強調されるのは現状の深刻さである。前述のとおり、継成は今回の上洛を、幕府が「弱形」を払拭し本来の「強質」を取り戻す好機と考えていた。そのため、諸侯と合議のうえ攘夷の不可を決し、その決定をもって朝廷に攘夷を放棄させること、洛中に暗躍する尊攘派の浪士を一網打尽にし厳刑に処すことを、幕府に期待したのである。

だが、この間の幕府の言動は継成の期待を裏切るものであった。幕府は、将軍東帰を切望するあまり、朝廷からの攘夷の督促に唯々諾々と従った。ゆえに、自ら権威を失し、朝廷の台頭ばかりか浪士たちの増長をも招いたのである。朝廷が、今もって将軍東帰を許可しないのは、鷹司関白・青蓮院宮をはじめ国事御用係の諸卿が、これを機に朝廷の権威を高め、幕府から政権を奪取せんとしているからであり、幕府が不逞《ふてい》を働く浪士たちを十分に取り締まれないのは、彼らを擁護する朝廷を憚《はばか》ってのことである。以上が継成の見立てであった。天皇は政治に介入せず「神明」のごとくあってこそ尊いと考える彼にとってこれは由々しき事態である。

そして、かかる公武の離間は在京中の上杉家にとっても無関係なことではなかった。今回、姉小路暗殺犯の探索の命が親藩・譜代ではなく外様の上杉家に下ったのは、おそらく朝廷が関東（幕府）の刺客による犯行を疑っていたからであり、そのようななかで、諸藩が「幕府恐れるに足らず、朝廷信ずるに足らず」として割拠を決め込めば、上杉家への期待は朝幕双方からいっそう高まるであろう。折しも長州藩と諸外国が戦争のさなか、大坂に外国船が来航するとも限らず、そうなれば上杉家に摂海防備の命が下ることも覚悟せねばならない。そのうえ、守護職等まで仰せ付かり、浪士取締の任に当たることになろうものならば、帰藩の期日はますます遠のいてしまう。京都警衛の任は七月までだが、将軍東帰が幾度となく引き延ばされていることを見ても、もはや朝令暮改は日常茶飯事である。無為無策では出京の機会を逸しかねない。

このような事態に対処するために継成が藩に求めたのは、学問機智あるものを選んで、朝幕の内実、諸役人の賢愚、列藩の強弱盛衰、各国の評判、向背を探らせることであった。なるべく難局に立たされぬよう立ち回ろうとするならば、情報を収集して処置の前後緩急を正しく判断する必要があるというのである。

ただし、継成自身は他者との接触を極力さけた。このころ、継成の名を聞き及び彼を宿所に訪ねるものがあったが、「浪人共の流行」を危惧して、隠れるようにしていたという（九月十一日付母宛書簡）。継成は仮にも上杉家侍組甘糟家の当主、素性の分からぬ浪人と交際するなどもってのほかという自負があったようである。

結局、このとき、継成の声は藩当局に届かなかった。そして、政局は険しさを増していく。

4　攘夷親征問題と八月十八日の政変

姉小路公知暗殺の余波

将軍徳川家茂に先んじて江戸に東帰していた一橋慶喜は、攘夷を実行できなかった責任を取って後見職を辞任する旨の願書を朝廷に提出した。辞表が届くやあわてた朝廷は、五月二十一日、上杉齊憲に参内の内命を下す。このとき、武家伝奏《ぶけてんそう》の野宮定功《ののみやさだいさ》から将軍東帰についてその可否を尋ねられた齊憲は、野宮に対して、人心収攬のためいちはやく将軍の東帰を許可するよう返答している（莅戸「皇都日記」）。そして、六月三日にいたりようやく家茂に東帰の許可が降りた。齊憲は家茂の要望に応えて公武周旋の任をまっとうしたのである。あとは七月まで警衛の任を果たせば、晴れて帰途につくことができるはずであった。

しかし、ここに出立を足止めする一の事件が出来する。奉行の竹俣のもとに身柄を預けられていた姉小路公知暗殺犯の太郎が脱獄したのである。実に出立を翌日に控えた六月二十九日暁のことであった。このときの継成・誠一郎の落胆は一方ならぬものがあった。両名はそれぞれ国許の家族にあてて「先《ま》づ先づ御発駕《ごはつが》御延引相成り候。さてさて残念至極、御外聞の欠けたる事口惜しき事云ふべからず候」（七月二日付家族宛甘糟継成書状）、「明日お帰りと申す其の日にケ様《かよう》なる事さし起り、何とも御家の御不幸と申す者に御座候」（七月五日付家族宛宮島誠一郎書簡）と書き送っている。

しかし、太郎の身柄は、齊憲の在京中は奉行の竹俣に預けられており、竹俣の出京に際しては京都屋敷将の堀尾保助のもとに移されていたのであるから、太郎に脱走を許した罪は齊憲にまで及ぶまいとも考えられた。実際、太郎出奔を届け出たとき、武家伝奏の野宮定功からは「重役一人を残して出立すべし」と許可を得ていたのである。

にもかかわらず、齊憲は太郎探索のため出立を見送った。なぜなら、「たとえ伝奏が帰藩を許可しようとも、重き囚人を取り逃して出立するならば、途中から引き戻させるか、道を遮って阻止するほかない」と浪士たちが息巻いていたからである（莅戸「皇都日記」七月一日条）。関白や国事御用掛といった朝廷内の実力者の支持を得て、学習院（公家の子弟の学問所、この頃は朝廷の建白書受理機関としての機能をも兼ねた）を拠点にその勢力を誇っていた彼らの動向を藩としても無視することはできなかった。

七月十一日、継成は江戸家老の莅戸九郎兵衛に建白書（「封事雑稿」三所収）を提出してこの出立見送りの決定を非難、翻意するよう訴えた。藩当局が藩士たちの外出や他藩のものとの接触を制限したことは、天下の形勢に関心を有する継成からすれば足枷《あしかせ》ではあったが、逆にそれゆえに米沢藩士たちは洛中において不祥事を起こすこともなく、京都での上杉家の評判は上々であった。また、滞京中も武芸の鍛錬、軍事調練を怠らなかったことが、上杉家の家名をますます高からしめた（四月五日付、五月二十八日付母親宛甘糟継成書簡）。今回の太郎出奔がそういった評判を損ねたことは否めない。そのことは継成も十二分に認識している。

だが、それは彼にとって恥辱ではあっても、「小恥」に過ぎなかった。なぜなら、これ以上の滞京期間の延長は、藩士たちの資金繰りをますます悪化させ、彼らのあいだに風紀の乱れを生じさせかねず、そうなっては、上杉家は今以上に評判を落とすことになるからである。しかも、太郎はたかだか仁礼源之丞の小者で京都屋敷将の堀尾のもとにお預けの身、伝奏も重役を一人残して探索に当たらせればよいと言っているのだから、学習院の諸卿や浪士からいくら強迫をうけても、ここは出立を急ぐべきであるというのが継成の意見であった。

だが、継成の意見はまたしても藩から一顧だにされなかった。上書しようとも議論に及ぼうとも用いられず、継成は母親宛の書簡（七月十四日付）において「是も世の中とあきらめ此の後は一切口を閉ぢ申し候覚悟に候」と憤懣をぶつけている。

そして、米沢藩はさらなる動乱の渦中に巻き込まれていった。米沢藩は使番《つかいばん》佐藤孫兵衛を頭取として丹波・丹後・若狭等諸方に探索人を派遣したが、なかなか太郎を捕縛できなかった。持て余した米沢藩は諸藩に応援を要請する。

尊攘派の米沢藩入説

このような措置は継成や誠一郎にとって屈辱以外の何物でもなかった。両名は各々国許に宛てて「さてさて、此の様な残念なる事はこれなく何と申すべきや。此の度は実に天下の笑と相成《あいな》り申し候わんは肩身もすべり候様なり」（七月五日付家族宛宮島誠一郎書簡）、「今までの評判宜《よろ》しきも水の泡なる御恥辱、我々までも肩身のすばる様なる心地にてとかく外出も致さず、寝ても起きても小屋にのみ案じ暮し居り候」（七月十四日付母宛甘糟継成書簡）と書き送っている。加えて、探索の応援を要請した諸藩のなかには、会津藩等のほか、二人が警戒してやまなかった長州藩も含まれていたのである。

このように諸藩の応援を得ながらなおも太郎を捕縛できない米沢藩に対しては、学習院御用掛の浪士たちから「探索が手ぬるい」との批判が寄せられた。かかる浪士たちの声を慮ったのは、武家伝奏飛鳥《あすか》井雅典《いまさのり》の雑掌である。いっそ彼らに探索の応援を依頼してはどうかと米沢藩に持ちかけた（萢戸「皇都日記」、七月四日条）。

藩はこの提案を受け容れ、七月十日、浪士取締の任にあった国事参政豊岡随資《とよおかあやすけ》のもとに大目付の若林作兵衛、使番の小幡源吾を遣わし浪士たちへの口添えを歎願した。これに対して豊岡は「ならば勤王の誓紙を提出せよ」と命ずる。この命をうけて、十四日、江戸家老の萢《のぞき》戸九郎兵衛と若林が再度豊岡邸に出頭し、勤王の誓紙と過去に上杉家当主が上洛したときの記録「上杉家上洛例書」を提出した（七月二十七日付米沢詰之間宛京都六条詰之間書簡、『上杉家御年譜』十七所収）。

誓紙では、決して攘夷に因循《いんじゅん》しているわけではないと弁明のうえ、もし、天皇が攘夷親征（天皇自ら遠征を実施すること）を実行されるならば、その際は微力ながら我が藩も譜代の家臣一同老幼問わず馳せ着け、鸞輿《らんよ》（天皇の乗る輿）を保護し奉りたいと誓っている（「米沢藩上書　鹿児島新聞」）。ここから推すに、どうやら十日の面会の際、若林らは豊岡から攘夷親征への協力を要請されたようである。

こえて、七月十九日、上杉齊憲は、因幡藩主池田慶徳《いけだよしのり》・備前藩主池田茂政《いけだもちまさ》・阿波藩世子蜂須賀茂韶《はちすかもちあき》とともに関白鷹司輔熙《たかつかさすけひろ》から召命をうけた。出頭した四侯に対して、鷹司は攘夷親征、およびそれに先立つ軍議のための八幡行幸について、その是非を問う。四侯は「諸外国が摂海に迫っているというのならいざしらず敵も来ないのに攘夷とは何たることか」とこぞってこれに反対した（莅戸「皇都日記」）。関白の背後に、豊岡ら尊攘激派の公家たちがあったのはいまさら言うまでもない。そして、彼らと結んで攘夷親征の計画を主導していたのが長州藩であった。

長州藩家老の益田弾正《ますだだんじょう》が攘夷親征の即時断行を朝廷に求める藩主毛利慶親《もうりよしちか》の直書を携えて入京を果したのは若林らが豊岡に拝謁した翌日の十一日のことであった。この直後から長州藩も米沢藩への入説工作を開始する。

京都屋敷将の堀尾保助、役所役の中川英助、勘定役の西伊勢蔵は、かねて、太郎探索の応援の件で、長州藩の久坂義助《くさかよしすけ》（玄瑞《げんずい》）との接触を試みていたが、堀尾らの要請に対して久坂は「囚人一条」に協力する交換条件として、益田と米沢藩の莅戸・竹俣との首脳会談を強く求めた（七月十九日付西・堀尾・中川宛井上庸民書簡、「歴劫存録」所収）。豊岡も会談を取り持ち長州藩を援護射撃する（莅戸「皇都日記」、七月二十一日条）。探索の応援を要請している手前、米沢藩としてはこれに応ぜざるを得なかった。

かくして、七月二十一日に堺町の米沢藩邸にて米沢・長州両藩の首脳会談が開かれる。この日、列席したのは、長州藩側が益田のほか家老の根来上総《ねごろかずさ》と京都留守居の村田次郎三郎（村田清風《せいふう》次男、のちの大津唯雪《おおつただゆき》）、米沢藩側が奉行の竹俣美作、江戸家老の莅戸九郎兵衛、大目付の若林作兵衛である（莅戸「皇都日記」）。

継成の攘夷親征反対論

益田らの到来を耳にして誠一郎は不安を拭うことができなかったと見え、その胸中を国許の家族に「如何なる所存を述て還《かえ》り候や。心本《こころもと》なく御座候」と吐露している（七月二十五日付書簡）。一方、継成は益田らの来意が攘夷決行にあると察し、そのうえで問題の焦点が太郎探索から攘夷の可否に移りつつあることを肌で感じていた（八月四日付竹太郎宛書簡）。

この日は挨拶程度で終わったため、二十四日、再び首脳会談がもたれることとなった。会談に先立ち、齊憲は対策を練ろうとしたのか、継成に対して意見を具申するよう命じている。これまで言を容れられず、失望のあまりその雄弁を封じていた継成であったが、齊憲直々の命とあって、満腔《まんこう》の思いをこめて意見書を書き上げ、二十三日、これを藩に提出した（「封事雑稿」三）。

意見書において継成は、まず攘夷即行の不可なることを、言葉を極めて説く。理由は、今名目もなく攘夷を断行すれば、我が曲、彼（諸外国）が直ということになってしまい、士気も振るわないということ、攘夷を実行するには、まだ武備が整っておらず、人心も一致していないということ、これである。武備充実の方途については、軍制改革を監察するため勅使を全国の諸藩に遣わし、その進捗の程度によって賞罰を降すことがとくに強調されている。

では人心の一致についてはどうか。全国の人心一致をはかる大前提は、何といっても朝幕の融和である。そして、それは、朝幕を疎隔《そかく》する浪士を一掃のうえ、両者が誠意をもって疑心を解消し、朝廷が幕府に大政を一任するというかたちで実現するものであった。ここにいたってはじめて諸藩は幕府に帰一し、人心は一致を見るという。朝幕の不和は攘夷をめぐって生じたものであり、そこに攘夷を掲げて、西南雄藩が跋扈し、浪士が暗躍しうる余地が生じた。かかる事態を解消するには、朝廷が攘夷を当面放棄し、幕府へ大政委任するほかないというのが、現状からする継成の結論であった。

全体的に上京前に継成が藩に提出した建白書の内容と重なるところが多いのは一読すれば明らかだが、さらに注意深く読めば、やはり上京前の前年十二月に誠一郎が藩に提出した建白書の内容とも似通っている部分（理由なく攘夷を実行すれば我が曲、彼が直になる等）があることに気づかされる。継成は誠一郎の意見を参考にしつつ、現在の京都政局を勘案したうえで、この意見書を書き上げたのであるまいか。

二人の書簡に似通った内容、表現が散見されるのを見ても、継成はかねてより誠一郎から政局に関する情報を入手し、それにつき彼と議論しあっていたと察せられる。七月十日付の建言で探索方・周旋方の設置を求めて藩から却下された継成にとって、志を一にし、自分に代わってさまざまな情報をもたらしてくれる誠一郎は、得難い存在であった。

さて、米長両藩の首脳会談は翌二十四日、二十九日と立て続けに行われた。齊憲の通称弾正大弼をはばかって名を弾正から右衛門介に改めるほど（大瀧新蔵「文久三年京都事情忠恕手記」二巻）、益田は米沢藩の説得にかけていた。

しかし、あくまで攘夷親征に固執する益田に対して、齊憲も重臣たちも一貫して親征不可を唱える。「敵もないのに親征と言っても幕府はおろか諸侯さえも従わないだろうし、その結果、公武が離間すれば日本は四分五裂、諸外国からの嘲笑を買うであろう」というのである（莅戸「皇都日記」、七月二十九日条）。

攘夷親征の決定

一方、尊攘激派の公家たちも米沢藩に攘夷親征への協力を余儀なくせしめようと手を打ってきた。八月一日、因幡・備前・米沢・阿波の四侯は御所に召され、その席で「国事懸」に任命される。四藩を自派に引き入れんとする画策にほかならない。これに対して、四侯は協議の末、「国事懸」就任を辞退した。理由は「朝議を誤らせるばかりか、政令多岐にわたって繁雑であり、かえって人々に疑惑を抱かせることとなる」というものであった（「池田茂政覚書」）。あくまで幕府への大政委任を堅持し、それを阻害しかねない「国事懸」就任を退けたのである。

ついで、八月五日、御所で軍事調練が実施され、先の四藩も動員された。攘夷親征を想定して行われたもので、これも尊攘激派公家の工作の一環であった。この調練において米沢藩は嘉永以来の軍制改革の成果を存分に発揮する。藩兵は、人数こそ四百五、六十人という少なさで他藩に比べて見劣りしたが、総勢西洋銃を携帯し、齊憲の指揮のもと、西洋太鼓の拍子に合わせて整然と行軍した。藩兵が西洋銃から繰り出す轟音には、普段攘夷を主張して止まない公家たちも驚いて逃げまどい、「やめよ、やめよ」

と泣き叫ぶ始末であった。

継成と誠一郎もこの日の調練に参加していたが、よほど痛快だったらしくそれぞれ国許に「さてさて今日の気味好き事、実に小数なれども、大勢に勝れたる勢を洛中に示したるにて、太郎が一件も是《これ》にて忘れ候」（八月六日付竹太郎宛甘糟継成書簡）、「御家の御武運天下を轟かし申し候。さてさて公卿とも右の通にて親征或は攘夷等言い募り悪むべし」（八月十三日付家族宛宮島誠一郎書簡）と書き送っている。

ここまで藩当局は継成の建言どおりの姿勢を貫いたと言えるであろう。だが、藩内の空気は少しずつ変化を見せ始めていた。八月七日、長州藩家老の益田は周旋方の久坂義助・中村九郎・佐々木男也と面会していただきたいと齊憲に願い出た。一方、久坂らは、この日、米沢藩邸に堀尾・中川・西を訪ねている。齊憲への拝謁《はいえつ》を前にした根回しであろうか。かくして、十二日、久坂ら三名は齊憲の御前に召された。この日、齊憲は久坂らに対して「我が藩は決して攘夷親征を拒んでいるわけでない」と答え、彼らを手厚くもてなしている（「久坂玄瑞先生年譜略」、『久坂玄瑞全集』所収）。

また、この間、長州藩側と交渉を重ねていた、若林や堀尾・中川・西らのなかには長州藩への同情の念が芽生え始めていた。「社稷《しゃしょく》（藩）の存亡は聊《いささ》かも顧みず、国（藩）のあらん限りは勤王と相唱え些《いささ》かも引き候景色相見えず（中略）相談し候えば亦《また》憐れむべき情もこれある物に御座候」という国許・江戸の同僚に宛てた若林の書簡（八月十三日付、「歴劫存録」所収）の一節はそのことを何よりも雄弁に物語る。

すなわち、米沢藩は攘夷親征を主張する長州藩や尊攘激派の公家たちに乗じる余地を残したのである。そして、このような態度は、京都守護職の会津藩をして「長州と共謀しているのではないか」という疑惑を抱かしめることにもつながった（甘糟継成「公武治乱機」十二）。

翌十三日、遂に朝廷は攘夷親征のための軍議を目的とする大和行幸の実施の命を下した。この日、参内した因幡・備前・阿波・米沢の四侯は、上記を知りすぐさま天皇に拝謁を求める。「このたびの決定は、公武一和が実現せず、攘夷の方針が一定しないがゆえのことであるから、我ら四家が攘夷の叡慮《えいりょ》が貫徹するよう死力を尽くして将軍に直言、お諫《いさ》め申し上げる。ついては、今回の決定はどうかお考え直しいただきたい」と四侯。これに対して、関白鷹司輔熙は、四侯の江戸下向を天皇へ進奏することは請け合ったものの、決定を覆すことには首を縦に振ろうとしなかった。しかし、因幡藩主の池田慶徳は「万一、将軍が攘夷の勅命を奉じないのなら、我々が公武のあいだに立って、自ら横浜の異人館を焼討して攘夷の実を示す」となおも食い下がる（莅戸「皇都日記」）。これは事前の協議を無視した慶徳の独断であり、齊憲は慶徳の袖を引いて慶徳を制したが、やはり関白が決定を覆すことはなかった（宮島誠一郎「文久三年癸亥上洛日記」）。それどころか、この発言によって、江戸下向の朝命が下り、かつ将軍説得が不調に終わった場合、米沢藩は横浜焼討決行を覚悟せねばならなくなったのである。

攘夷親征への対応策

窮地に陥った米沢藩当局は、切迫の時勢ゆえ覚悟を決め、上杉家の武名を汚さず忠勤に励むよう藩内に申し達し、加えて攘夷親征について意見があれば建白するよう命じた。これをうけて、継成は侍組一統と評議のうえ意見をまとめ、十六日に意見書（甘糟「在洛日記」四所収）を提出した。このなかで、継成は攘夷親征を「天下大乱の基」とし、徹頭徹尾反対する。すなわち、関東に下向して将軍を説得するのではなく、京都にあってあくまで攘夷親征の中止を朝廷に進言し、それが聞き容れられなければ、暇を願い、関東にも立ち寄らず帰藩すべきだというのである。その決意たるや、たとえこれがもとで尊攘派の攻撃をうけ命を落とそうとも、「至公至誠の御忠義」のためなら本望の至り、横浜で攘夷に死すよりはずっとよいと断言するほどである。

とはいえ、主君齊憲の命が脅かされることは何としても避けねばならない。そのため、宿所の警備や夜勤を厳にし、齊憲の外出時の人数を増す等、尊攘派の襲撃に備えるとともに、人選のうえ、朝廷や諸藩の内情を探らせ、不時に備えるべきことを求めている。藩の窮地を前に、情報を獲得するための探索方・周旋方の必要性はいっそう高まったのである。

一方の誠一郎である。上京以来はじめて進言の機会を得られた彼もまた、十七日に意見書（宮島「上洛日記」第一巻、同日条所収）を提出した。おりしもこの日、公家の二条齊敬《にじょうなりゆき》や幕吏に内通して幕権の回復をもくろんでいるとして、池田慶徳を逆賊と非難する落書が、因幡藩宿所の本圀寺《ほんこくじ》や洛中の各所に貼り出された。尊攘派の浪士の仕業であることは明白であり、その矛先は米沢藩にも及びかねない。矢も楯もたまらず誠一郎は筆を執ったのである。

意見書は言う、「勅命がありながら幕府が攘夷を実行しなかったのは深慮遠謀あってのことであろうから、四家が朝廷の威光を担って関東に下向したところで、幕府を動かすことは容易ではあるまい。だいいち、真に朝廷が四家の力でもって公武一和を実現し、幕府をして攘夷を実行せしめんと思うのならば、すぐにでも勅命が下っていいはず。聞けば、今朝、浪士たちは、今回の親征に反対する四家の建言を妨げんと、因幡藩を誹謗する落書を同藩の京都屋敷に張り出したという。これをもって考えるに、どうも朝廷は攘夷親征を主張する浪士らをはばかって下命に躊躇しているものと見える。もし、朝廷が関東下向については各々の意に任せるとのお考えならば、四家が関東に下向して公武一和に骨折っても詮なきこと。何より幕府の意向を無視して横浜の異人館を焼討することは、幕府に対する反逆にほかならない。今のままこれを実行すれば、我が藩は幕府から怨みを買い、朝廷からの恩顧も得られず、ひいては藩を維持することさえままならなくなってしまう。ゆえに、横浜焼討などして朝廷の術中にはまってはならない。もし関東に下向するのなら勅使の帯同を願うべきだ」と。

上京前からの長州藩や浪士たちへの警戒心は、この間、誠一郎のなかで増長の一途を辿り、ここへきて頂点に達した。長州藩への同情の念が藩内に醸成されつつあるだけに、ややもすると朝廷の権威を笠に着た彼らの術中にはまりかねないと危惧した誠一郎は、何としてもここで踏みとどまらなければならないと思ったようである。

八月十八日の政変と会津藩

かかる危機的な情況を、起死回生の一矢を放ち一転させたのは、守護職の会津藩である。

会津藩の徒士のものが東本願寺学寮を訪れ、上杉齊憲への参内の命を伝えたのは、八月十八日の早朝のこと。朝命は武家伝奏から伝達されるのが通例であり、それが会津藩の使者によってもたらされたというだけで、宮中に何か異変があったと知れたが、齊憲は重臣とも協議したうえで、参内を決断した。このとき、継成はもちろん、誠一郎もまた五十騎組足軽物頭である父とともに齊憲に随従している。中立売門《なかだちうりもん》から御所に入るや、齊憲はすぐさま参内する。一方、藩兵たちは会津藩からの指図で清和院《せいわいん》門《もん》の警備につき、主君の退下を待った。聞けば、攘夷親征は天皇の意によるものではなく、叡慮をためた関白・武家伝奏・議奏・国事参政・国事御用掛らは参内停止、裏で彼らを操っていた長州藩も御所の外門・堺町門の警備を解かれ、京都からの追放を命ぜられたということである。しかし、長州藩士たちはこの処分を不服として関白鷹司邸に立て籠もった。これに対して、朝廷は勅使として柳原光愛《やなぎわらみつなる》を鷹司邸に派遣して退去を命じ、それでも退去しないようならば討ち果たすとの方針を定める。

かくして、七つ時頃（午後四時頃）、米沢藩兵たちにも鷹司邸に隣接する堺町門へ出兵するよう命が下された。米沢藩兵が現場に着くと、すでに会津・薩摩両藩兵が鷹司邸を包囲していた。雨のなか、邸内の長州藩士と薩会米三藩兵とのあいだでしばし睨み合いが続く。

なんとかして決裂を回避したい齊憲は、ひそかに中之間年寄の大瀧新蔵と使番の佐藤孫兵衛を邸内に遣わし、説諭に当たらせた。両名は邸内に籠もる益田右衛門介や久坂義助らの説得にあたる。これをうけて、益田らは暮過ぎに鷹司邸を退去し、その後、長州藩士たちは浪士ともども三条実美ら七卿を伴い領国へ引き返した。いわゆる八月十八日の政変である（大瀧新蔵「文久三年京都事情忠恕手記」二巻）。

八月十八日の政変の図（「梨堂公絵巻」より，梨木神社所蔵）

継成にしても誠一郎にしても決死の覚悟でこのたびの出兵に従っ

たため、長州勢が無事退去して事なきを得たときの安堵感は大きかった。そして、長州藩をはじめとする尊攘派勢力が京都から駆逐されたことにより、二人が望んだ朝幕融和の端緒は開けたのであった。その意味でこの政変を演出した会津藩は誠一郎にとって「大豪傑」に他ならなかった（八月二十日付家族宛書簡）。

誠一郎の会津藩への接触

政変後、米沢藩は長州勢の反撃を警戒した飛鳥井雅典から屋敷の警護を依頼され、誠一郎も東本願寺学寮と飛鳥井邸を往復することになるが、その合間を縫って、会津藩士たちとの交流を深めていく。幸いなことに彼はすでに会津藩の公用方とすでに面識があった。

八月二十四日、まず、柴秀次と安部井政治を訪ね、政変の真相を聞き出そうとする。柴・安部井の返答は次のようなものであった。「大和行幸・攘夷親征の勅命はいずれも長州藩と結ぶ国事参政・国事御用掛の公家たちの専断によるものであって、彼らは御所を焼き払い天皇を長州に遷座することさえ企てていた。かねてより彼らの所業を苦々しくお思いになっていた天皇は、このことを聞き及んでついに業を煮やされ、中川宮にこれら公家と長州藩の排除をお命じになったのである。そして、中川宮を通じて我が藩のその命が下った。十七日、我が主君容保は命をうけて参内し、中川宮・近衛（忠房）様・一条（忠香）様・二条（斉敬）様と政変の計画を練り、それを実行に移したのである」と（宮島「上洛日記」第四巻）。

誠一郎は柴・安部井から聞き得た限りをすぐさま大目付の若林に報告する。政変の立役者からの貴重な情報である。若林は誠一郎にこれを書類に仕立てるよう命じ、江戸家老の萱戸に提出した。誠一郎のもたらした情報により上層部ははじめて政変の実相を知ることができたのである（萱戸「皇都日記」八月十八日条）。

以後、誠一郎は窪田源右衛門とともに藩命をうけて会津藩の公用方と頻繁に接触の機会をもった。安部井が八月二十六日に江戸に下ったため、接触して情報を引き出すべき相手は、秋月悌次郎・柴秀次・広沢富次郎の三者に絞られた。彼らから得た情報は逐一若林に報告されたようである。藩当局は政変を経て情報の重要さに気づき、広い人脈と優れた情報収集能力を有する誠一郎という人材を得て、ようやく情報の獲得に積極的に乗り出したのである。そして、「会津藩懇意の面々より機密の事を聞き取り、一方ならず御用弁に相成り」とのことで、藩は十二月二十五日、誠一郎に酒樽五升を賜い、その功に報いたのであった（宮島誠一郎「上洛紀略」）。

五月二十八日付の意見書で継成が求めたことは、ここにようやく果たされたというべきであろう。九月一日、その継成のもとにも森井惣四郎から評判を聞きつけて肥後藩周旋方の余田三右衛門と草野平蔵が姿を見せた（甘糟継成「在洛日記」五）。森井の口利きとあっては無碍にできないし、政変直後とあって継成自身も政治情報への渇望止みがたく会うこととした。そして、このとき誠一郎も同席している（宮島「上洛紀略」）。情報収集や折衝の才を認めて継成がその場に招いたものであろう。情報の重要性が増すにつれ、誠一郎の存在は、継成のなかでより大きくなっていったのである。

三　幕末の動乱と情報活動

1　仙台・会津両藩との融和——宮島誠一郎の奥羽探索行

米沢藩と仙台・会津両藩との関悪化

政変後、上杉齊憲は藩力養成に尽したいとして朝廷に帰藩を願い出てこれを許され、九月二十三日、家臣とともどもようやく京都を後にした。途中江戸に立ち寄った齊憲は将軍家茂から直々に江戸滞在を求められたが、帰藩もせずに江戸に滞在しては朝廷に申し訳が立たないこと、他日に備え藩力養成に努めたいことを理由にこれを謝絶、十月二十五日に帰藩の途についている。だが齊憲帰藩後も、米沢藩は藩力養成に力を傾注できるような状況にはなかった。

一つの懸案は預所《あずかりどころ》（幕府が大名に統治・年貢徴収を委任していた直轄地）屋代郷《やしろごう》の郷民が仙台藩領に逃散したといういわゆる屋代郷騒動である。文久三年（一八六三）二月四日、米沢藩は幕府から屋代郷における私領同様の仕置《しおき》を許可されたが、郷民たちはそれを不服とし、仙台藩に米沢藩の苛政を訴えるため、翌三年四月頃から仙台藩領に逃散《ちょうさん》をはじめた。米沢藩はさらなる逃散に備え藩境に兵を配したが、雲井龍雄や宮島誠一郎もその一員として高畠・深沼の警衛にそれぞれあたっている。また、仙台藩が郷民の引き渡しを拒否したことから問題は長期化、仙米両藩のあいだには対立が生じ、幕府の裁定を仰ぐことになった。その結果、元治元年（一八六四）六月に勘定所留役の斎藤辰吉《さいとうたつきち》（のちの中野梧一《なかのごいち》）と山本長次郎が幕領の伊達郡桑折《こおり》に派遣される。これをうけて、米沢藩は中之間年寄の大瀧新蔵と役所役頭取の五十嵐左門を同地に遣わしたが、誠一郎も隠密探索として両名に従っている（宮島誠一郎「桑折警衛日記」）。京都での情報活動が要路に注目されていたからであろう。

ついで米沢藩を悩ませたのは、長州への使者の対応である。元治元年二月、長州藩はペリー来航以降の自己の行動の正当性を訴えた奉勅始末を使者の木梨彦右衛門に与え、全国諸藩に派遣したが、奥羽では仙台・秋田・米沢の諸藩が入説の対象となった。米沢藩は長州藩の申し出を断ったが、木梨を丁重にもてなしている。仙台藩の木梨への待遇が冷遇を極めただけに、米沢藩の厚遇は際立ち、その情報は会津藩にも流れた（『改訂肥後藩国事史料』巻四）。齊憲在京時に見られた一部藩士の親長州的な姿勢ともあいまって、この一件は会津藩の米沢藩に対する疑惑をいっそう深めさせた。

誠一郎の会津・仙台探索行

元治元年（一八六四）六月二十六日に桑折から帰還した誠一郎だったが、席の温まる間もなく、七月二十七日には小田切勇之進《おだぎりゆうのしん》とともに米沢を発った（「読史堂叢書」第三集五、以下本節は、ことわりのないかぎりこれによる）。おりしも京都では前年八月十八日の政変の意義申し立てのため上京した長州藩と御所を守衛する薩摩・会津をはじめとする諸藩とのあいだで戦闘（禁門《きんもん》の変）が勃発、関東でもこれに呼応して水戸藩の尊攘派天狗党《てんぐとう》が筑波山に挙兵したが、かかる情勢のなか奥羽諸藩の向背を探ることが、出張の第一の目的であった。

この探索行は藩命によるものではなかったが、得た情報が若林作兵衛や五十嵐左門に報告されていることを見ると、彼らの内意があってのことではなかったか。小田切は先述のとおり誠一郎の友人で、安政年間（一八五四〜六〇）に江戸で砲術を修行し、そのかたわら幕府儒官古賀茶渓《こがさけい》のもとで漢学を学んだ。そのような経歴から米沢藩にあって広い人脈を有する人材であった。誠一郎らの最初の目的は会津若松であった。長州藩の隠密が捕縛された直後とあって会津城下の様子は物々しく厳戒態勢がしかれていた。

そんななか、七月二十九日に二人が最初に接触したのが小田切の旧知庄田半蔵であった。庄田は会談の冒頭より米沢藩への疑念を露わにする。「先年小田切殿と天寧寺（現会津若松市東山町）でお会いしたときは詩を吟じながら酒を酌み交わしはなはだ愉快であったが、あれから三、四年たち時勢も様変わりした。今や隣藩といえども御藩と隔意がないわけではない。してみれば、先年のように気を許してなんでも話すのは躊躇される。まずはどのようなわけで来られたのかお尋ねする」と庄田。二人は庄田に来意を説明するが、庄田はなおも問いを重ねた。「御藩は外様であり、しかもどうも長州を憐れんでおられるように見受けられる。このたび長州から奥羽に使者がやってきて秋田などは過激の徒がよほど騒ぎ立てているとのことだ。御藩についてはよく知らないが何となく油断ならぬ御様子。重役どもは御藩の対応ぶりを存じているかもしれないが、下々の者は何もしらされておらず疑念を抱いている。外様に囲まれ孤立しているので邪推もあるかもしれないが、御藩の情実、人心につきお聞かせいただきたい」と。

誠一郎はここに会津藩の疑惑の所在が米沢藩と長州藩の関係にあることを知った。ここは十分に説破して疑惑を解消させねば後々禍根を残す。「昨年来公武一和に御尽力し、八月十八日には長州藩を京都から放逐、今年もまた幕府に御尽力のこと、御藩のお働きには実に感服している。その御藩に浪人らが横行していると聞き、隣藩のよしみとして出兵の要があれば加勢したい。主君が江戸在府中なので多人数の派遣はお約束できかねるが、我らをはじめ皆御隣藩のためを思っているので、この点御承知いただき御疑念を解かれたい」。

ここに疑惑を解いた庄田は、両名にはじめて京都表の情報を披露したのであった。援兵の一件につき、報告をうけた重役もまたこれを重く見て自ら誠一郎・小田切と面会に及ばんとしたが、あいにく多端の際、銀子二枚ずつをもって援兵の申し出に報いている。会津藩との和解がなるや、八月二日、誠一郎らは若松を出立する。

玉虫左太夫

十日、誠一郎と小田切は仙台に到着した。屋代郷騒動が未だ解決を見ないなか、藩校養賢堂《ようけんどう》の書生らが両名に注ぐまなざしは一様に冷ややかであった。これでは仙台藩との関係改善など望めない。誠一郎らが打開の糸口を見出すべく訪れたのは玉虫左太夫《たまむしさだゆう》であった。玉虫は本書冒頭でも紹介したとおり、昌平黌で林復斎《はやしふくさい》に学び、万延元年（一八六〇）には幕府使節に従って渡米した経験をもつ仙台藩随一の逸材である。しかし、折悪しく玉虫は不在、誠一郎らは家人に名刺を渡すと、むなしく仙台を去った。八月十四日に両名が出羽の上山《かみのやま》まで達したところ、その玉虫が熊谷忠太夫とともに後を追ってやってきた。屋代郷騒動の解決、米沢藩との関係改善は仙台藩にとっても大きな懸案事項だったのである。しかし、両藩のあいだにわだかまる不信はそう簡単に払拭できるものではない。仙台藩側が提示した郷民引き渡しの条件に米沢藩側は難色を示し、交渉はたちまち行き詰まった。

このようななかで、前上山藩主松平信宝《まつだいらのぶみち》の命をうけ調停に乗り出したのが同藩中老の金子与三郎であった。十七日の会談において、金子は双方に言う。「これからどうなるとも知れぬ天下の形勢のもと、両藩の一点の私心から奥羽の地が騒乱に巻き込まれれば、小藩の我が藩などいかに社稷を保つことができましょう。長州藩や水戸の天狗党の動静に目が離せないなかにあって、奥羽のみは平穏を保たねばなりませぬ。朝廷・幕府から土地人民をあずかっておりながら、人心が居り合わず、正しい処置を下せないようでは、何が勤王誠忠でありましょう」と。

公武一和によって国内の和を保ち、朝廷・幕府のもとで各々富強に努めることこそが諸藩の任だとする誠一郎にとって、この金子の言はまさに意を得たものであった。玉虫・熊谷もまた金子の提案に同意、玉虫は誠一郎とともに米沢に赴く。誠一郎は玉虫に「今日の形勢にて国内顧慮の憂これあり候ては決して皇国の大義を謀るに暇なし」と呼び掛けた（「仙台藩玉虫左太夫遺筆」）。一方、熊谷は仙台に引き返し藩にこの旨を復命している。その後、仙台藩は領内から郷民を追放、ここに誠一郎の尽力は実を結んだのであった。そして、奥羽探索行を契機として、誠一郎の名は奥羽諸藩のあいだに広く知れわたることとなる。

2　米沢における情報活動――記録所頭取としての甘糟継成

政策立案機関としての記録所

元治二年（一八六五、四月七日、慶応に改元）正月五日、甘糟継成は藩から記録所の頭取に任命された。記録所はこのとき設けられた新しい部局である。藩が継成をこの記録所の長に抜擢したのは、『鷹山公偉蹟録《ようざんこういせきろく》』をはじめとする上杉家の歴史書を独自にまとめ上げ、文久三年（一八六三）の齊憲上洛時には年譜編纂にも従事した、その実績を買ってのことであろう。当時の米沢藩では、このような記録のための局を「儒者捨場」と見、「御記録の職」を「閑散清貧の役」として軽んずる向きがあったが、継成は記録所頭取就任について「夫れ才に応じて官を新たに設け給えるは誠に本意というべし」と日記に記し、素直に喜びを露わにしている。

なぜなら、記録は「御政事の根元」「御制度の出口」であって、鷹山のときこの任にあたる局は、同時に「諸法令の草案」の起草にも携わり、かつ、折に触れて「大政大議の存寄」を尋ねられ、藩校に次ぐ寵遇を得ていたからである。継成にとって記録所は、単なる書記方ではなく、あくまで編纂した記録をもとに、政策を立案し、藩政の是非を論ずる機関であった（「慶応元年乙丑胸秘備忘日録」一、正月六日条）。

では、記録所が政策を立案し、藩政の是非を論ずるにあたって、いかなる情報を集め、編纂すべきと考えていたのか。まず調べるべきは、藩の「古例」であり、そのために継成は「御旧記」の編纂を記録所の任と定めた（「慶応元年乙丑胸秘備忘日録」一、正月二十一日条）。すでに述べたとおり、継成の『偉蹟録』編纂は、鷹山の遺志を明らかにすることによって、他日藩政に資するところあらんとの意に発するものであった。だが、その思いはこれまで果たされなかった。この書は世子茂憲《もちのり》から所望されながらも、重役の反対論により、献上されることなく、以来、継成の手許に秘蔵されていたのである（同右、正月十二日条）。

今、記録所頭取となり、ようやく宿望を果たす機会を得た継成は、『偉蹟録』を「復政の基」として、その複写を所中に命ずる（「慶応元年乙丑胸秘備忘日録」一、二月十五日条）。おりしも、米沢藩では勘定頭小林五兵衛を中心に悪化する財政を再建すべく改革が行われていたが、小林は改革に急なるあまり古例を踏みにじることしばしばであった。かねがね小林の改革を苦々しく思っていた継成は、『偉蹟録』を公にすることで鷹山の改革の理念を広く周知し、古例を軽んずる風潮を改めんとしたのである。

また、継成は政情を把握すべく風説書を作成することを記録所の任とした。正月二十一日に継成が奉行の竹俣美作《たけのまたみまさか》に提出した記録所の心得に関する伺いには次のようにある（「慶応元年乙丑胸秘備忘日録」一、正月二十一日条）。

当今の形勢、日に〳〵危迫に罷《まか》り成り、天下紛々、多事恐るべき世の中に候えば、何によらず、京・江戸諸藩の風説等、当局にて御記させ置かれ、他日御心扣《おこころひかえ》の一助に相備えたく存じ候事

政局が刻々と険しさをましていくなかにあって、京都や江戸の風説を書きとめ、他日、藩が去就を決せねばならなくなったとき、これをもって参考に供しようとしたのである。

元治元年三月、上杉齊憲は江戸に出府したが、その後滞在期間は長期化した。筑波山に挙兵した水戸の天狗党が、上州・野州方面へと進出し、江戸の治安悪化が懸念されたことから、幕府は齊憲を江戸に引き留めたのである。水戸藩主徳川慶篤《とくがわよしあつ》が老中水野忠精《みずのただきよ》を通じて、齊憲に幕府の政事総裁職就任を求めたのは、天狗党の乱で動揺が広がる関東の差配を齊憲に委ね、名家上杉家を幕府方に繋ぎ留めんとする意図があってのことであった。これにつき、継成は「上杉家にとって名誉」としつつも、「井伊直弼の前轍を踏む恐れすらある」と危惧をいだき、「単に大諸侯の後ろ盾がほしいだけで真の依頼ではあるまい」と幕府の意図を忖度している（「慶応元年乙丑胸秘備忘日録」一、正月二十一日条）。

加えて、長州処分問題の混迷が齊憲をさらなる動乱の渦中に巻き込んでいった。禁門の変の後、幕府は「朝敵」長州の征討に乗り出し、同藩の降伏によりいったんは解兵したものの、このころには、長州藩内における対幕強硬派・正義党の台頭から再びこれを議論の俎上に上せ、あわせて将軍の進発を計画するに至った。このようななか、齊憲は秋からの京都警衛を命じられたのである。

これより先、元治元年九月一日に、幕府は文久の幕政改革で撤廃されていた大名妻子の江戸居住を旧に復しており、世子茂憲は江戸に出府することになっていた。加えて齊憲が上京するとあっては、逼迫する藩の財政では支え難い。元治二年二月二十六日、齊憲はこの任を逃れんと持病の足痛を理由に隠居を願い出る。結局、この隠居問題は幕府が米沢藩に大幅に譲歩するかたちで決着を見た。すなわち、幕府は齊憲の隠居を差し止める代わりに預所屋代郷三万石の収納高を齊憲一代に限り下賜し、齊憲の帰藩も、京都警衛に茂憲を名代として立てることも許可したのである（『上杉家御年譜』十七）。

だが、この間、国許では江戸からの情報がもとで混乱が生じた。当初国許には齊憲の隠居願が幕府によって聞き届けられたとの情報が伝わり、これをうけて奉行の竹俣美作、ついで同じく奉行の色部長門《いろべながと》・島津利馬《しまづとしま》らが江戸へ向かうこととなったが（「慶応元年乙丑胸秘備忘日録」二、二月七日条）、道中、隠居差し止めの報に接し、それぞれ国許に引き返すという一幕があったのである。

事後にこのことを聞いた継成は江戸家老莅戸九郎兵衛の不手際を非難している。今回の混乱は幕府の内情を探らないまま、また、国許から奉行の竹俣が到着するのも待たず独断で隠居願を提出したことによるものであると（「慶応元年乙丑胸秘備忘日録」三、三月三日条）。この一件で情報の重要性、風説書《ふうせつがき》作成の必要性を改めて痛感させられた継成であった。

周旋方・探索方の必要性

記録所での風説書の作成は、文久三年（一八六三）の在京時に継成が「公武治乱機」の別冊としてつけていた「顕徴録」の内容を、藩の公式記録である「御上洛記」に加筆するところから始められた（「慶応元年乙丑胸秘備忘日録」二、二月四日条）。ついで、「続公武治乱機」と題して元治元年の風説書の作成にも着手しているが（同右、二月二十三日条）、さらに目下の風説書を作成せんとせば、米沢にいる継成に情報を提供する人々の存在が欠かせない。

当時、米沢藩にあっても、探索周旋活動は行われてはいた。だが、この任にあたる人々への藩の待遇は、政局に対する関心の低さから概して冷淡であった。

小見鍋蔵《おみなべぞう》は、文久三年、昌平黌書生寮に入学して古賀茶渓に学び、元治元年（一八六四）四月以降、書生寮の舎長を務めている。かつて書生寮で学び、その後藩命を帯びて江戸で探索にあたった者は必ず舎長を訪うたことから、自然、小見のもとには政治情報が集まった。かかる閲歴から米沢藩は小見に探索周旋を命じた。だが、小見が十五両を費やして情報を収集し、苦心の末に探索書をまとめたにもかかわらず、藩は彼に百疋の手当しか与えず、あまつさえその多くを紛失する始末であった。

継成に情報をもたらした人物に松本誠蔵《まつもとせいぞう》がいる。松本は継成の弟子で、当時、藩命をうけて江戸で英学修行中の身であったが、その傍ら他藩士と交わり、情報の収集にも意を注いだ。その松本は、継成にあてた三月頃の書簡のなかで「探索には交際費が必要なのに、藩からは一銭の手当もなく、自弁で有益な情報を聞き出して報告しても、藩の重役ときたら、茶話でも聞くようなありさまで、お褒めの言葉のひとつない」と藩への不満を吐露している。この松本の話を聞き、継成は「御家の探索に心なきを知るべし」と歎かざるを得なかった（「慶応元年乙丑胸秘備忘日録」三、三月十四日条）。

これ以前にも継成は松本の探索周旋活動に対する藩の冷淡さを耳にしていた。

元治元年十二月のこと、継成は松本誠蔵から水戸天狗党や長州藩の動静について有力な情報を得た。これらにつき継成から報告をうけた奉行らはまったく知らぬと見えて、うち数名は驚きの体であった。この日の日記で継成は探索に一向心を用いず、隣藩である仙台や会津のことさえよくわからぬ重役らを非難し、そのうえで学力・才気あるものを京都や江戸に遣わし、彼らに資金とある程度の行動の自由を与えて、一定期間、情勢を探らせるべきだと主張する。資金と時間が与えられなければ、良質な情報を得ることはできないし、かかる情報を得てもそれが意味するところを正確に理解できるだけの学識が受け手になければ意味がない。そのような情報収集の担い手として真っ先に継成が推したのが、松本であり、文久三年の政変後、会津藩士と交わり情勢をさぐった誠一郎、元治元年、その誠一郎とともに会津・白河など各地を探索した小田切である。政局の緊迫化とともに、情報を獲得するための人材として、継成の誠一郎に対する期待は高まる一方であった（「慶応元年乙丑胸秘備忘日録」一、正月七日条）。

このころ継成は藩主齊憲の実子桃之助の侍読《じどく》をも勤めていたが、四月二日には、奉行・小姓・用人や、藩校助教の窪田源右衛門も同席するなか『史記』の韓信《かんしん》伝の講読を行った。

韓信は、かの劉邦《りゆうほう》に軍師として仕え、彼をして中国を統一せしめた前漢の功臣の一である。この韓信、漢が趙と刃を交えた井陘《せいけい》の戦いにおいて、趙軍に密偵を放ち、その動静に通じていたため、わずかな兵で勝利を収めることができた。このくだりに及び、継成は桃之助をはじめ一同に探索の肝要なることを説く。さらに、前漢の将軍李広《りこう》と程不識《ていふしき》を引き合いに出し、匈奴《きようど》の侵略を防ぐにあたって、綱紀を緩める代わりに遠方まで探索の網を張り巡らせた李広と兵が煩を厭うも意に介さず軍律を厳にした程不識、いずれを是とするか問うた。それは探索人を江戸や京都に派出し情報活動に余念がない諸藩と、情報活動より内の改革を優先する米沢藩の是非を問うものでもあった。

継成の設問に座の議論は紛糾したが、米沢藩の探索周旋が不十分であること、それがために天下の情勢に暗いことについては一同歎ずるばかりであった。継成の熱意の前に、当局も探索周旋の要に思いを致しつつあったのである（「慶応元年乙丑胸秘備忘日録」四、四月二日条）。

3　学塾と情報——江戸三計塾での雲井龍雄

龍雄の三計塾入塾

藩境警備から戻った雲井龍雄は、元治元年（一八六四）四月二十四日、郡奉行所書物写方を命ぜられた。その後十月三日には、実母の死去に見舞われつつも、その悲しみを乗り越えるかのように、藩校助教の窪田源右衛門の世話で、江戸から漢籍を取り寄せては勉学に励んだ。そうしたなかで江戸遊学の志を強くしたのかもしれない。

やがて、龍雄に江戸出府の機会が訪れる。長州再征にむけて将軍の大坂進発の期日が五月十六日と決し、米沢藩では藩邸警衛の人数を増加するが、その列に龍雄も加えられたのである。龍雄の手記によれば、彼が江戸に到着したのは慶応元年五月七日（四月七日、元治から改元）のこと。そして、師と仰ぐべき人物を探った結果、閏五月一日に安井息軒《やすいそつけん》の三計塾《さんけいじゆく》に入門することとした（雲井龍雄の手記、安藤英男『新稿雲井龍雄全伝』上巻所収）。

安井息軒は寛政十一年（一七九九）元旦に飫肥《おび》藩儒の安井滄洲《そうしゆう》を父として日向国清武郷中野に生まれた。息軒は幼いころより父の薫陶をうけ、長ずるや大坂や江戸に遊学、江戸では昌平黌、さらには松崎慊堂《まつざきこうどう》のもとで研鑽を積んだ。文政十年（一八二八）の帰藩後は、藩校振徳堂の再興に尽力するとともに、飫肥藩政にも参画したが、天保九年（一八三八）一家挙げて江戸に移住した。そこで開いたのが三計塾である。また、文久二年十二月十二日（一八六三年一月三十一日）には昌平黌教授に任ぜられていた。当代

安井息軒　『安井息軒先生』より

きっての碩儒《せきじゅ》と言えよう。

龍雄が三計塾に入門したのは、江戸到着から実に二十三日目のことで、どうも彼は当初から息軒のもとで学ぶことを心に期していたようである。それは、先述のごとく朱子学に拘泥せぬ学風を慕ってのことであろう。では、息軒はどのような思想の持ち主だったのであろうか。

息軒はペリー来航以降、しばしば時務論を著し、そのいくつかは幕府要路にも提出されている。対外方針において息軒が基本とするところは攘夷鎖港論である。諸外国を退けるためには武備の充実は欠かすことはできないし、具体的な海防策については息軒も論策のなかで述べているが、彼はそれ以上に学問を重視した。武備の根本は人材であり、その人材を育てるためには学問が必要だからである。この点、龍雄とも一致する。

ならば学ぶべきは何なのか、攘夷を実行せんとすれば洋学、ことに軍事を学ぶ必要がある。だが、息軒がそれよりも重視したのは、礼と法である。礼によって基礎づけられた父子の親、君臣の義、その秩序を保つために定められた法、これらの粋を熟知した人材があってはじめて軍制改革はなしうるというのが、先の「武備の根本は人材」の意味するところであろう。

また、息軒はこうも言う、「元和以降、封建制が全盛となったのは勢のしからしむるところだが、その勢を制したのは法であり、法を支えたのは礼である。ゆえに、武を失うとも、三百年のあいだ太平を保ちえた。これは封建の効である」と（伊藤東溟「封建」）。したがって古来の法をいたずらに改変することに息軒は懐疑的であり、まして封建制を覆すことなど思いもよらなかった。

龍雄は限られた江戸滞在の期間、息軒の著作を貪《むさぼ》るように読み、書写し、その思想を吸収したのである。そして、かかる息軒の思想はその後の龍雄の行動を強く規定していく。

三計塾での龍雄

では、この三計塾、学風はいかなるものだったのか。息軒にとって学問は「輔民安世の道」にほかならなかった。してみれば、その息軒を塾主とする三計塾はいきおい政治塾の相貌を呈する。そのことは三計塾の「学規」（安藤『新稿雲井龍雄全伝』上巻所収）にはっきりと明記されている。

すなわち、「君父の臣子に学問を命じ候は、何《いず》れも国を輔《たす》け、家を興すの念願に候あいだ、君父の心を心として、学問に出精致すべきは申すに及ばず、平生、忠実を宗とし、油断なく治身済民のこゝろがけ肝要に候」「人材の長短は、君父も強くする能《あた》わず候。各々は長所を成就致し、他日、国家の用に供し候儀、学問の主意に候」といったふうである。

龍雄はこの師の教えに忠実だったと見え、実家の父と兄に「私は平生江口復蔵や小田切勇之進のような浅薄な書生にはこりごりしていましたので、軽薄な学問を排して詩文等には一切心を用いず、先生の教えのとおり、実用に役立つところのみ修行しております」と書き送っている（慶応元年十一月六日付書簡、安藤『新稿雲井龍雄全伝』上巻所収、以下本節で引用する龍雄の書簡はすべてこれによる）。

塾生の多くは二十四、五歳の血気盛んな若者たち。やがて、彼らは藩政に与《あずか》り、なかには維新後に新政府の重職につくものも少なくなかった。同輩を見渡せば、まず、龍野藩の藤江卓蔵《ふじえたくぞう》が藩の周旋方・探索方として活躍、ついで新政府で出世したものとしては、大東義徹《おおひがしぎてつ》（彦根藩士、司法大臣）・人見寧《ひとみやすし》（幕臣、茨城県令）・三好退蔵《みよしたいぞう》（飫肥藩士、大審院院長）等が挙げられる。

また、先輩に目を転ずれば、木戸孝允・広沢真臣・時山直八《ときやまなおはち》・世良修蔵・品川弥二郎・陸奥宗光・谷干城・河野敏鎌《こうのとがま》等、維新の功臣が綺羅星のごとくその名を連ねる。三計塾でともに学問に励んだ同輩はもちろんのこと、三計塾の先輩・後輩というつながりは、後に龍雄が探索周旋活動を展開していくうえで大きな政治的資産となっていく。

また、息軒は塾生たちが自分の講義を唯々諾々と聞いているのを好まず、塾生同士が意見を戦わせることを重んじた（谷干城「隈山詒謀録」、『谷干城遺稿』一所収）。討論につき学規では、相手を打ち負かすのが目的であってはならず、あくまで是々非々で行うべきだと定める。なぜなら、こういった風が習い性となって、他日、藩の役職についたとき害悪を及ぼしかねないからである。もとより訳なく人に異を唱える龍雄ではなかったが、ただ「勝を好むの一癖」は自覚していた（慶応元年六月六日付父兄宛書簡）。ともあれ、以前よりもその才が認められた龍雄の弁舌は、三計塾にてさらに磨きが掛かっていったのである。

息軒はこのような塾生同士の議論を通じて人物を見極めた。そして、学問の出来・不出来や新参・古参の別ではなく、同輩中から人物をもって推される者に塾生を統括させた（谷「隈山詒謀録」）。かかる環境のもと、龍雄は藤江卓蔵とともに熟生中のリーダーと目されるようになる。女性のような風貌とは裏腹の、負けん気と侠気は同輩を畏服させずにはおかなかったようである。

一方で勝ちを好む風は学規の戒めるところである。ために息軒はこの点につき常に龍雄をたしなめた（慶応元年十一月六日付父兄宛書簡）。だが、反面その気骨を愛した。息軒の嫡子で龍雄とは同い年の謙助もまた龍雄に篤い信頼を寄せた。ときに慶応元年六月のある日のことである。龍雄は藤江とともに息軒から呼び出しをうけた。息軒は幕吏から禁錮に処されることを警戒し、すでに時事を口外せぬようになっていたが、この日は疱瘡《ほうそう》痕であたかも潰れたようになっていた片目にも涙を浮かべて二人にこう言った（慶応元年七月十一日付父兄宛書簡）。

最早六十の老齢、もとより殺されようとも構わぬが、天下国家のためにこれといった策も立てられず、何ゆえに幕府に罪せられたのか後世に知られぬまま命を落としたのではそれこそ無駄死である。また、自分が幕吏を憎むあまり徒に攘夷を唱えて誅せられれば、天下の士は水戸天狗党のように決起して窮境に陥り、ついには後に続くものはいなくなるだろう。こればかりが心配である。

さらに、息軒は言を継いで二人に懇願する。

足下らは我が息謙助と入魂なる間柄で、色々と励ましてくれている様子。まことに親切なことである。昨今の塾中のありさまはと言えば、古参のものはいずれも、帰藩したか、遊歴の途にあり、今いるのは少年輩ばかり、片腕と頼むものもない。心細い限りである。足下らは御主君のある身なので、主に仕えるのが第一であるが、その余力をもって、塾中の面々に意見して、軽挙に走らぬようにし、我が身に外侮が及ばぬようにしてほしい。

龍雄と藤江への信頼の厚さがうかがえる。藤江の帰藩後は龍雄がその期待を一身に負った。安井父子は龍雄の帰期が迫るや、江戸に留まるよう懇請する。安井父子からの要望とあっては龍雄も断れない。藩に歎願して慶応元年七月までの江戸滞在を翌二年四月にまで延長した。

江戸における龍雄の情報活動

さて、政治塾である三計塾はさまざまな政治情報が輻輳するいわば情報集積センターでもあった。塾生は全国から集まっていたから、それぞれの国許から折に触れてさまざまな情報が舞い込んでくる。また、塾生たちは帰藩の後、藩の役職に就き藩政に関与する者もあったから、帰藩した彼らからも情報は届けられた。このころ龍雄が書き残した風説書には、龍野藩の周旋方として情報活動に当たっていた藤江から寄せられたと思しき情報も散見される。

やがて、龍雄は各所から塾に寄せられる情報を享受するだけでなく、自ら塾の外に出て人と交わり、そうしてつちかった人脈を通じて情報を得るようになっていった。十一月六日付の父兄宛の書翰では「且つ格別の人才はこれなしとは申すもの、、何向《なにむき》都下は四方の輻輳する所、思い懸けなき賢士も時々ござ候あいだ、年の老若に拘わらず、いやしくも一奇才ならば交を結び尽し度《た》く存じ奉り候」とある。

そのなかで龍雄が進んで交わりを結んだのは、情報の最前線にあった諸藩の周旋方・探索方である。敦賀《つるが》藩の金子彬吉もそんななかの一人であった。時に金子は横浜にいる知己に依頼して「新聞紙」を抄録し送ってもらうことにしていた（慶応元年十二月四日付父兄宛書簡）。これに触発されたのか、龍雄も諸人の周旋を頼んで、上は公家・諸侯、下は諸浪士らの建白書、さらには大和天誅組《てんちゆうぐみ》の変・水戸天狗党の乱・長州再征に関する情報を得ようと奔走している（慶応元年十二月二十日付父兄宛書簡）。

諸士と距離を縮めようとするならば媒《なかだち》となるのはやはり酒、付き合いには自ずと交際費がかかる。また、人を頼んで情報を得ようとするならば手数料がかかるのはこれまた当然である。だが、月一両の手当では到底まかないきれない。

そこで実家中島家の父兄に金銭の融通を求めた。「読書するだけならば国許でもできること。江戸で修行する醍醐味は、天下の人傑と交わって、ともに慷慨《こうがい》し、語り笑いあい、それによって四方の情勢に通ずるところにあります」、「世の中では女郎買いで大金を使い果たすものもおりますが、それに引き替え、諸藩の人々と付き合うのも、本を買うのもこれみな藩のため。なにとぞその辺をご理解いただきたい」（以上、慶応元年十二月四日付書簡）、「情報を集めて帰れば、私自身や父子兄弟のためばかりでなく、つまるところ藩の大益となります」（慶応元年十二月二十日付父兄宛書簡）。

龍雄の並々ならぬ思いを知れば、父も兄ももはやその願いを容れるほかなかった。

このように江戸で刺激をうけて充実の日々を送っていた龍雄であったが、やがてその江戸を去る日がやってきた。慶応二年四月十日のことである。師と学友から惜別の辞を贈られ、涙ながらの旅立ちだったろうが、北へ一歩踏み出せば、彼の胸中には早くも使命感が去来していた。

江戸から帰るや龍雄は早速収集した情報の整理に手を染めた。そして、慶応二年九月、これらの書類に意見書（安藤『新稿雲井龍雄全伝』上巻所収）を添えて藩に提出する。意見書によれば、龍雄はこれより先、探索周旋のため自分を江戸に派遣するよう藩に歎願し、藩からも許可を得ていたが、長州再征が幕府の事実上の敗北という結果に帰したことから、龍雄の派遣を躊躇する声が首脳部のうちにあがったらしい。藩の因循に業を煮やした龍雄は訴える、「資金を賜って赴く以上、誰が上を騙したりしようか。使命を果たせなければ藩法に照らして処罰されても構わないので、探索周旋の命を下されたい。いちはやく政情に通ぜんと随時情報を集めなければ、なすべきではないときに事をなし、なさねばならぬときに事をなさないということになってしまう」と。

しかし、龍雄の声は藩に届かなかった。彼の江戸派遣は中止となる。龍雄が天下に雄飛し、その名を轟かせるのはもう少し先のこととなる。

4　江戸における米沢藩の探索周旋活動――慶応二年の宮島誠一郎

近隣諸藩士の米沢到来

奥羽諸藩の探索を終え、米沢に帰還した宮島誠一郎は、元治二年（一八六五）正月八日、興譲館の寄塾生となり、以来、勉学に月日を費やした。同年（四月七日、元治から慶応に改元）十一月二十二日、興譲館での修学が満期を迎えるも、なお藩に寄塾願を提出し、三年間の常詰勤学を認められている（宮島一郎左衛門「日記」元治二年二月五日条、慶応元年十一月二十六日条、同月二十八日条）。だが、このころから、誠一郎の身辺はにわかにあわただしくなってくる。

まず、十二月二十一日には会津藩の春日《かすが》郡吾《ぐんご》と香坂政太郎《こうさかまさたろう》が誠一郎と小田切のもとを訪ねてくる。元治元年の奥羽探索行によって、会津藩では米沢藩への窓口として誠一郎と小田切の存在が知られるようになっていたと見える。香坂と春日の訪問に先立ち、誠一郎と小田切は安部井政治《あべいまさはる》から書翰を受け取り、その来訪を知らされていた。安部井が京都にて誠一郎と面識があったことはすでに述べた。小田切ともおそらく江戸遊学中面識があったのではあるまいか（小田切は久敬舎で古賀茶渓に、安部井は昌平黌で林復斎に学んだ）。

しかし、折悪しくこのとき小田切は脱藩して米沢に不在、誠一郎も熱病に冒されて臥せっていた。この件につき誠一郎は大目付の若林作兵衛に指示を仰いだが、これに対して若林は病床にあっても推して面会するようにと誠一郎に命じた。だが、面会がかなわないと勘違いした春日・香坂は米沢を早々に出立してしまう。あわてた誠一郎は実弟小森沢猪吉に跡を追わせたが、すでに春日らは藩境を越えて上山に向かっていた。後日、赤湯にて猪吉が残した誠一郎の書簡に接した両名は、すでに上山で小田切と面会を果たしていたが、上山藩の金子与三郎の勧めもあり、若松への帰途もう一度米沢へ立ち寄って、病気の誠一郎の代わりに中川英助・猪俣宮次と対談の機会をもつこととなる。

中川・猪俣と面会した春日・香坂は、なかなか打ち解けようとしなかった。さては自分が老人だからかと思った中川は、場を和まさんと盃を重ねて階下に酔い潰れる始末。だが、残った猪俣から、虚心坦懐、現今の時勢について所懐を尋ねられると、春日らもしだいに胸襟を開き、時事を談ずるに至った。

このころ注目されたのは何と言っても薩摩藩の動向である。薩摩藩は幕府の長州再征に異を唱え、勅命が下るも出征を拒否、水面下で長州藩と提携する動きを見せた。その薩摩藩の家老小松帯刀《こまつたてわき》が大兵を率いて入洛したことから、畿内では一気に緊張が高まった。猪俣はかかる事態に対処するため「同心の国」と力を合わせ皇国の衰運を挽回すべきだと説き、そのうえでいずれの藩と結ぶべきかを春日らに尋ねた。春日らによれば、会津藩が懇意にしているのは、九州では肥後・久留米、四国では土佐とのことであった。

そして、話題は、東北諸藩にも及んだ。「東北の五、六藩が結束すれば大勢を挽回できる。もし御同意いただけるならば貴藩に従って、我が藩が他の三、四藩を、誠実をもって説得したい」と猪俣。だが、仙台藩と米沢藩とあいだには屋代郷騒擾をめぐっていまだ微妙な空気が流れており、秋田藩は異論の様子。結局、このとき奥羽の連衡は見送られた（宮島誠一郎「養浩堂私鈔」天）。

とは言え、春日・香坂の到来を呼び水として上山藩では周辺諸藩との連携の気運が高まった。おりしも、長州再征を期して、将軍の大坂進発が取り沙汰されるなか、藩主松平信庸《まつだいらのぶつね》が大坂加番を命ぜられ、同藩は政局の渦中に投げ出されようとしていた。

不透明な政局を乗り切るためには、周辺諸藩との連携が不可欠である。慶応二年三月、上山藩は中村平介を米沢に派遣する。誠一郎は元治元年八月の奥羽探索行の際に中村の面識を得ており、彼の来訪を聞くや、すぐさま面会を求める。このとき誠一郎は前年十二月の春日・香坂と金子与三郎との会談の様子につき中村に尋ねている。これに対する中村の答えは、「会津の両生は長州より薩摩が気がかりのようで、奥羽諸藩の動静を探り、連衡を図るためにやってきたと見える」というものであった。

ついで、誠一郎の関心は、上山藩が時勢探索のためいかほどの人数を諸方に派遣しているかという点に向けられる。このような時節にあって情勢の正確な把握がいかに重要であるかは、誠一郎が身をもって知るところである。中村によれば、分別のないものに情勢を探らせ色々と説き立てるようではかえって藩政の妨げとなるので、上山藩では「しかと心得《こころえ》候《そうろう》者」数名に機密を探らせているとのことであった（「丙寅三月記事」）。

誠一郎、江戸へ

慶応二年（一八六六）八月十三日、そんな誠一郎に藩から江戸出府の命が下される。名目は警衛・勤学であるが、その実、探索周旋の内命を受けていた。

これより先、六月七日に、幕府は長州藩との戦争に踏み切り、早くも劣勢に立たされていたが、かかる事態を前にして四月に江戸に出府した齊憲は市中の警衛を命じられており、帰藩を見通せない情況にあった。

そのようなか、江戸では優れた周旋方が必要とされ、同地詰の中之間年寄大瀧新蔵が誠一郎に白羽の矢を立てたというわけである（慶応二年九月十五日付家族宛宮島誠一郎書簡、「慶応二年丙寅江戸家信」所収、以下、本節での誠一郎の書簡はこれによる）。八月十六日、誠一郎は同様の命をうけた上与七郎《かみよしちろう》（のちの中条政恒《なかじょうまさつね》）とともに上府の途につき、二十三日、外桜田の藩邸に入った。探索周旋活動を開始するにあたってまず誠一郎らがなすべきは情報を獲得するためのネットワークづくりである。二十六日、誠一郎は大瀧の意をうけて、元治元年八月の探索行で面識があった藤井輝太郎《ふじいてるたろう》と土田忠之介《つちだちゅうのすけ》を上山藩邸に訪ね、江戸在府中の諸藩の人名について調査した（「慶応二年丙寅江戸日記」）。

そのうえで、翌日、誠一郎が接触を試みたのは会津藩留守居添役兼周旋方の林三郎である。会津藩は隣藩、しかも京都守護職にあって中央政局に通じている。また、誠一郎自身も、文久三年八月十八日の政変以来、この藩にもっとも信頼をよせ、藩士たちと交流を深めていた。

とりわけこの林三郎は、上杉家から上野吉井藩松平家に養子に入った鉄丸（齊憲実子）に学問を進講していたということで米沢藩と縁故があり、しかも留守居の石沢民衛《いしざわたみえ》・神尾鉄之丞《かみおてつのじょう》・柏崎才一《かしわざきさいいち》を補佐し、江戸会津藩邸の「政事」を一手に切り盛りしていた。江戸在府中の誠一郎は、万事この林を「手本」として「修行」に余念がなかった。

そして、林のもとには多くの人士が集った。肥後藩江戸留守居の沢村修蔵《さわむらしゅうぞう》・津田山三郎《つださんざぶろう》、同藩周旋方の益田勇《ますだいさむ》、土佐藩江戸留守居の広瀬伝太夫《ひろせでんだゆう》、同藩周旋方の谷口伝八《たにぐちでんぱち》、久留米藩周旋方の吉井甚左衛門《よしいじんざえもん》・武藤里次郎《むとうさとじろう》・笹治《ささおさめ》、備中松山藩周旋方の吉田謙蔵《よしだけんぞう》、尾張藩周旋方の蒲五兵衛《かまごへえ》らである。

誠一郎は林を介してこれらの人物とも親交を結んでいった。林を含め彼らはみな「徳川の柱石」とも言うべき者で、江戸においてそれぞれの藩を代表するとともに、老中や大小目付から直接諮問に与るほどの影響力を有したという（慶応二年九月二十五日付家族宛宮島誠一郎書簡）。

このうち、肥後藩・土佐藩・久留米藩は、先に米沢を訪れた春日・香坂が、猪俣・中川との会談で昵懇の間柄としてその名を挙げた藩、春日らの発言は会津を中心とするこれら諸藩による実際の連携の動きを踏まえてのものであった。この他、尾張藩は前藩主の徳川慶勝が松平容保の実兄であり、備中松山藩は藩主の板倉勝静《いたくらかつきよ》が老中を務め、幕閣における一橋慶喜や松平容保の同志であった。

先述のとおり彼らはみな「徳川の柱石」であったが、このころ彼らの幕府に対する忠誠には揺らぎが見えていた。その原因を作ったのは、家茂没後、将軍となった慶喜である。

徳川慶喜への疑念

慶応元年（一八六五）九月十六日、兵庫・大坂の開港・開市、通商条約に対する天皇の勅許、関税率の改訂の三箇条を長州再征のため大坂に陣を布く将軍家茂に直訴すべく、イギリス・フランス・オランダ・アメリカの艦隊が兵庫に廻航した。

このとき、幕府と朝廷とのあいだを取り持ったのが、会津・肥後・土佐・久留米の四藩であり、四藩は、奔走の末、兵庫を開港しないことを条件として条約勅許を朝廷から引き出したのであった。

だが、これをうけて、四ヶ国代表と交渉に当たった老中の本荘宗秀《ほんじょうむねひで》は、文久二年に幕府とイギリスとのあいだで交わされたロンドン覚書の内容にそって、慶応三年十二月七日（一八六八年一月一日）までには必ず兵庫を開港することを約束し、その旨を明記した老中連署の書付を手交する。

この報が江戸に伝わるや、会津藩の林三郎と肥後藩の森井惣四郎は、かかる事態に直面してなお碌々と江戸にあるのは「国賊」であるとして、慶応元年十一月、早追で上京の途についた（慶応元年十二月四日付喜多村彦太郎・荒尾騰作宛福富健次書簡）。京都に到着した林と森井は、早速老中の小笠原長行《おがさわらながみち》に謁見し、本荘の罷免を求める。「勅命に背いたものをそのままに差し置いては、天下の人心は折り合わない」というのである（「慶応二年丙寅江戸日記」九月十五日条）。

その後、四藩の期待は禁裡御守衛総督一橋慶喜の断固たる決断に向けられていった。だが、慶喜はこの期待に反して本荘の責任を追及しようとはしなかった。なぜなら、本荘が罷免されれば、四ヶ国への書付に署名した小笠原長行にまで累が及ぶからである。小笠原は板倉勝静とならび幕府内における慶喜の数少ない支持者であった。

その後も慶喜は四藩の期待をことごとく裏切った。

開戦後、幕府軍が各地で敗退を重ねるなか、慶喜は事態を打開すべく自らの出馬を表明したが、それもつかの間、七月二十日、将軍家茂が大坂城にて陣没し、ついで、八月一日、小笠原長行が拠る小倉が落城すると、一転して出馬を撤回した。これを聞いた会津藩の林三郎は、八月二十七日、上坂の途につく幕府目付堀錠之助を誠一郎とともに訪ねて、なおも強硬に慶喜の親発を主張する。そして、それが実現した暁には会津藩が第一の難所である石州口を受け持つと息巻いた（「慶応二年丙寅江戸日記」）。

だが、この林の声は届かず、結局、幕府は、九月二日、家茂の死去を理由として勅命でもって長州藩と休戦協定を結ぶこととなる。このとき、会津藩江戸留守居の神尾鉄之丞《かみおてつのじょう》は、誠一郎に対して「休戦の事情は三十日もすれば分かるだろうが、もしこれが必死の御決断でなくその場凌ぎの御裁定であったならば、征夷大将軍の御職掌ももはやこれまでであろう」と冷ややかに述べている（同右、九月十日条）。

家茂の死をうけて、八月二十日、慶喜は徳川宗家の家督を相続、だが、将軍職については就任を拒み続けた。幕府内外にはなお慶喜への批判が根強かったからである。一方で慶喜は次期将軍が自分をおいてほかにないということをよく理解していた。それゆえ、将軍職受諾を前にして自己の基盤固めに余念がなかった。各国公使を大坂城に引見せんとしたのはその一環である。しかし、それは四藩からの信頼をさらに失うことに結果した。

土佐藩江戸留守居の広瀬伝太夫や肥後藩周旋方の益田勇は誠一郎に、慶喜が大坂城にて各国公使を引見した、その意図について自己の見解を述べている。彼らの見るところによれば、慶喜はこの席で各国公使に兵庫開港を確約しようとしている、あるいは、諸外国から軍事的援助をうけて、みたび長州征討に踏みきろうとしているとのことであった（「丙寅日記」第三号、十一月二十七日条、「丙寅日記」第五号、十二月二十四日条）。二人の失望もまた大きいものであった。

かくして、慶喜は慶応二年十二月五日に将軍職に就任した。すでに信頼が失墜しつつある慶喜が将軍職に就任したとあっては、四藩の幕府支持の姿勢も揺らがざるをえない。「新将軍の御代となってから幕府は権謀をもって第一として公明正大の御処置はたえてなく、結果ここまで衰えてしまった。新将軍には天下とともに事にあたる誠実さはなくすべては独断に帰し、人和をかくありさまだ」とは肥後藩江戸留守居の沢村修蔵の慶喜評である（「慶応二年丙寅十二月事情」）。

そして、これまで慶喜を支えてきた会津藩のなかでも彼に対する非難の声がささやかれるようになる。会津藩江戸留守居の石沢民衛《いしざわたみえ》もまた、このような慶喜の姿に幕府の衰運を見て、彼を「小人」と非難する（「丙寅日記」第五号、十二月二十四日条）。

彼らから情報を得ながら折に触れてこのような慶喜の評価を聞くたびごとに、誠一郎の慶喜に対する不信感は増幅していった。

薩摩藩への警戒

このような幕府の威信低下は薩摩藩に暗躍の余地を与えた。肥後・土佐両藩は薩摩藩と会津藩との和解の道を模索していたが（慶応元年喜多村彦太郎・津田斧太郎・野崎紀宛横山匠作・山田吉次・福富健次書簡）、長州戦争後の薩摩藩の動向は会津・土佐・肥後・久留米四藩の不信を増すものでこそあれ、減ずるものではなかった。

慶応二年八月三十日、中御門経之《なかみかどつねゆき》・大原重徳《おおはらしげのり》ら二十二人の公卿が諸侯会議の開催、幽閉中の公卿の赦免、朝廷改革などを求めて御所に列をなして参内しているが、謀主は当時幽閉中の岩倉具視であり、彼の下では薩摩藩の藤井良節・井上石見が同藩の西郷吉之助（のちの隆盛）や大久保一蔵（のちの利通）と連絡を密にしつつ画策するところがあった。

こういった動きは江戸でもキャッチされ、誠一郎は備中松山藩周旋方の吉田謙蔵から列参公卿の影に「薩人の助勢」があったことを知らされている（「慶応二年丙寅江戸日記」九月二十八日条）。

かくも物議を醸した公卿列参だが、二十二卿が処罰されるという結果に終わった。だが、それでもなお江戸の親幕派の面々は薩摩藩への警戒を緩めなかった。林は、列参公卿に対する処罰が厳に過ぎ、かえって朝廷とのパイプを絶たれた薩摩藩がいかなる陰謀をめぐらすかわからないと不安な胸中を誠一郎に吐露している（「丙寅日記」第三巻、十一月二十九日条）。

このような不安は誠一郎も共有するものであった。薩摩藩の吉井幸輔《よしいこうすけ》（のちの友実《ともざね》）が京都から江戸に下向したのはこのようなおりのことであった。十一月二十六日の肥後藩の益田や備中松山藩の吉田らとの宴席においてこの吉井のことが話題に上り、彼が在府中誰とも往来せず、数日のうちに京都に引き返したと聞き、誠一郎は二十二卿の処分に不満を抱いた薩摩藩が公武の離間をはかり、天下の権を握らんと画策しているのだと推測した（同右、十一月二十六日条）。

吉井の来訪に警戒の念を抱いたのは肥後藩や土佐藩も同様である。肥後藩は在府中吉井が横浜の英国公使館を訪ねたと聞くや、幕府に注進、その後幕府からの依頼で、土佐藩とともに事情を探ったがよくわからなかった。だが、土佐藩の谷口伝八は、二十二卿の処分で朝廷とのパイプを失った薩摩藩が、今度はイギリスと結び、各国公使が大坂で慶喜に謁見するのを見計らって兵庫開港問題で幕府に難問を突きつけようとしているのだと睨み、吉井の英国公使館来訪をその一環として幕府に報告している（「慶応二年丙寅十二月事情」）。

谷口からこれを聞いた誠一郎は薩摩藩への疑惑をいっそう深めていく。

上杉茂憲の帰藩をめぐって

このように事態はなお予断を許さなかったが、とまれ長州戦争の休戦により当座の平穏がもたらされた。懸案だった藩主齊憲の帰藩も休戦後ようやく許可され、安堵に胸をなでおろした江戸藩邸は、誠一郎同様、江戸で探索周旋にあたっていた大石琢《おおいしたく》蔵《ぞう》に帰藩を命じた。

同じ頃、国許では新たに雲井龍雄らを江戸に派遣することが検討されたが、そのことを耳にした誠一郎は父一郎左衛門に宛てた九月十四日付の書簡で「小子一人でさえ余計なくらいなのです。御屋形様も御帰藩されたうえは当然小島（龍雄）らの派遣も延期されましょう」と述べている（九月十四日付家族宛宮島誠一郎書簡）。この後、龍雄の江戸派遣が見送りとなったことは先に述べた通りである。

一方、龍雄は江戸詰の高橋藤助に十月一日付で書を致し、師安井息軒宛の書簡をも添付しているが、その際「別封は中条に頼んで師に届けてもらって欲しい。決して、宮島・上（与七郎）・湯野川（義次郎）には託さないように」と高橋に言い含めている。どうやら江戸出府を却下された龍雄は、同地で探索周旋に従事する誠一郎らに対抗心を燃やしていたと見える。

さて、このようななかで誠一郎は、藩から探索周旋の命を被っている身として、自分がなにをなすべきか、自藩をどこへ導くべきか、思いを致さずにはいられなかった。

時に齊憲が江戸を発った翌日の九月十二日、誠一郎は林三郎のもとを訪れた。林は誠一郎に、当時、京都にあった米沢藩世子茂憲の帰藩を幕府に願い出るよう勧める。「世子の御滞京で御出費がかさみ、さぞお困りのこととお察しする。聞けば、貴藩では貯蓄米がなく、その時々に京都で米をお買い入れとのこと、これでは何か事変が出来したとき兵糧が不足してしまいかえって恐れ多いことである。薩摩、憂うべき、長州、恐るべきという事態であれば朝廷・幕府から出京を差し止められても仕方ないが、長州との戦争が休戦となった以上、朝幕とも御藩を京都に引き留める理由はない。他日の大事に備えて帰藩して富国に努めることこそが皇国のためだと願い出れば朝廷とてお暇を下さらないことはなかろう」。

国政にいたずらに介入せず、不時に備えて自藩の富強に専念することこそが諸藩の本分であり、皇国に尽す道だと考える誠一郎にとって、林の提案は当を得たものであった。翌十三日、誠一郎はこのことを江戸留守居の高津隼人に報告する。高津もまた林の勧めをもっともと聞き受け、茂憲帰藩の周旋を会津藩に依頼することに決する（「慶応二年丙寅江戸日記」、以下、上京の途につくまでの誠一郎の動向はこれによる）。

かくして、十月四日、日本橋東甚左衛門丁の百尺にて、会津・米沢両藩の会談が行われた。会津藩からは林のほか、留守居の石沢民衛・柏崎才一・神尾鉄之丞が座を連ねた。「留守居の三人にお諮り下されば、会津一藩の見込となり、幕府への交渉も行いやすい」という林の配慮からこのような形で会談の機会が設けられたのである。

会談では、まず、誠一郎と上与七郎から長年にわたる茂憲の滞京が藩財政を圧迫し、藩内に不平の声が満ちているとの説明がなされた。これに対して、石沢は「疲弊は我が藩とても同じこと、御心中まことに察し入る」と涙を流して同情し、柏崎・神尾もただただ頷くばかりであった。この席で、まず米沢藩が幕府への暇願いを「御疲弊御趣意の大略」とともに用意し、それでもって会津藩が幕閣に掛け合うという段取りが決している。

これをうけて、翌五日、高津が歎願書の草稿を起案し、誠一郎と上が筆を加えたうえで会津藩に提出、ここに会津藩による交渉が開始された。この件にかける林の熱意には並々ならぬものがあった。七日、石沢らが小笠原の老中罷免を理由として周旋延期の意向を示すと、林は憤慨して、前吉井藩主の松平《まつだいら》信発《のぶおき》に老中松平康英《まつだいらやすひで》への口添えを懇願すると誠一郎に請け合った。加えて、在京の松平容保へは、飛脚でもってこの件を伝え協力を求めんとする。そして、米沢藩には、江戸での交渉がまとまり次第、京都藩邸へ書面だけでなく誰か一人上京させてほしいと要請したのであった。

結局、この任には誠一郎があたることとなった（以下、上京中の記述は「丙寅日記」第二号による）。かくて、誠一郎は十月十二日に江戸を発ち、十七日に入京を果たす。だが、京都詰の面々の反応は一様に冷ややかであった。江戸と京都の意志疎通がうまくいっていなかったことがうかがえよう。これに対して、誠一郎は茂憲の実現にむけて会津藩が誠心誠意、尽力してくれていることを説明し、もって京都詰の面々に翻意を促した。

その結果、用人の上与惣右衛門《かみよそうえもん》（与七郎の父）や中之間年寄の木滑要人《きなめりかなめ》が誠一郎の言に興味を示し、会津藩の周旋に茂憲帰藩実現の糸口を見出そうとする。事態好転の兆しを見て取った誠一郎は二十五日に京都から再び江戸に下った。

その後、茂憲は十一月十三日にかねて幕府から求められていた長州処分と兵庫開港に関する意見書を提出するや、幕府の許しを得て二十日には早々に京都を立っている。意見書提出から幾許もなく帰藩を許されていることから、水面下での会津藩の周旋が功を奏したものと推測される。

ところで、林三郎はなぜ、茂憲帰藩実現にむけて、かくも誠一郎に援助を惜しまなかったのであろうか。林は最初にこの件を誠一郎に持ちかけたとき、次のように述べている（「慶応二年丙寅江戸日記」九月十二日条）。

長州との戦争が休戦となった今、我が藩は幕府への忠義を貫徹することができず、かえって私怨をもって長州を陥れたと非難され、ひいては奸賊の汚名を着せられ、滅亡するかもしれない。そのとき、貴藩が我が藩に御加担くださり、ともに倒れてしまうようでは、まことに遺憾なことである。もし、我が藩がありたけの力を尽し、それでもって滅亡してしまったならば、そのときこそ貴藩は我が藩の忠義をお汲み取り下さり、後世にわたって我が藩の汚名をお雪《すす》ぎいただきたい。さすれば我等も地下に瞑目《めいもく》しうるというもの。ゆえにここは御疲弊を理由にお暇を願い出るのがよろしいかと思う。

慶喜への疑念はあっても、会津藩は徳川の藩屛として幕府を見捨てることができない。林は自藩の未来に立ち込める暗雲を思った。そして、後図を隣藩たる米沢藩に託したのである。

一方、この林の衷情溢れる言は、会津藩や林その人への信頼ともあいまって誠一郎の胸裏に深く碇を降し、やがて、誠一郎の、ひいては米沢藩の行方を規定していく。

誠一郎は、十一月七日に京都から江戸に帰還した。そして、慶応三年元旦、江戸を発ち帰藩の途についたのであった。

四　戊辰戦争の勃発、動乱の渦中へ

1　大政奉還と京都政局——甘糟継成の上京

継成・誠一郎の大政奉還反対論

慶応三年（一八六七）も暮れに押し迫った十月二十八日、京都から米沢藩京都屋敷将の真野寛助《まのかんすけ》が米沢に帰還した。このとき真野は朝廷から藩主齊憲への召命を伝達する文書を携えていた。これより先の十月十四日、京都において将軍徳川慶喜は朝廷に政権を奉還した。慶応二年十二月に将軍職に就任して以来、慶喜は軍制改革を急ピッチで進め幕府再建に全力を傾注していたが、既往の「失政」を謝罪するという色は露ほども見せず、国政から諸藩の影響を極力排除する姿勢を貫いた。

かかる慶喜の施政は諸藩の反発を生み、薩摩藩は武力討幕路線へと楫を切ることとなる。幕府内外からの反発に直面して孤立すれば、さしもの強情な慶喜も妥協せざるを得ない。土佐藩の建白に応じるかたちで、大政奉還に踏み切り、新たな政体のもと権力の温存をはかったのである。十月十五日、朝廷は大政奉還の願いを聴許する。だが、幕末に至るまで、幕府により政治の世界から慎重に排除されていた朝廷が、にわかに国政を運営できるはずもない。幕府の大政奉還をうけて、朝廷は国是確定のため全国の諸大名に上京を命じたのである。

真野の報に接して進退に窮した藩当局は家中から意見を募った。このとき、継成と誠一郎は藩に意見書を上呈している。まず継成のそれを見てみよう（「封事雑稿」二）。

彼は大政奉還の非なる理由を七ヶ条にわたって述べているが、論点は朝廷の政権運営能力の欠如、薩長土ら西南諸藩の跋扈《ばっこ》、諸外国の侵略の三点である。「幕府から大政を奉還されようとも、政権運営能力を欠く朝廷は、必ずや幕府に大政奉還を強要した薩長土三藩の籠絡《ろうらく》するところとなるであろう。しかし、親藩・譜代諸藩の幕府支持はなお根強く、これら諸藩の離反を前にして、薩長土三藩は早晩進退に窮することになるであろう。そこへ諸外国が三藩を助けると称して国政に介入し、諸州を侵略するかもしれない」といった具合である。

そして、継成は摂関政治以来の日本の来し方に思いを致し、源頼朝の幕府開府によって武家に政権が移ったことを「自然の大勢」「皇朝固有の国体に適う所、人力の及ばざる所」と断ずる。「そもそも日本は「武国」であって、にもかかわらず、華美奢侈に走り、武家を軽んじたがために、朝廷は政権の座から下りることとなった。逆賊たる北条や足利が、曲がりなりにも政権を維持しえたのは、武家に政権が帰すことを世が望んだからである。その後、政権を握った徳川氏は、朝廷への尊崇を欠かさず、ために朝廷は体面を保つことができた。幕府の衰運に乗じて、その徳川氏に口実を設けて罪を着せ政権を取り戻さんとは自然の大勢を知らぬもののすることだ」と。

ついで誠一郎の意見書である（「愚見」）。誠一郎も継成同様、大政奉還により西南諸藩と諸外国が結託し「悪策」を企てることを憂慮しているが、とりわけ薩摩藩、そして、同藩と結ぶイギリスに警戒の目を向けている。ついで、朝廷に政権運営能力がないこと、「三百年の鴻恩《こうおん》」から徳川を支持する諸大名がいまだ多いことを理由として、幕府が引き続き政権を担当することを是とする。この点もまた継成と共通する。

その一方、誠一郎は、慶喜が大政を奉還したのは「御深謀」あってのことだと忖度した。すなわち、薩摩藩やイギリスに乗じる隙を与える前に政権を奉還し、形勢を挽回する術策と見たのである。だが、それでもやはり大政奉還は誠一郎にとって拙策であった。幕府に「平生の御威光」があればそれもよいが、諸大名が幕府の召命にすら応じないような現状にあっては、大政奉還はいたずらに薩摩とイギリスの跋扈を招くだけだと思えたからである。

誠一郎の意見書は大筋において継成のそれと一致しているが、継成が学者らしく歴史的文脈から論を進めているのに対して、誠一郎は慶応二年の探索周旋活動を活かし、政局の機微をふまえて立論している。

継成、京へ

さて、米沢藩では評議の末、齊憲の足痛を理由に、世子の茂憲を名代に立てることとし、それに先立ち奉行の竹俣美作《たけのまたみまさか》、中之間年寄の大瀧新蔵、役所役の堀尾保助に上京を命じた。そして、十一月十五日に継成にも竹俣に随従して上京するよう命が下る。継成にとっては本望の至り、形式上いったんは辞退してみせるも謹んでこれを拝命する。かくして、継成は竹俣・堀尾とともに十六日に米沢を出立（大瀧は十五日払暁に先発）、二十日に江戸外桜田の藩邸に到着している（「寓京日録」一、以下、継成の慶応三年の動向はすべてこれによる）。

政局への見通しがつきそうにない情況において、米沢藩としては、いたずらに動かず、富強に専念することが肝要、そう考えた継成は、強兵の前提として富国の策を立てるべく、江戸滞在の機会に、英国公使館書記官のアーネスト・サトウからその具体案を聞き出そうとする。竹俣も「奇特」として継成の提案を許可したが、先を急ぐ継成は堀尾と海路京都へ向かうこととなり、出船日が二十五日と迫っていたことから、やむなくサトウ訪問を断念した。

出航を翌日に控えて、継成は竹俣から呼び出しをうけた。吉井藩の前藩主松平信発《まつだいらのぶおき》から聞いた話を急ぎ書き留めておくようにとの命である。信発は先述のとおり、上杉家から吉井松平家に入り、同家を相続した信謹《のぶのり》の養父にあたる。英邁をもって聞こえ、折々に幕閣からも意見を徴されたほどの人物であった。

信発が竹俣に話した内容はすべて大政奉還にかかわるものである。慶喜が大政奉還の意志を示したとき、老中の板倉勝静《いたくらかつきよ》・稲葉正邦《いなばまさくに》・松平乗謨《まつだいらのりかた》らが諫言したこと、土佐藩前藩主山内豊信《やまうちとよしげ》の大政奉還建白は姦臣が命を矯《た》めて出したものであること、薩摩藩の小松帯刀、土佐藩の後藤象二郎、藝州藩の辻将曹《つじしょうそう》が慶喜の大政奉還を聞き容れるよう関白二条斉敬《にじょうなりゆき》を脅迫したことなどである。

竹俣がこれらの情報をあえて継成に伝え、記録に留めさせたのは、信発から「今回の事件にかかわることはあらかじめ備後（継成）に言い聞かせておくがよかろう。さもなくば彼の者も尽力しまい」との内意があったからである。信発の意をうけて、竹俣は継成に、上京の後はどんな秘事も明かすので、何事も心置きなく尽力し、大瀧や京都屋敷将の橋本主税・真野寛助と協力のうえ探索書を作成するよう命じる。

二十五日、継成は堀尾とともに幕府軍艦順動丸に搭乗、京へ向かった。強兵を目指す継成にとって、イギリス製の軍艦を実見できたことは大きな収穫であった。彼は日記に軍艦が動く仕組や機関士の職務内容を事細かに記している。その後、順動丸は逆風のため当初の予定を変更して大坂を通過し、兵庫に着船することになった。先に開港したばかりの兵庫には船舶が所狭しと碇泊している。幕府の船あり、諸藩の船あり、とりわけ継成の目を惹きつけたのは、大砲を備えた薩摩の蒸気船、そして、日の丸の旗章を掲げない、一際巨大な軍艦であった。この大軍艦につき、継成は「おそらく外国船であろう」と推測をめぐらせている。

二十九日、順動丸は兵庫に到着。継成と堀尾は即日兵庫を発ち、西宮駅まで歩を進めた。この日、両名は湊川で楠木正成の墓に詣でている。南朝の忠臣の墓碑を前に継成は感涙に浸ったが、墓を覆う堂宇や無数の石灯籠が諸大名や藩士の寄進したものと知るや「近来西藩頻りに王政復古の説を主張せしよりかく楠公を尊ぶと見えたり」と西南諸藩への警戒を強めた。

西宮駅に到着するとそこは狂乱の巷であった。男は女装、女は男装のうえ「ええじゃないか」と唱えて踊り狂っている。そんななか、駅には幕府の歩兵隊数百名や、諸藩の早追い駕籠が相次いで到来し、宿も取れないようなありさまである。継成は「歩兵隊は兵庫開港にあたり外国人警衛のために派遣されたものであろう。諸藩の早追いについてはわからない」と日記に綴っている。この日、両名は辛うじて料理屋の一間を借り寝につくことができた。

京都での継成

翌三十日暁七つ半（午前五時）頃、両名は西宮駅を出立、暮頃、堺町の京都藩邸に到着した。西宮から洛中までは十四、五里、出発以来の強行軍であった。十二月一日、継成は寓居の近江屋に入り、橋本主税と風呂屋で汗を流し、市中を散策するなど、久々に羽を伸ばしている。

だが、時勢の急変は継成にそれ以上の休息を許さなかった。翌二日には、会津藩士の小野権之丞が屋敷将の真野寛助を訪れ、長州藩の不穏な動向を伝える。朝廷からの召命をうけ、藩主父子名代の毛利内匠らが去月二十九日、千余の藩兵を率いて軍艦で西宮に乗り付け、今にも上京する勢いだということである。同様の情報は桑名藩周旋方の谷某から橋本にももたらされた。

橋本・真野の両屋敷将は翌日から情報収集に動き出した。この日、橋本は会津藩の小野と上田伝次《うえだでんじ》を、真野は慶喜の側近である旧幕府目付の梅沢孫太郎を訪ねる。梅沢が真野に語ったところによれば、幕府の方針は「大政奉還したのだから、長州藩の動向については一切関知しない」との立場であった。一方の会津藩は「もし長州藩が入京してくるようであれば大乱になるは必至、そのときは上下死力を尽くして、京地に屍を晒すこともいとわない」と強硬姿勢である。そして、小野らは橋本に「もし一藩全滅に及んだならば、尊藩において忠邪曲直をよくよく見届け、我が藩の汚名を晴らしてほしい」と懇願した。誠一郎に対する林三郎の言は会津藩共通の願いを体現していた。大瀧と継成は真野・橋本の両名から以上の報告をうけた。そのとき、継成は二十九日に兵庫沖で目にした日の丸の旗を掲揚しない軍艦が外国艦ではなく長州藩の軍艦であったこと、同日、西宮に諸藩の早追いが殺到していたのは、長州藩兵の到来を国許に知らせるためだったことに想到したのであった。

ついで四日、前日の夜に梅沢のもとを再訪した橋本と堀尾が、大瀧と継成に追報をもたらした。梅沢が橋本・堀尾に語った慶喜の言は以下のようなものである。「今長州と戦火を交えれば、京都は再び火の海と化す。それは忍びない。また京都で長州を討ったとしても、それだけではすまず、後には本領を攻めることとなり、そうなれば日本を大乱に陥れることになる。長州を討つのは、藩兵が入京し、暴挙に及んだときのみである」と。

さらに慶喜はこれに関連して大政奉還の意図についても言及する。「諸侯の心が幕府を離れたのは、安政以来の失政によるものであり、自ら招いたこと。今は徳川一家の興廃などは度外視し、皇国一体の浮沈に意を注ぐべきである。諸侯が我に背こうとも少しも恨むところはない。徳川家よりも兵力が強く徳望がある大名家があれば、いつでも将軍職を譲り従うつもりであった。自らの失政も顧みず、ただ諸侯を恨み、兵力をもって失地回復をはかるのは私論であって公論ではない。そう思ったから、私は将軍職就任を固辞したのだが、まわりに迫られ致し方なくこれを受けた。そのようなわけだから今回大政奉還したのも別に驚くべきことではない」と。この慶喜の言は虚偽を含みながら、慎重に彼の本意を包み隠している。

そして、梅沢は慶喜の意図を次のように明かす。「上様が大政奉還を御決断されたのは、政令が朝廷・幕府と二途に分かれているのを憂慮してのこと。このたび朝廷に政権が返上され、議政院が開かれれば徳川家当主がその会主となり、叡慮を奉じて決定事項を執行することになる。さすれば天下の公論は一定する。これが上様の思し召しである」。

これを聞き堀尾は感歎して大瀧に報告するが、継成はなお慶喜に期待を寄せることができなかった。彼の胸中を占めていたのは、誠一郎同様、慶喜への不信の念である。長州戦争の際、退勢の挽回を期して親発を決意した慶喜が、家茂の陣没、小倉城の落城を聞くや、早々にこれを撤回したことは、彼の記憶に新しかった。情勢が不利となれば、慶喜の「怯懦《きようだ》（憶病）」が頭をもたげると見たのである。

薩摩と慶喜が互いの出方を探り合うなか、政局はいまだ予断を許さなかった。かかる事態を前に、在京の諸藩士のあいだでは往来が繁くなり、討幕・佐幕、因循・正義と党派を形成して互いに反目し合うようになった。仙台藩や米沢藩の留守居たちもまた情勢を探索すべく諸藩との連携に身を投じたが、やがて仙台藩京都留守居の松崎《まつざき》仲《ちゆう》太夫《だゆう》・大童《おおわら》信太夫《しんだゆう》の呼びかけで在京中の奥羽諸藩士が結集し「奥羽親ミ会」という会合を催すようになる（甘糟継成探索書、「維新私史料」所収）。

だが、継成は、国許の母親にあてた十二月五日付の書簡（『甘糟備後継成遺文』所収）で「とかく他所の人などに会はぬがせん一」と記すように、こういった動きから一線を引く。情報収集の必要性を十分に承知していながら、かかる姿勢を貫いたのは、面に笑みを浮かべつつ腹の探り合いに終始するような会合に益を見いだせなかったからである。加えて、名家甘糟家の当主という矜持《きようじ》が、彼をして他者との接触を執拗に避けさせた。危険を冒して情報を収集するのは身分の低き者の役、侍組の自分の任は、彼らがもたらした情報を集約し、藩に方向性を提示することと考えていたのであろう。

その継成が京都を発つ日は意想外に早く訪れた。十二月九日、薩摩・土佐・藝州・越前・尾張の藩兵が御所を占拠、前記五藩主（前藩主・世子）とその家臣、および岩倉具視ら討幕派の公家たちが参内して王政復古が発せられると、幕府・守護職・所司代および摂政・関白・議奏・伝奏が廃され、新政府が発足する。しかし、慶喜はこのクーデターを前にしてもなに抵抗することなく、いきり立つ会津・桑名の兵をも従えて、二条城から大坂城へと身を引く。この期に及んでも薩摩と一戦を交えようとしない「怯懦因循」を目の当たりにして、継成の慶喜に対する不信はもはや拭うことのできない段階に達した。慶喜が大坂に退いた十二日、継成は竹俣に従って京都を発ち、事態の急変を告げるべく京都を後にして国許へ向かう。

2　戊辰戦争の勃発

龍雄の上京

慶応三年十二月十三日、竹俣美作は草津にて甘糟継成と別れ、米沢に先行した。途中江戸に立ち寄った竹俣は新任の江戸留守居庄田惣五郎と今後の方針について協議に及んだ。結果、朝廷・旧幕府から命が下った際はよくよく情勢を見極めねば足元をすくわれるとの判断から、竹俣は庄田に上京を要請する。これに対して、庄田は「手先の者」として「周旋堪任の若者」を帯同したいと申し入れた。竹俣はこれに応諾し、両名協議の末、雲井龍雄に白羽の矢を立てることとした（「達之大意」）。

その後、竹俣が米沢に到着したのは十二月二十五日。奇しくも、この前日、龍雄は須藤美保吉《すどうみほきち》とともに上京の命をうけていた。王政復古の報はすでに二十日に国許に届いており、藩は探索周旋のため彼らを京都へ派遣することとしたのである。

思えば、帰藩以来、江戸での探索周旋をたびたび藩当局に訴えるも、ついぞその機会を得られなかった龍雄だが、情勢が切迫の度を増すなかで、ようやく活躍の場が与えられようとしていた。これより先の慶応三年の二月から三月頃、藩は龍雄を庄内に派遣、藩内抗争に揺れる同藩の内情を探らせた（高島真『雲井龍雄庄内藩探索紀行』）。そして、今回の京都行きである。

二十五日、龍雄は上京の途につく。出立に際して龍雄は竹俣から意を含められている（「達之大意」）。この度の任は一通りのことではない。したがって、滞在も五、六十日とは言わず、もっと長くなることであろう。余りに長引けば交替人員を派遣するが、それまでは苦労を忍んで任務に励んでほしい。任務にあたっては、よくよく周旋向に熟達し、人脈を広げ四方の情勢を探索せねばならぬ。ただ、会津・桑名をはじめ同志の藩々はみな大坂に退き、今京都で得意の者と言えば王政復古に参画した五藩の「暴人」ばかりである。したがって、付き合う人物にはよくよく注意せねばならない。また、書信にも注意せねばならない。五藩は京都の四方の口々を固めて諸藩の飛脚を捕えては斬殺し書簡を奪っているようである。これに捕まって藩の密事が知れては大変なので、好まざることながら、国許への報告書は定飛脚ではなく差込便で送らなくてはならない。それでもなお何か異変があるかもしれないので、特定の用語については国許と暗号を取り決め、用いるように。

いたずらに従前の制度を改革することに批判的な安井息軒から薫陶をうけただけあって、幕府や摂政・関白をことごとく廃止した王政復古は龍雄にとっても到底受け容れられないものであった。龍雄は任の重さを感じつつ、京都への道を急いだのである。

上杉齊憲の上坂をめぐって

一方、京からの帰藩の途中、草津で竹俣と別れた継成は、竹俣の家来や龍雄の実兄でこのとき奉行物書だった中島虎橘《なかじまとらきち》とともに米沢を目指した。一行は東海道を下り、二十四日、江戸藩邸に到着、休息もつかの間、即日江戸を発つ。何とか慶応四年の元日までには米沢に帰還したいとの思いが彼らの歩を急がせた。しかし、悪天候はそんな願いを空しいものとする。折柄の風雪のため、庭坂（現福島市）で慶応四年の元旦を迎えることとなった。翌二日、幸い風はやみ雪も小降りとなり、清水茶屋まで及んだところ、一行は旅装の二人連れに呼び止められた。「竹俣様の御家来ではないか。御奉行（竹俣）は急な御用により今日早追で江戸へ上られる。御家来衆もお連れになるとのことであるから、御苦労ながらこれよりお引き返しいただきたい。もうそろそろ御奉行も来られることかと思う」。まさに寝耳に水である。急な用とは何なのか、使者に尋ねてもいっこうに要領を得ず、委細は竹俣から直接聞くようにとのこと、継成の不安は募った（甘糟継成「慶応四年戊辰排悶日録」）。

この日、市野（現福島市）あたりにて継成は竹俣の駕籠と行き合った。竹俣によれば、大坂に退いた慶喜が、関白・幕府を廃するなど、みだりに朝廷の制度を改廃した五藩（薩摩・土佐・越前・尾張・藝州）の罪を鳴らして、朝廷に奏問に及ぶとともに、全国の諸大名にも檄文を発し、「挙正退奸」のため大坂に参集するよう呼び掛けたとのこと、また、米沢藩としてはこれに応ずる構えだという。藩論の決定をうけて、竹俣は江戸の老中らにこの旨を報告し、ついで大坂で大瀧新蔵・堀尾保助らとともに兵糧その他の手配にあたるため先発することになったというわけである。

この「挙正退奸の表」が米沢にもたらされたのは、十二月二十九日。例によって当局は家中から意見を徴した。このとき、興譲館常詰勤学生であった宮島誠一郎（前年十月に家督を相続）も藩校を通じて意見を求められているが、「上坂別意これなき旨」をもって答えている（宮島「慶応三年十月京師騒動ニ付新聞大略」）。熟慮の時を与えられれば、詳細な意見を上申したかもしれないが、とはいえ、彼にとって王政復古は「薩土の暴挙」であり、これを主導した大久保一蔵（薩摩）・後藤象二郎（土佐）・辻将曹（藝州）は「賊魁」であったから（宮島誠一郎「戊辰日記」壱之巻、正月六日条）、慶喜の奮起に期待するところがあったはずである。慶喜への猜疑はあるが、薩摩藩への警戒心は彼のなかでそれを上回っていた。

一方、継成の慶喜への猜疑は、実際、京都において彼に関する風聞に接していただけに、期待の余地を微塵も残さぬほど大きなものであった。齊憲上坂の決定を知らされるや、継成は「そは、けしからぬ事」と竹俣をなじった。慶喜の怯懦にして恃むに足らざることは御奉行も御存知のはず、「挙正退奸の表」がいかなる内容か知らないが、一片の檄文で上坂を決するとは軽率だ、というのである。

しかし、藩論はすでに決しており、藩内は慶喜の英断を称える声で満ちている。いまさら異議を唱えても詮なきこと、米沢に帰還したうえは、すみやかに藩庁に出頭し「挙正退奸の表」に目を通すようにというのが竹俣からの指示であった。継成は、この日米沢に帰還したが、翌三日は旅疲れのため不快で、藩庁への出頭を控えていた。

そんななか、ある賀客が「挙正退奸の表」をもたらした。継成は一読するなり「文辞美なりといえども、賊の罪を責る所切ならず、又は討賊の檄文とも見えず、例の矯飾を以て怯懦の迹《あと》を掩《おそ》う者と覚ゆ」との感を懐き、「此の一篇にして御感激とは甚《はなは》だ不審」と上坂の決定に不安を覚えている。もはや一言せずにはいられない。継成は体調が優れぬのを推して、藩庁に出頭、その場で意見書を書き上げ、上坂の不可なることを訴えた。

今回の檄文は文面こそ勇ましいが、虚文でもって怯懦を掩わんとするもので、討賊など到底なしえない。されば、檄文は人心を感激させるに足らず、無用の空文に堕すであろう。そのあたりを深く詮議することなく卒然と兵を動かすは軽率である。なにとぞ上坂は見合わせ、京摂の情勢を探索のうえ進発するか否かお決めいただきたい。

だが、奉行の色部長門、中老の若林作兵衛らはこぞって継成の意見に反対した。種々弁論に務める継成、頑として聞かない若林、激論はいっこうに終わる気配を見せなかったが、継成の弟子で新任の奉行千坂太郎左衛門《ちさかたろうざえもん》（高雅《たかまさ》）が「今日は御覧の通り御用がはなはだ混み合いたるゆえ、御意見は明日私宅にて承る」と制止することで議論に終止符が打たれた。

翌四日、継成は千坂のもとを訪れた。千坂も内心上坂に反対であったが、齊憲が上坂と決した以上、異を唱えることもできず、その旨継成に弁明した。これに対して継成は言う。

中老・中之間年寄の決断は壮と映るが、利から出たものであろう。他の譜代・外様の諸藩が因循《いんじゅん》しているのを幸いに、檄に応じて一番乗りを果たして三十万石の御本領を取り戻そうとしているのである。義から出た勇ならば幕府が敗れても容易に屈することはなかろうが、利から出た勇ならば目当てが外れればたちまち疎漏《そろう》するのは知れたこと。我が藩は貧国、必勝の見込みなく大博打に出て失敗したらどうするおつもりか。貴君は若年ながら今や御奉行。今回は藩の浮沈に関わることなので至当の御大議をもって決せられたい。

師の切言を前に千坂も意を決するが、奉行とはいえ新任で若年の彼が独り気を吐いたところで一度決した藩論は覆らない。

ここに、継成は方向を転ずる。むろん上坂には賛成できないが、一方で今になってこれを取り消せば、一度盛りあがった士気を殺ぐことになる。それは継成にとっても望むところではなかった。そこで、継成は千坂に中策を示した。まず齊憲は予定通り十日前後に米沢を出立し、いったん江戸にとどまる、その間、竹俣が二大隊を率いて大坂に赴き慶喜に拝謁、諸侯の参集を待つことなく旧幕一手にても上洛し早急に薩土藝らを討つよう進言する、そして、慶喜の決意が確かめられたうえで、齊憲は上坂、旧幕軍とともに薩土藝らを討つ。このような具合である。

正月六日、継成は誠一郎にこの論を披瀝している。誠一郎にもこれは妙案と聞こえた。しかし、継成の論は千坂によって廟議にかけられるも、みたび若林によって退けられた。このことを知った誠一郎は日記に「困却の至」と記して無念を露わにしている（宮島「戊辰日記」壱之巻、正月六日条、十一日条）。

鳥羽伏見の敗報

齊憲の出立を目前に控えた十二日、米沢に重大な知らせが舞い込んだ。上洛途上にあった旧幕府・会津・桑名の兵が鳥羽伏見にて入京を拒む薩長勢と衝突、両軍のあいだで火蓋が切って落とされたとのことである（甘糟「慶応四年戊辰排悶日録」）。これを聞いた誠一郎は、薩邸焼討事件の報に接した慶喜が薩摩藩に報復に出たのだと推測した。これは当を得ている。

薩邸焼討事件とは、前年の慶応三年十二月二十五日（一八六八年一月十九日）に、江戸市中取締の任にあった庄内藩が、かねて西郷吉之助（隆盛）の意をうけて江戸攪乱にあたっていた浪士たちを討伐すべく、彼らがアジトとする三田の薩摩藩上屋敷を焼き討ちにしたという事件である。

この報が米沢にもたらされたとき、誠一郎は「薩邸陰謀顕《あら》われ候」と日記に記している。その彼にとって薩摩藩への報復という慶喜の行為は正当なものであり、戦端が開かれたことで、王政復古に参加した五藩のうち薩摩は除く四藩は離反し、戦局は旧幕府方に有利に展開すると見ている（宮島「戊辰日記」壱之巻、正月十四日条）。だが、この観測は大きくはずれた。

十五日、齊憲は米沢を出立したが、翌十六日、福島に達したところで江戸から引き返してきた竹俣に旧幕府方が敗れ、慶喜が海路江戸に帰還したと聞かされた。慶喜は齊憲に江戸に登るよう要請したが、齊憲は米沢へと引き返した。継成の悪い予感はまさに的中したのである。

継成は十七日に千坂に従い、米沢を発つが、途中李平《すももだいら》（現福島市）近くにて引き返してくる竹俣の家来に遭遇し、このことを聞く。「たとえどのような訳があるにせよ、天下の大義を首唱して福島まで歩を進めながら、ひとたび幕府の敗退に接して引き返すとは、なんとも未練がましきこと、我が藩が大挙上坂せしことはすでに近隣諸藩は勿論、幕府にも朝廷にも知れており、事実を確認することなく引き返したとあっては、幕府に申し訳が立たず四隣の嘲笑を買うであろう」。

継成の嘆きには一方ならぬものがあった。ここは何としても齊憲を引き留めねばと、千坂と継成は庭坂に向かうが、その途上軍監の木滑要人から齊憲がすでに庭坂を発ったことを知らされる。木滑を見送り、その場で待っていると、齊憲を乗せた駕籠が。齊憲は二人の姿を認めるや「太郎左衛門、もっての外なることでやむを得ず引き返すこととなった。さぞ驚いたろう。委細はあとからくる美作に聞け」「備後、大儀である」と声をかけ早々に通り過ぎていった。それからややあって、竹俣が現れた。竹俣から委細を聞くうちに日も暮れてきたので、両名は竹俣ともども板谷まで引き返し一宿することとした。宿に着くや継成は筆を執り、意見書を認める。「大樹公（将軍のこと、ここでは慶喜）が大坂からお戻りになった以上、江戸にも近く大変が起ころう。江戸には勝道（米沢藩の支藩・米沢新田《しんでん》藩の藩主）公夫妻がおられるので、桃之助君（齊憲実子）が早急にお二人をお迎えにあがらねばならない」、「奉行一人を江戸に遣わし、御前が福島から引き返された理由を幕府に説明させ、そのうえで大樹公から今後の成算得失を伺い、再挙を強く進言すべきである。それでも大樹公に再挙のお気持ちがないようならば断然割拠と定め、江戸屋敷を引き払えばよい」。

誠一郎の上京

このように大変が起こることを予期し、さまざまな策を練りながら、継成が改めて要を感ずるのは、近隣諸藩との連携、諸方の情勢探索であった。先の意見書に言う、「「才弁有力の士」を選んで、仙台・秋田・南部・二本松をはじめとする奥羽諸藩に派遣し、奥羽諸藩の合従《がっしょう》をはかり、上洛の可否、佐幕・

討幕の得失について相談すべきである」、「このような大変に際会しては京都・江戸の探索は何よりの急務である。また、仙台や越後に懸念がないわけではない。早速、熟練のもの六、七人を選んで費用を惜しまず諸方へ派遣されたい」、と（甘糟「慶応四年戊辰排悶日録」）。

十七日に、鳥羽伏見での旧幕府方の敗退をうけ齊憲が福島から引き返したとの報に接し、誠一郎が思ったのは慶喜のことであった。

名義なく長州戦争を休止して会津藩の忠義を踏みにじった慶喜。先帝の叡慮を無視して兵庫を開港し、兵庫不開港を条件として朝廷に条約勅許を掛け合った肥後・土佐藩の尽力を水泡に帰した慶喜。その末が今日である。誠一郎にとって慶喜は「徳川の罪人」であり譜代恩顧の大名から見放されても仕方のない人物であった。そんな慶喜に翻弄された自藩を思うにつけ、無念でならなかった。

また、齊憲が途中福島から引き返したことについても継成同様非難を加えている。「上坂はもとより「足元の暗き御仕事」である。だが、信義をもって御決心された以上、徳川の興廃は度外におき御所の賊を討ち果たすまで退かぬ御覚悟なのかと思いきや、旧幕軍が破れたと聞くやお引き戻しとは、誠にもって軽挙妄動の御仕事、歎息に堪えない。この一挙にて首鼠両端《しゆそりようたん》、不信実の藩と言われて悔しくないのであろうか」と。そして、自藩に人材が少なきことを嘆くのである（宮島「戊辰日記」壱之巻、正月十八日条）。

十八日、齊憲は米沢に帰着したが、それとともに江戸からは御小座敷御用人の平田要人《ひらたかなめ》が京都詰の大瀧新蔵と堀尾保助の書簡を携えて早追いで帰還した。大瀧らの書簡は危急を告げていた。鳥羽伏見の戦いの勝利以来、薩長は飛ぶ鳥を落とす勢いで、西国の諸藩はこぞって新政府に靡《なび》くありさま、そんななか、新政府は京都藩邸の人数調べを始めたが、茂憲の下向後、兵をまったく滞在させていなかった米沢藩はすぐに参与役所に見咎められる。あわてた両名は、国許に三百人の派兵と奉行一名の上京を要請したのであった。

これをうけて、二十日、藩は千坂太郎左衛門に二百の人数を率いて上京するよう命じた。千坂の任は非常に重い。まず江戸では旧幕府に対して齊憲が上坂の途中福島から引き返したことを釈明し、今回の上洛が慶喜の汚名を雪ぐためである旨説明しなくてはならない。また、上京すれば、新政府に対して、先に齊憲が慶喜の檄に応じて上坂せんとしたことを弁明する要がある。その千坂への付属を命ぜられたのは、甘糟継成、宮島誠一郎、須藤美保吉、松本誠蔵《まつもとせいぞう》、そして在京中の雲井龍雄、柿崎猪平《かきざきいへい》であった。彼らの任は探索周旋。継成が探索頭取として他の五人を指揮することとなった（甘糟「慶応四年戊辰排悶日録」正月二十日条）。

ここに、継成・誠一郎・龍雄が探索周旋活動において手を取り合う機会が訪れたのである。だが、病のため継成の上京は見合わされ、正月二十三日には、誠一郎と松本誠蔵の二名のみが千坂に従って上京の途についたのであった。

3　救わん会津、討つべし薩摩——京摂における雲井龍雄、宮島誠一郎の探索周旋活動

龍雄の薩長離間策

さて、宮島誠一郎らよりも先に京都へ向かった雲井龍雄のことである。龍雄の手記（安藤英男『新稿雲井龍雄全伝』上巻所収）によれば、慶応三年十二月二十五日（一八六八年一月十九日）に米沢を発った彼は、江戸に着くや、留守居の庄田惣五郎と諸事相談のうえ、慶応四年正月五日に師の安井息軒《やすいそっけん》のもとを訪れた。

京都で探索周旋をはじめるにあたって、龍雄がまずなすべきは人脈作りである。この点、竹俣は米沢出立前の龍雄に「手蔓をつけるために、安井家と談判するのであれば、江戸に二、三日滞在してもよい」と指示を与えている（「達之大意」）。それをうけての安井家訪問であった。人脈の形成にあたって、まずは三計塾の出身という龍雄の経歴が利用されたのである。

安井家を訪れたとき、ちょうど儒者の芳野金陵《よしのきんりょう》、元将軍典医の浅田宗伯《あさだそうはく》、それに息軒の門下である紀州の上田専太郎（章）、加賀藩の益田某らも居合わせ、龍雄は彼らからもさまざまな情報を入手することができた。また、翌日には高松藩の小橋多助《こはしたすけ》（橘陰《きついん》）と儒者の萩原英助《はぎわらえいすけ》（西疇《せいちゅう》）と面会し、やはり情報収集に努めている。

このとき龍雄が得た情報によれば、京都で紀州藩の三浦久太郎《みうらきゅうたろう》（安《やすし》）や竹尾左馬之助《たけおさまのすけ》らが、王政復古後もなお将軍家に臣従せんと諸方に呼びかけ、ために両名は「復古家」に襲撃されたが、飫肥《おび》藩の甲《こう》

村休五《むらきゆうご》・長倉徳介《ながくらとくすけ》が彼らに同調して運動を展開し、王政復古に参画した五藩のなかにもこの論に同調する向きがあるということであった（藩重役宛雲井龍雄密書、安藤『新稿雲井龍雄全伝』上巻所収）。甲村休五と長倉徳介はともに息軒の門下生である。王政復古前後ということもあって情報が錯綜し、ここにはさまざまな誤伝が含まれているが、このとき龍雄は甲村・長倉という同志を見出したのである。

その後、龍雄は正月中には入京を果たしたと思われる。この間、時局はまたしても大きく動いていた。先述のとおり正月三日に鳥羽伏見の戦いが勃発、これをうけて七日には慶喜追討令が発せられ、鎮撫使《ちんぶし》が東海・東山・北陸三道を京都から江戸に下向していった。鎮撫使への応援の命は米沢をはじめ奥羽諸藩にも下った。さらに、慶喜とともに「朝敵」に指名された松平容保《まつだいらかたもり》も追討の対象となり、仙台藩が会津追討を命ぜられると、南部・米沢・秋田諸藩にも応援の命が下る。京都屋敷将の真野寛助は輔相《ほしょう》の岩倉具視に対して、会津追討は米沢一藩で受け持つので他勢は加えぬようにと豪語（「木滑要人日記」乾、三月七日条）、この旨を伝えるため、二月二十三日には中里岩太郎と須藤美保吉が京都を出立する。時代の波はようやく奥羽にも及ぼうとしていた。

このようななか、龍雄は新政府の貢士《こうし》に任じられる。貢士とは、諸藩からの推薦により下の議事所に出仕する、いわば議事官である。そういうわけで下の議事所には全国の諸藩の代表が貢士として一堂に会する。そこでは自ずと交流が生まれた。飫肥藩の稲津済《いなづいつき》や仙台藩の後藤正左衛門（のちの佐和正《さわただし》）との交流はここにおいて育まれたものであろう。こうして築かれた貢士としてのネットワークが、龍雄の探索周旋活動において利するところ大であったことは言うまでもない。だが、京都での彼の交流はそれに

広沢兵助（真臣）

留まらなかった。

そして、彼がその範囲を広げていくに際して、最大の武器となったのは、やはり息軒門下という経歴である。国許の実兄中島虎橋に宛てた二月二十三日付の書簡で彼は「日々交遊相広まり」しことを報じ、それに続いて交友三十七名の人名を列記しているが、そのなかには先の稲津済・甲村休五・長倉徳介のほか、津山藩の中村静一郎、肥前藩の長森伝次郎、尼崎《あまがさき》藩の袖山衛士《そでやまえいし》、肥後藩の小橋恒蔵《こばしつねぞう》、長州藩の毛利内匠、林半七（のちの友幸）、肥後藩の桜田（森井）惣四郎など息軒の門下生の名が散見される。また、書簡に名はないが、長州藩の広沢兵助《ひろさわへいすけ》（のちの真臣《さねおみ》）、時山直八《ときやまなおはち》、名和緩《なわかん》といった在京中の門下生とも交流を重ねた。息軒の日記『北潜日抄』（明治元年十一月十日条）によれば、京都では門下生のあいだで安門会という会が開かれたらしい。当時参与だった広沢兵助の日記（慶応四年四月十三日条）にもそれと思しき会合が確認され、龍雄や甲村も出席している。

さらに、在京時の龍雄の動向に関して指摘すべきは、長州・土佐藩といった新政府の主力をなす藩の者とも積極的に交わっているにもかかわらず、薩摩藩士への接触が全くと言っていいほどないことである。

それもそのはず、龍雄は薩摩藩を諸悪の根元として、同藩と長土両藩の離間をはかり、その孤立をねらったのである。入京前にすでに新政府内の足並みの乱れを耳にし、実際に京都でもそのようなありさまを見聞きしていた龍雄には、それが十分可能であるように思えた。正月二十四日、長州藩の毛利内匠・林半七と会談した龍雄は、「薩長が離合を決しなくては、列藩は方向を決することができない。合わんとするならば速やかに合え。離れんとするならば速やかに離れよ」と促して、木戸《きど》準一郎《じゅんいちろう》（のちの孝允《たかよし》）・広沢兵助・品川《しながわ》弥二郎《やじろう》（息軒門下）にこの旨を伝えるよう依頼した。二十六日には、土佐藩の伴《ばん》修吉《しゅうきち》（息軒門下）、村田覚亮と、土佐藩が「断然独立」の姿勢を示し、薩長の離間とともに関西各藩の連合をはかることを確認しあっている。

この協議の結果をうけて、二十七、二十八の両日、龍雄は品川のもとを訪れた。二十六日の会談でこそ、龍雄の論に難色を見せた品川であったが、翌日には「薩摩と合わんと尽力するのは詮なきこと、かといって離れる策もなく、ここは土佐の尽力に頼るほかない」という姿勢に転じた。龍雄の工作は徐々に効果を見せはじめていたのである（「雲井龍雄資料」）。

反薩摩の気運の勃興

二月十八日、誠一郎は京都に到着した。このころ事態はより深刻さを増していた。九日、天皇の大坂親征を前に、東征大総督府が置かれ、東海道・東山道・北陸道三道の鎮撫使はその傘下に入った。また、同日には奥羽鎮撫使も置かれている。「我が藩が朝敵の汚名を被った際は千載の後まで汚名を雪いでほしい」、会津藩の林三郎の言はいまだ誠一郎の耳朶《じだ》に響いていた。薩摩の隠謀を暴き、会津追討を阻止せねばならない、その思いを胸に誠一郎も探索周旋活動を開始した。

誠一郎の人脈形成にあたっては、先に京都入りしていた龍雄の助けが大きかったようである。二月二十五日、津山藩の中村静一郎が米沢藩の宿所成就院《じょうじゅいん》を訪れているが、このとき誠一郎は江戸留守居の庄田惣五郎の命をうけて龍雄とともに中村の対応にあたっている。先述の通り中村は息軒門下で龍雄と交流があった。また、二十八日には、肥後藩の小橋恒蔵を訪れているが、小橋もまた息軒門下で龍雄の交友である。訪問前に誠一郎は龍雄から小橋のことを聞いていたのではあるまいか。この他、尼崎藩の袖山衛士、土佐藩の武市八十衛《たけちやそえ》あたりも龍雄が誠一郎とのあいだを取り持ったものと考えられる。

誠一郎は諸士から情報を得ながら、会津征討を阻止する方途を探った。誠一郎は同じく討会の命を受けていた仙台藩と意見を調整すべく、三月四日、同藩（一門涌谷伊達家の臣）の菅原龍吉《すがわらりゅうきち》を訪ねた。「我が藩はかつて会津藩によって御家取りつぶしの危機を救われた。また、世子（上杉茂憲《うえすぎもちのり》）の室は前藩公（松平容保）の妹君である。もちろん、勅命とあってはこういった私情を排して公義につかねばならぬが、その公義はいったいどこにあるのか。会津を討なくては、皇国はたちゆかないのか、会津ははたして国賊なのか。そのあたりを明確にしない以上、兵たちの勇気も奮いかねる」と誠一郎。これに対して、菅原、「弊藩とて会津とは縁家、かつ佐幕の同志でもある。干戈を交えるに忍びない。恨むらくは、会津の不手際である。一度、敗れたからといって東走するとはあまりに情けないことではないか。戦争に及んだ以上、勝ってもらわねば困る。勝ちさえすれば、朝敵でも国賊でもなかったのに。今や幕会が賊か、薩長が賊かわからぬ世。あるいは今帝が先帝を欺いているのかもしれない。会津が勝てばこのような事態にはならなかったと誰もが見ている」と。

この菅原の言は偽りではなかった。肥後藩の小橋は、三月六日の誠一郎との会談で「戦争におよんだのならば、会津は一藩滅亡するまで挙正退奸をなし遂げるべきだったのに、半途にして引き返し今日の趨勢に至った以上、もはや哀訴歎願のほかない」と述べ、悔悟の様子が見えない会津藩を米沢藩が説得して謝罪に導くよう要請している。

これでは、正面から会津征討に異を唱えることは難しい。三月十五日の会談で、仙台藩の菅原は会津藩の救解についてはひとまず国許に任せ、在京の我らは薩長の動静を探るべきだと言う。どういうことか。

ちょうどこの頃、大坂親征は天皇を奪わんとする薩摩藩の姦謀《かんぼう》だとする風説がまことしやかに語られ、これを機に同藩に対する不満が爆発し一波乱起こるだろうとの憶測が飛び交っていた。この機会に乗ずれば、枝葉たる会津征討は自ずと枯れ果てるだろうというのが菅原の見立てである。薩摩藩への批判勢力として有力視されたのは、土佐・肥後・肥前の三藩である。だが、このうち土佐藩は二月十五日の堺事件（堺港の警衛にあたっていた土佐藩兵が、上陸したフランス軍艦の水兵を取り締まろうとして殺害に及んだ事件）のため、表立って親征反対運動を展開できない。期待は自ずと後二藩に集まる。しかし、周囲の期待とは裏腹に肥後・肥前両藩はその後何の動きも示さず、いったん見送られた大坂親征は三月二十一日に無事挙行の運びとなった。大坂親征による人心破裂の機会はここに失われたのである。

このときの誠一郎の失望たるや大きかった。もはや「九州は相手に相成らず」と思った誠一郎は、三月十八日の会談において仙台藩の菅原や後藤正左衛門らに、このうえは奥羽諸藩が連衡《れんこう》して薩摩藩の暴

後藤象二郎

威を挫《くじ》かなくてはならず、それには何よりまず仙米両藩の提携が必要だと呼び掛けている。

そのようななか、龍雄によって有力な情報がもたらされた。この間、彼は「土は素《もと》よりその盟主也。両筑は両肥の奴隷也」(「雲井龍雄資料」)との立場から、土佐藩の動向を重視し、同藩出身の参与後藤象二郎《ごとうしょうじろう》に接触を試みていた。親征挙行当日の三月二十一日、龍雄はその後藤と会談の機会をもち、「討会一件」について意見を求めた。

これに対して後藤は、戦争は自分の本意ではなく、王政復古さえなれば天皇の権威は回復すると思っていたが、鳥羽伏見の戦いが起ってしまい、我が藩は薩摩に売られたような格好になってしまったと歎いている。とはいえ、会津藩が錦旗《きんき》に発砲し朝敵となってしまった以上、それを討つのはいわば「公義」であり、後藤としても会津征討に正面切って異を唱えることはできなかった。そこで、彼は一案を龍雄に授ける。奥羽諸藩が会津藩を説得して恭順の意を示させれば、あとは自分が同僚の木戸や広沢と話し合って寛大な処分が下るよう尽力するというのである(宮島「戊辰日記」弐之巻)。

反薩勢力と連携する誠一郎

誠一郎は後藤の言に光明を見出した。その後、大坂親征をうけて、誠一郎は天機伺のため在京中の江戸留守居庄田惣五郎とともに大坂に下ることとなったが、京都出立を翌日に控えた三月二十三日、旧知の儒者頼支峰《らいしほう》を訪ね、その門人香川三郎から三条家諸大夫（公家・親王家の家司）森寺大和守（邦之輔、常徳）あての紹介状を得ている。誠一郎は誠一郎で、当時新政府の輔相であった三条実美に渡りをつけ、会津謝罪歎願のために新政府とのルートを確保しようとしたのである。下坂後、誠一郎は森寺と会談を重ねた。その森寺は長州藩出身の参与の木戸準一郎に会うよう誠一郎に勧める。参与である木戸とのつながりが構築できれば、会津謝罪歎願にも有利に働くと判断されたからであった。だが、すでに木戸が強硬な討会論者であることを耳にしていた誠一郎は、この勧めを謝絶している（宮島「戊辰日記」四之巻、閏四月朔日条）。

その一方、同じく天機伺のため下坂した仙台藩の菅原らとも引き続き交流を密にし、屋代郷騒動でもつれた仙米両藩の関係を解消すべく、奉行（家老）レベルでの交流の機会を模索し合った（宮島「戊辰日記」参之巻、四月十日条）。このように誠一郎は菅原らとともに、仙米両藩の連携をはかりつつ、南部・津軽・相馬・二本松等、奥羽諸藩にも呼び掛けて京都の円山で会合を開くことを計画している（宮島「戊辰日記」弐之巻「〇（三月）十八日仙台ヲ訪対話」）。前年、京都で開かれた「奥羽親ミ会」は事態の切迫化を前にして新たな展開を見せようとしていた。

また、誠一郎は奥羽一丸となっての会津謝罪歎願運動が、薩摩藩に不満を抱く全国の諸藩に刺激を与えるであろうと見通した。たしかに、大坂親征を機とする人心破裂の機会は去った。だが、それで薩摩藩への不満が解消されたわけではない。不満は新たな機会を待って潜在化したのである。「九州は相手に相成らず」という言葉とは裏腹に、誠一郎は大坂でも全国の諸藩士と頻繁に往来したが、そのなかにはなお打倒薩摩を胸に秘める者が多くいた。

四月二十一日、誠一郎は土佐藩の武市八十衛・林亀吉・小笠原唯八《おがさわらただはち》・下村省助《しもむらせいすけ》らと酒宴の機会をもっている。その帰途のことである。一行が庄田と誠一郎の寓居であった唐銅屋に通りかかると、下村は庭に立つ桜桃の木を指さしてこういった。「今小島（雲井龍雄）が言う討薩論は無理である。何の形跡もないのに討薩の挙をなすわけにはいかない。それはいたずらに実を取って幹を傷つけるようなものだ。ここは実が成熟するのは待つにしくはない」と（宮島「戊辰日記」参之巻）。

奥羽諸藩による会津謝罪歎願運動は、この「形跡」を顕在化させるための手続きであった。もし、会津藩が恭順の意を示し、それでもなお討つというのであれば理にかなわない。公明正大な叡慮がかかる処置を下すわけがない。薩摩藩に不満をいだく諸藩は、これを同藩の所業と見て疑惑を深めるであろう。そのときに至って奥羽が討薩をかかげれば、これら諸藩は呼応するに違いない。誠一郎にはそのような目算があった。

こえて二十六日、誠一郎は菅原とともに、加賀藩の用人恒川新左衛門を中之島の寓居に訪ねた。当時、加賀藩も米沢藩と似たような立場に置かれていた。鳥羽伏見の戦いが勃発したとき、加賀藩は旧幕府方に与せんと先発隊を派遣したが、その途上、慶喜が海路東走したことを知り、急きょこれを引き上げさせた。このような加賀藩の動向は新政府から疑惑の目をもって見られた。

この疑惑を払拭すべく、加賀藩は鳥羽伏見の戦いの後、勤王の意を示そうとするが、恒川にとって新政府の施政は納得のいかないものであった。たとえ、今の朝廷が薩摩の朝廷であっても公明正大な政治であれば従おうが、薩摩は当初幕府の外交失策を攻撃していたにもかかわらず、今や外交を放擲《ほうてき》して

博物館《ミュージアム》が本になった！

わくわく！探検《たんけん》

れきはく日本の歴史

全5巻

小中学生から大人まで、日本の歴史と文化を楽しく学べる！

B5判・並製・各八六頁
オールカラー
各一〇〇〇円
『内容案内』送呈

好評刊行中！

国立歴史民俗博物館編

「れきはく」で知られる国立歴史民俗博物館が確かな内容をやさしく解説。展示をもとにしたストーリー性重視の構成で読みやすく、ジオラマや復元模型、さまざまな道具など、各時代の人びとが身近に感じられる図版も満載。展示ガイドにも最適な、子どもから大人まで楽しめる「紙上博物館」！

❷中世

＊第3回配本

平安の都で貴族はどのようにくらしていたのだろう？
武士はいつも戦っていたのかな？
農民や職人・商人はどんな仕事をしていたの？
さまざまな人びとが生活し、世界とのつながりもあった中世日本へ探検に行こう！

【既刊】

❸近世
見て、読んで、体験する江戸時代

❺民俗
くらしのなかから私たちの文化を知ろう

【続刊】

❶先史・古代

❹近代・現代

人と地域が織りなす「世に一つの歴史譚《ものがたり》」

全ページカラーで読み解く〈歴史探訪〉シリーズ！

人《ひと》をあるく

刊行中

『内容案内』送呈

A5判・並製・平均一六〇頁

各二〇〇〇円

●最新刊

北条氏五代と小田原城

山口　博著

関東の戦国覇者、北条氏。初代宗瑞の登場から五代氏直の秀吉との東西決戦まで、民政で独自の手腕を見せ、一族が結束して支配を広げた屈指の戦国大名の実像に迫る。本拠地小田原城を巡り、北条時代の小田原宿も訪ねる。

一七六頁

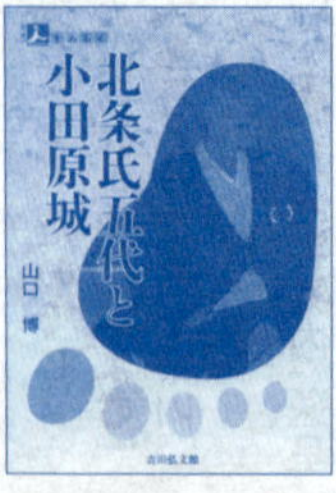

●既刊の25冊

聖徳太子と斑鳩三寺　千田　稔著

蘇我氏と飛鳥　遠山美都男著

桓武天皇と平安京　井上満郎著

紫式部と平安の都　倉本一宏著

源義経と壇ノ浦　前川佳代著

源頼朝と鎌倉　坂井孝一著

親鸞と東国　今井雅晴著

奥州藤原氏と平泉　岡本公樹著

日蓮と鎌倉　市川浩史著
足利尊氏と関東　清水克行著
足利義満と京都　早島大祐著
尚氏と首里城　上里隆史著
長宗我部元親と四国　津野倫明著
豊臣秀吉と大坂城　跡部　信著
真田氏三代と信濃・大坂の合戦　中澤克昭著
徳川家康と関ヶ原の戦い　本多隆成著
赤穂浪士と吉良邸討入り　谷口眞子著
松尾芭蕉と奥の細道　佐藤勝明著
徳川吉宗と江戸城　岡崎寛徳著
上杉鷹山と米沢　小関悠一郎著
高杉晋作と長州　一坂太郎著
坂本龍馬と京都　佐々木　克著
西郷隆盛と薩摩　松尾千歳著
勝海舟と江戸東京　樋口雄彦著
三遊亭円朝と江戸落語　須田　努著
以下続刊

読みなおす日本史

毎月１冊ずつ刊行中　四六判

飢餓と戦争の戦国を行く

藤木久志著

二六四頁／二二〇〇円（解説＝清水克行）

中世社会を頻繁に襲う旱魃・長雨・飢饉・疫病などの災害。さらに物資・人員の略奪や殺害などの戦争被害。過酷な環境で人々はいかに生き抜いたのか。実態を克明に探り、民衆に焦点をあてた豊かな歴史像を提示する。

陸奥伊達一族

高橋富雄著

二二四頁／二二〇〇円（解説＝高橋　充）

「独眼竜」政宗の時に奥羽の大半を従え、半ば独立王国を築いた伊達氏。鎌倉時代から南北朝・戦国を勝ち抜き、天下人とわたりあい大藩を維持。伊達騒動を経て戊辰戦争で敗れるまで、東北史に欠かせない一族の盛衰史。

日本人の名前の歴史

奥富敬之著

二八〇頁／二四〇〇円（解説＝新井孝重）

日本人の姓は天皇から与えられた。同姓集団が拡大するなかで、地名や官職名などから名字が生まれた。実名（諱）は憚られ、役職・兄弟順などで呼ばれた。苗字・名前のルーツと多様な展開をわかりやすく軽妙に叙述する。

歴史文化ライブラリー

人類誕生から現代まで／忘れられた歴史の発掘／常識への挑戦／学問の成果を誰にもわかりやすく／ハンディな造本と読みやすい活字／個性あふれる装幀

●18年5月～7月発売の6冊

四六判・平均二二〇頁　全冊書下ろし

467 古代の神社と神職 神をまつる人びと

加瀬直弥著

古来、人々が神を慮りまつる神社や、まつりを司る神職とはいかなるものだったか。立地や社殿に注目し、神社の重要性を解明。神職の務めや平安朝廷の神職制度で生まれた神社の共通性から、神社と神職のあり方を考える。

二三六頁／一七〇〇円

468 沖縄からの本土爆撃 米軍出撃基地の誕生

林 博史著

太平洋戦争末期、米軍は占領した沖縄から本土爆撃を開始し九州などで民間人への無差別攻撃をおこなった。米軍史料から知られざる実態に迫り、戦争の加害と被害の関係を問う。今日の沖縄基地問題を考える上でも必読の書。

二七〇頁／一八〇〇円

469 踏絵を踏んだキリシタン

安高啓明著

キリスト教信者摘発のための絵踏は、なぜ形骸化したのか。九州諸藩が抱える事情や作法、踏絵素材の変更などを解明。信者でないことを証明する手段への変容過程を探り、悲劇的文脈で語られてきた絵踏観に一石を投じる。

二八八頁／一八〇〇円

470
江戸無血開城
本当の功労者は誰か？
岩下哲典著

戊辰戦争で江戸を戦火から救った功労者は勝海舟ではなかった。駿府の敵中に乗り込んだ山岡鉄舟《てっしゅう》と、将軍慶喜の信頼をもとに、鉄舟を推薦した高橋泥舟《でいしゅう》。二人の動向を当時の情勢とともに追い、江戸無血開城の真実に迫る。

二〇八頁／一七〇〇円

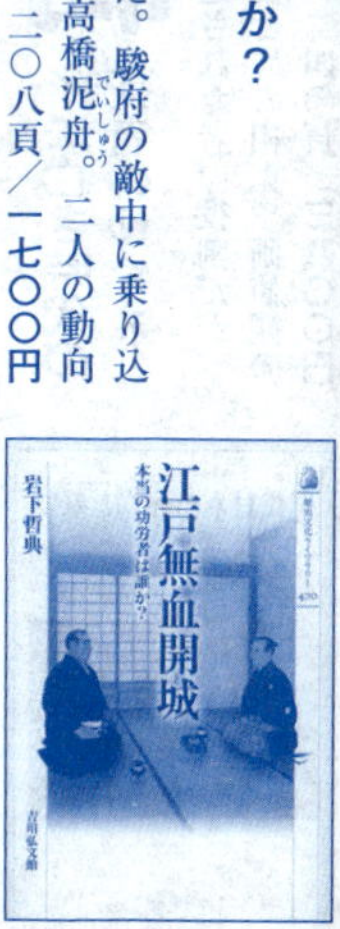

471
細川忠利
ポスト戦国世代の国づくり
稲葉継陽著

細川家熊本藩主の初代、細川忠利《ただとし》。戦国動乱から「天下泰平」へ転換する変革期にいかに育ち、統治者として自己形成していったのか。忠利による国づくりを通して、「ポスト戦国世代」の歴史的使命を探り、時代を読み解く。

二五〇頁／一八〇〇円

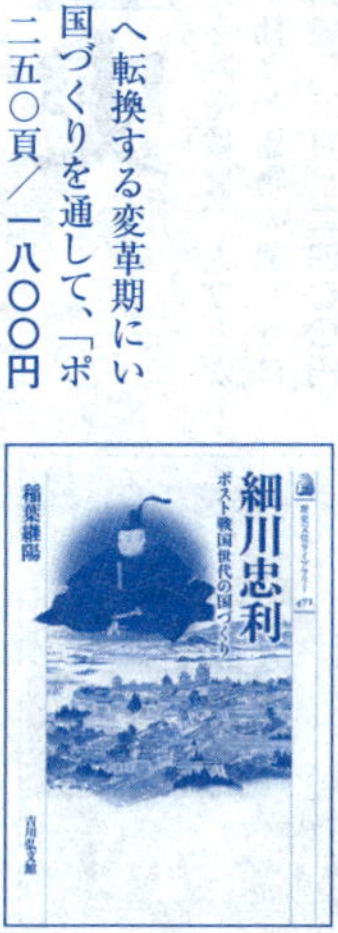

472
刀の明治維新
「帯刀」は武士の特権か？
尾脇秀和著

「帯刀《たいとう》」＝武士の特権という今日の〝常識〟は、はたして正しいのか。江戸〜明治初年まで、武器からファッション・身分標識・旧弊のシンボルへと移り変わる姿と維新で消えゆくまで追い、「帯刀」の本当の意味に迫る。

二八〇頁／一八〇〇円

【好評既刊】

463 近世の巨大地震　矢田俊文著　二五六頁／一八〇〇円

464 墓石が語る江戸時代　大名・庶民の墓事情　関根達人著　〈2刷〉二五六頁／一八〇〇円

465 埋葬からみた古墳時代　女性・親族・王権　清家　章著　二八四頁／一八〇〇円

466 陸軍中野学校と沖縄戦　知られざる少年兵「護郷隊」　川満　彰著　二四〇頁／一七〇〇円

絵図と徳川社会
岡山藩池田家文庫絵図をよむ

倉地克直著

絵画的に表現されることもあった近世の絵図。岡山藩池田家にのこされた大型の手書き絵図に光を当て、何がどう描かれたのかを検討。題材選択と個性的な描写のはざまに、江戸時代の絵図利用のあり方をさぐる。　Ａ５判・三三六頁・原色口絵八頁／四五〇〇円

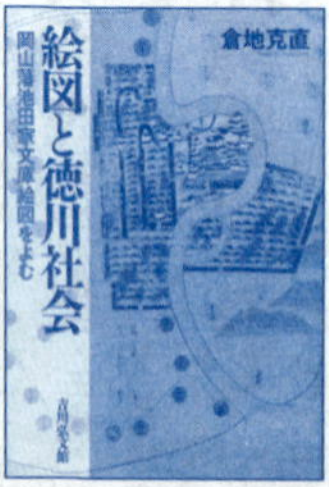

アジア・太平洋戦争と石油
戦備・戦略・対外政策

岩間　敏著

日本の資源を総動員したアジア・太平洋戦争。国外との輸入交渉、真珠湾攻撃での洋上給油作戦、石油の需給予測や海上輸送作戦など、総力戦の実態と末路を、艦船・航空機などの戦備も含めた豊富なデータをもとに解明する。　Ａ５判・二〇〇頁／三〇〇〇円

建物が語る日本の歴史

海野　聡著

建築物は歴史を語る証人である。国家の威信をかけて建てられた寺院や城郭、人びとが生活した住居など、原始から近代まで各時代の建物で読み解く。社会と建物の関わりに光を当てた、新しい日本建築史入門。　Ａ５判・三〇四頁・原色口絵三二頁／二四〇〇円

現代日本の葬送と墓制
イエ亡き時代の死者のゆくえ

鈴木岩弓
森　謙二編

家族制度がゆらぎ、無縁化する墓…。葬儀・埋葬・造墓などは遺された者の役割だが、社会変動の波を受けて大きく変貌してきている。葬送をめぐる個と群の相克や価値観の変化を辿り、二十一世紀の死者のゆくえを展望する。　Ａ５判・二四〇頁／三八〇〇円

日本古代木簡論

馬場　基著　A5判・三六八頁／九五〇〇円

木簡は、どのような場面でいかに作成・使用・廃棄されたのか。形態・出土地点や内容・書式・書風・素材を複合的に分析し、古代史研究に活かす方法を提示。律令時代の都城の様相、行政運営の実態、人々の暮らしを描く。

古代国府の成立と国郡制

大橋泰夫著　A5判・二五四頁／九五〇〇円

古代国家の地域支配の舞台装置として機能した地方官衙は、いかに形成されたのか。発掘調査が進む各地の官衙遺跡を考古学的に分析。国府や郡衙などの造営過程や建物構造から、律令制下の地方統治の実態を読み解く。

日本中世国制史論

佐々木宗雄著　A5判・三三六頁／一一〇〇〇円

日本中世の国制の変遷を、初期―前期―後期に分け、その実態を論じる。著者独自の視点をもとに初期中世国家論を再構成し、さらに高麗の国制を検討しつつ、鎌倉・室町期の国制を解明して、その体制の終焉までを見通す。

帝国日本の外交と民主主義

酒井一臣著

民主主義思潮高まる戦間期日本で外交の民主化が議論された。国際協調や不戦条約、移民問題などの外交課題を題材に、国民外交論の内実と展開、破綻の要因を追究。近代日本の事例から現代の「外交と民意」の関係を問う。　A5判・二七〇頁／七五〇〇円

中世荘園村落の環境歴史学

東大寺領美濃国大井荘の研究

海老澤　衷編　A5判／九五〇〇円

往時の景観を復原し、東大寺領としての開発、住民と土地、荘園経営の組織などの実態を描く。災害と戦禍を乗り越え、輪中城下町の形成に向かう姿を、現地調査と地理情報システム（GIS）により分析。二八八頁

近世武家社会の奥向構造

江戸城・大名武家屋敷の女性と職制

福田千鶴著　A5判・四二四頁／一〇〇〇〇円

感覚的に〝女の世界〟と扱われてきた当主・妻子が生活する空間〝奥向〟。一夫一妻の原則、庶出子の処遇など妻妾制の展開や、井伊・真田ら大名家と将軍家の交流などから、職制や特質を解明し、奥向の全体構造を描く。

浅草寺日記　第38巻（明治二年）

浅草寺史料編纂所・浅草寺日並記研究会編―A5判・八一六頁／一〇〇〇〇円

戦争勃発から一五〇年、
今までにない視点から新しい戦争像に迫る！

『内容案内』送呈

戊辰戦争の新視点 全2冊

奈倉哲三・保谷 徹・箱石 大編

A5判・平均二一八頁 各二二〇〇円

上 世界・政治
国際法に従った戦争遂行や政治秩序の再編、大奥の対応、キリスト教政策などを照射する。

下 軍事・民衆
陸戦の軍備や編制、海軍力、戦費調達、民衆の支援や反発、宗教政策などの実態に迫る。

花押・印章図典

瀬野精一郎監修・吉川弘文館編集部編

B5横判・二七〇頁
〈2刷〉三三〇〇円

日本史上の人物が使用した花押《かおう》約二〇〇〇と印章約四〇〇を収録し、各人物の基本情報（武家・公家等の別、生没年、別名、主な官職名、法名）も掲載。用語解説や参考図書、没年順索引を収め、古文書を学ぶ上で座右必備の書。

日本メディア史年表

土屋礼子編

菊判・三六六頁・原色口絵四頁／六五〇〇円

メディアの発達と普及とともに、社会は大きく変容した。一八三七年の電信機発明から現代まで、マスコミ関連会社の発足やメディアをめぐる事件、技術革新、映画・文学作品を年表で掲載。メディアと社会の関係がわかる。

戦後の歴史研究に輝かしい業績を遺した「角田史学」の全容！

角田文衞の古代学 全4巻

公益財団法人古代学協会編

A5判／各五〇〇〇円

〈第2回配本〉

❶後宮と女性

四〇〇頁

政略と愛憎に彩られた王朝政治、千年の古典となりゆく貴族文化――後宮はすべての淵藪であり、個性的な女性たちがその活動を担った。角田文衞の独壇場と言うべき後宮史・人物史をテーマに、遺された珠玉の論考を集成。

〈既刊〉❹角田文衞自叙伝 生粋の歴史学者九十五年の生涯。

〈続刊〉❷王朝の余芳 ❸ヨーロッパ古代史の再構成 『内容案内』送呈

永平寺史料全書 文書編2

永平寺史料全書編纂委員会編著―B5判・一〇一四頁／二八〇〇〇円

日本考古学 第45号

日本考古学協会編集――A4判・一五六頁／四〇〇〇円

日本考古学年報 69

日本考古学協会編集――B5判・三六八頁／四〇〇〇円

交通史研究 第92号

交通史学会編集――A5判・九六頁／二五〇〇円

現代語訳 小右記 6 三条天皇の信任

倉本一宏編

四六判・三六六頁／三〇〇〇円

眼病を発した三条天皇に対し、道長をはじめとする公卿層は退位を要求。天皇は実資を頼みとするが、養子資平の任官も考えなければならない実資にとっては悩みの種であった。日記にも緊迫した情勢が記される。（第6回）

将軍・執権・連署 鎌倉幕府権力を考える

日本史史料研究会編

四六判・一九二頁／二〇〇〇円

源頼朝が創始した鎌倉幕府のしくみは、どう理解すべきか。将軍が唯一の首長であるにもかかわらず、執権・連署を掌る北条氏が権力を握っていく。さまざまな切り口を示し、鎌倉将軍権力の実像を明らかにする道標となる書。

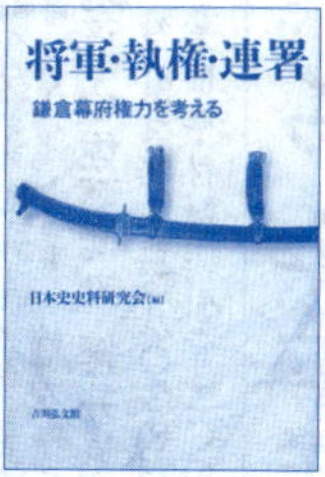

考える江戸の人々 自立する生き方をさぐる

柴田 純著

四六判・二五六頁／二五〇〇円

戦や災害などの苦難に対し神仏の加護頼みであった中世から、人の力で問題を解決すべきとした江戸時代へ。大名の責任意識から庶民の寺子屋教育まで、考え、工夫して行動することが積極的に肯定されていく過程を描く。

読者の皆さまからのリクエストをもとに復刊。好評発売中

10出版社共同復刊

書物復権 2018

帰化人と古代国家（新装版）

平野邦雄著

四六判・三一八頁／二三〇〇円

いま、なぜ帰化人か！「渡来人」概念に終止符を打つ決定版。

戦国大名尼子氏の研究

長谷川博史著

A5判・三〇四頁／八〇〇〇円

残された史料を丹念に収集し、初めてその実像を描き出す。

幕末の情報と社会変革

岩田みゆき著

A5判・三六〇頁／九〇〇〇円

豪農らの日記や情報集・書状から、身分を越えた情報伝達の構造を解明。

都市の空間史

伊藤 毅著

A5判・三五二頁／九〇〇〇円

多様な構成要素のなかから、宗教都市論を基軸にアプローチを試みる。

「故郷」という物語 都市空間の歴史学（ニューヒストリー近代日本）

成田龍一著

四六判・二八四頁／二六〇〇円

故郷をあとにした青年の都市体験からつむぎ出される、記憶と空間の文化史。

歴代内閣・首相事典
鳥海 靖編
菊判・八三二頁／九五〇〇円

〈華族爵位〉請願人名辞典
松田敬之著
菊判・九二八頁／一五〇〇〇円

日本女性史大辞典
金子幸子・黒田弘子・菅野則子・義江明子編
四六倍判 九六八頁 二八〇〇〇円

日本仏教史辞典
今泉淑夫編
四六倍判・一三〇六頁／二〇〇〇〇円

神道史大辞典
薗田 稔・橋本政宣編
四六倍判・一四〇八頁／二八〇〇〇円

日本民俗大辞典 上・下（全2冊）
福田アジオ・神田より子・新谷尚紀・中込睦子・湯川洋司・渡邊欣雄編
四六倍判
上＝一〇八八頁・下＝一一九八頁／揃価四〇〇〇〇円（各二〇〇〇〇円）

精選 日本民俗辞典
菊判・七〇四頁
六〇〇〇円

沖縄民俗辞典
渡邊欣雄・岡野宣勝・佐藤壮広・塩月亮子・宮下克也編
菊判・六七二頁
八〇〇〇円

有識故実大辞典
鈴木敬三編
四六倍判・九一六頁／一八〇〇〇円

年中行事大辞典
加藤友康・高埜利彦・長沢利明・山田邦明編
四六倍判・八七二頁
二八〇〇〇円

日本生活史辞典
木村茂光・安田常雄・白川部達夫・宮瀧交二編
四六倍判・八六二頁
二七〇〇〇円

大石 学編

徳川歴代将軍事典
菊判・八八二頁／一三〇〇〇円

江戸幕府大事典
菊判・一一六八頁／一八〇〇〇円

近世藩制・藩校大事典
菊判・一一六八頁／一〇〇〇〇円

●近刊

列島の古代（日本古代の歴史⑥／全6巻完結）
佐藤　信著
四六判／価格は未定

飛鳥・藤原の宮都を語る「日本国」誕生の軌跡
相原嘉之著
A5判／一九〇〇円

源氏長者とは何か
岡野友彦著
四六判／価格は未定

中世王権の形成と摂関家
樋口健太郎著
A5判／価格は未定

書物と権力 中世文化の政治学（歴史文化ライブラリー473）
前田雅之著
四六判／一七〇〇円

室町将軍の御台所 日野康子・重子・富子（歴史文化ライブラリー474）
田端泰子著
四六判／一七〇〇円

戦国期細川権力の研究
馬部隆弘著
A5判／価格は未定

戦国の城の一生 築城から「古城」まで（歴史文化ライブラリー475）
竹井英文著
四六判／価格は未定

松井友閑（人物叢書291）
竹本千鶴著
四六判／二三〇〇円

中近世山村の生業と社会
白水　智著
A5判／価格は未定

お家相続 大名家の苦闘（読みなおす日本史）
大森映子著
四六判／二二〇〇円

明治期の立憲制と政党政治 自由党系の政策と党史編纂
中元崇智著
A5判／価格は未定

近代日本の消費文化と生活
中西　聡・二谷智子著
A5判／価格は未定

植民地遊廓 日本の軍隊と朝鮮半島
金　富子・金　栄著
A5判／価格は未定

東京裁判と戦争観（歴史文化ライブラリー476）
宇田川幸大著
四六判／価格は未定

はんこと日本人 日本を知る（読みなおす日本史）
門田誠一著
四六判／価格は未定

※書名は仮題のものもあります。

「私怨」を晴らさんと幕府・会津の征討にのみ意を注いでいる。これがどうして公明正大の政体と言えよう。かかる「私闘」に使役されるのは大藩加賀の矜持《きょうじ》が許さなかった。ここは薩摩の暴威を挫き禁裏から同藩を退けるほかない。恒川の薩摩藩への憎しみは誠一郎や菅原に劣らぬものがあった。自説を滔々と述べた恒川は、奥羽の仙米両藩、九州の肥前・肥後・筑前・筑後、そのほか紀州・加賀など、全国の反薩諸藩を結集するよう誠一郎と菅原に呼び掛ける。そのうえで、会津征討については命があっても見合わすのが上策だと両名に忠告している（宮島「戊辰日記」四之巻）。

反薩の気運は水面下で高まりを見せつつあった。

後藤象二郎との決裂

誠一郎が大坂で探索周旋活動に奔走している頃、龍雄も京都にあって後藤との接触を続けていた。誠一郎が討薩を視野に入れつつも慎重に事を進めようとしたのに対して、龍雄はややもすると拙速に走りがちであった。龍雄は三月十一日、飫肥藩の甲村休五と誓詞（『新稿雲井龍雄全伝』上巻所収）を交わしているが、そこには「志を得るに至らなければ、緩急を察し、諸藩合従の策をめぐらし、姦を除き、忠を保たねばならない。ここに及んで因循するようでは、息軒翁の意に背くことになる」との文言がある。そして龍雄の急進的な討薩論は後藤の不興を買うことになる。

四月十日以前のこと、龍雄は下の議事所を退下後、後藤の寓居を訪れた。たちまち宴となり、後藤は詩を賦すや、龍雄に次韻《じいん》（同じ韻を、同じ順序で用いて詩を作ること）を命じた。これに対して龍雄は「欲刺秦王有此戈　誰教齊趙共連和（秦《しん》王を刺さんと欲せば此の戈有り　誰か斉趙《せいちょう》をして連和を共にせしめんや）」と応えている（『東北偉人雲井龍雄全集』）。「秦の始皇帝を刺そうと思うのならここに矛がある。秦（薩摩）と対抗するために誰が斉と趙（土佐と米沢）とを連合させることができようか（あなたと私である）」との謂。雲井は後藤に討薩を迫ったのである。

だが、後藤からすれば、新政府参与、土佐藩の有力者という立場からして、軽々に討薩に踏み切れようはずがない。ここに両者は決裂したのであった。この報は、四月十一日、京都留守居兼使番の三潴清蔵《みつませいぞう》から大坂の庄田と誠一郎のもとにも届く。驚いた庄田は早速、京都に引き返している（宮島「戊辰日記」参之巻）。前述のとおり、誠一郎はその後二十一日に武市・林・小笠原・下村と面会して土佐藩がいまだ討薩の意を失っていないことを知り、その四日後、庄田に「土佐人の話については御懸念のはず。だが、なお再度土佐人と談合したところあまり根も葉もないことのようなので御安心くだされたい」と書き送った（宮島誠一郎「養浩堂私記史料　戊辰之部　甲号」）。だが、一方で後藤との決裂は新政府とのルートの喪失を意味した。会津藩の謝罪歎願をめざす誠一郎にとって、新政府とのルートを再構築することは依然大きな課題として残されていたのである。

広沢真臣との接触

後藤と袂を分かった龍雄が、次に接触を求めたのは長州藩出身の参与広沢兵助であった。閏四月三日、龍雄はその広沢のもとを訪れている。そして、誠一郎が大坂から京都の堺町藩邸に戻ったのも、ちょうどこの日のことであった。会津征討のために新たな手勢が奥羽に進発するとの報をうけて、三潴が誠一郎を呼び戻したのである。

誠一郎は藩邸に着くやいなや龍雄から広沢との会見の模様を聞いた。この日の会談で広沢が龍雄に何を語ったのかは、「戊辰日記」をはじめ、誠一郎が龍雄から聞いた話を書き留めた文書でしか確認しえず、しかも複数残された文書の内容には微妙な差違が認められる（栗原伸一郎「米沢藩士宮島誠一郎『戊辰日記』に関する一考察」）。よって広沢の発言を正確に再現することは困難だが、それは、おおよそ次のようなものであったと思われる。まずこうである。

君は討薩を唱えるが、会津が抵抗するのであれば、長州としては薩摩と手を結ぶほかない。その結果、薩長と会津とのあいだで戦争が勃発すれば、一、二年で事が収まることはなかろう。その隙に外国が侵略してこようものなら一大事。ここは王政復古の大業を水泡に帰さぬためにも会津を恭順に導き、外国の侵略を未然に防ぐことが肝要。

何にしても会津藩が交戦の意志を捨てぬ限り戦争を防ぐ道はあり得ないというのである。そして、彼は戦争回避のために奥羽諸藩が取るべき策を提示する。すなわち、「ここは米沢藩をはじめとする奥羽諸藩が徐々に会津を説得して非を悟らせ、そのうえで諸藩が寛大な御処置を下されたき旨を、朝廷に願い出るのがよかろう」と。

龍雄はこの言につき「広沢は会津謝罪歎願が却下された暁には長州が討薩に参画することを承諾した」と誠一郎に報告したようである。はたして広沢は龍雄に討薩を明言したのか。思うに、広沢は龍雄を刺激せぬよう含みを持つ物言いをし、龍雄がそれを拡大解釈したのではないか。

龍雄の報告を聞いた誠一郎は、にわかに信じられず、翌四日、実際に広沢に会って、彼の真意を確かめることとした。この日、広沢は誠一郎に「小島の言論の過激なること、挙動の切迫なることほとほと困り果てている」と述べて討薩云々を否定する。だが、広沢が戦争回避を望んでおり、奥羽諸藩の周旋に期待を寄せていることは、その言から確認された。ここに、誠一郎は新政府とのルートを確保できたのである。

それだけではない。このとき誠一郎は新政府の分裂と薩摩藩の孤立を最大限まで推し進める方途を見出した。たしかに広沢は討薩について明言を避けた。だが、広沢が奥羽諸藩の建白を取り次げば、結果として長州藩は討薩に踏み切らざるを得なくなると誠一郎は見た。

彼の見立てはこうである。奥羽諸藩による会津謝罪歎願が、薩摩藩の意向で却下された場合、奥羽諸藩と太政官のあいだをつないだ広沢の面子は潰れ、新政府の主軸をなす薩長両藩のあいだに亀裂が走るのは必然である。その機に討薩の気運が盛りあがれば、長州藩はこれに応ずるであろう、と。つまり、会津謝罪歎願は長州藩を薩摩藩から引き離し、新政府の分裂を決定的なものとするために奥羽諸藩がまず取らねばならない手続でもあったのである。誠一郎にとって歎願書が新政府内でいかに取り扱われるかは二の次、これが新政府内外に物議を醸し、全国的規模の薩摩包囲網が形成されることのほうがよほど重要であった（慶応四年閏四月二十一日付庄田惣五郎宛宮島誠一郎書簡、宮島「戊辰日記」五之巻に添付）。そのためにもまずは、会津藩との戦争を食い止め、奥羽諸藩を会津謝罪歎願へと導かねばならない。善は急げと誠一郎は帰藩を決断、菅原にその旨を告げるためいったん大坂へと引き返した。

一方、龍雄はさっそく歎願書原案の起草にとりかかった。龍雄の草案を目にした広沢は、そこに「伏罪」の文字を見つけるや、「会津はいかにしても罪に伏するものではない。ここは帰正くらいにしておいてはどうか」と龍雄に忠告する。九日に再び京都へ戻った後、このことを龍雄から聞かされた誠一郎は、広沢の誠意に胸を打たれた。会津謝罪歎願に事態打開の糸口を見出した誠一郎は、閏四月十日、龍雄と柿崎猪平に見送られ京都を後にする（宮島「戊辰日記」四之巻）。

米沢藩に会津征討の密勅が下り、あわせて錦旗が下賜《かし》されたのは、その九日後、閏四月十九日のことである。この日、龍雄は怒りのあまり、酩酊のうえ、同席した柿崎に「暴論」を浴びせている。だが、龍雄の熱弁空しく、翌二十日、柿崎は三潴清蔵とともに密勅と錦旗を携えて国許へと向かった。ここに龍雄は歎願路線に見切りを付け、ただちに武力でもって薩摩藩を打倒する道を選択、これまで京都で接触した西国諸藩の同志と東西呼応を策して、まずは東国諸藩を糾合《きゅうごう》すべく国許へ帰ることとした。

五月二日、出立を翌日に控えて、龍雄は新政府に意見書（安藤『新稿雲井龍雄全伝』上巻所収）を提出する。このなかで龍雄は薩摩藩が海陸軍費として朝廷に十万石を献納したことについて「全国に三百諸藩がいて、五畿七道を守護しているのだから、諸藩の人心を掌握している限り、これすなわち親兵であり、どこに詔勅に従わない藩があろう。あえて直属の海陸軍を編成するとは何ゆえか納得がいかない」と疑義を呈し、さらに、いたずらに旧例を無視して改革を行い、無用な戦争と貿易で出費を重ねる新政府を批判している。

龍雄はこれを捨て文のようにして、三日、京都から国許へと向かったのであった。

五　奥羽のゆくえ、国のありかた

1　会津征討をめぐって——甘糟継成にみる社稷の重さ

継成の奥羽連衡策

米沢の国許では、鳥羽伏見の戦いの直後から、旧幕府・会津藩と朝廷との板挟みにあうことになった。江戸から徳川慶喜の謝罪周旋依頼の報が届いたのは正月二十五日、ついで、二十九日には京都屋敷将の橋本主税が帰還し、慶喜征討応援の勅命をもたらした。また、二月三日に会津藩の鈴木丹下と土屋鉄之助が、雪冤《せつえん》を依頼する藩主松平喜徳《まつだいらのぶのり》（容保の養子、慶喜の実弟）の直書を携えて来藩、九日には中之間年寄の大瀧新蔵によって会津征討応援の勅命が伝えられる（「木滑要人日記」乾）。

このとき、病のためひとり国許に残った甘糟継成は藩に意見書を提出している。ここで継成が説くのは奥羽合従策である。奥羽二十二藩が連衡すれば、討幕のため長駆遠征する薩長を牽制することができると見たのである。そのためにはまず仙台藩を盟主にすえることが肝要であった。仙台と米沢が結べば、他の奥羽諸藩はたちどころに呼応するとの確信が継成にはあった。そして、奥羽の咽喉の地である白河をいち早く押さえて、ここに「公会所」を置くことを主張する。「公会所」には奥羽諸藩の代表が集って、国事を話し合い、さらに、各藩が四方に周旋方を派遣して得られた情報はここに集約される。さまざまな情報を共有することで諸藩が一致団結して事に当たろうというのである（香坂琴城「戊辰戦史上杉藩去就甘糟備後守建白書」）。かかる奥羽連衡の構想は、齊憲の上坂が頓挫して以来の継成の持論であり、後の奥羽列藩同盟に繋がるものであった。

だが、その一方で、継成には盟主と仰ぐ仙台藩への拭うべからざる不信感と対抗心があった。それは、混乱に乗じて仙台藩が最上を侵略するのではないかという不信感であり、情勢が緊迫の度を加えるごとに周辺諸藩から輿望《よぼう》を集める大藩仙台藩への対抗心である（甘糟継成「慶応四年排悶日録」正月十七日条）。継成にとって仙台藩の推戴はいわば策略であった。すなわち、辞を低く礼を篤くして仙台藩の大藩意識をくすぐり、同藩の盟主に押し立てることで奥羽諸藩に結集を促そうとしたのである。また、そこには奥羽諸藩の連衡によって仙台藩の独走を食い止めんとする意図もあったろう。

その後、米沢藩は仙台藩に中之間年寄の木滑要人と橋本主税を派遣することとした（「木滑要人日記」乾、二月十一日条）。記録所頭取の継成は、このとき不調を押して使者の口上（「甘糟家文書」八一〇）を起案している。「先般の王政復古は甚《はなは》だ怪しきもので、肥後藩あたりからも異議申し立てがあったとのこと。さらに鳥羽伏見の戦いは入京しようとする旧幕府方を拒んで、薩長が暴発に及んだものだという噂もある。どちらが先に発砲したかはともかくとしてこの一事をもって家康以来の功績を考慮せず、しかも諸藩の公議をも聞かず慶喜を追討するのはどうした廟議《びようぎ》か、納得がいかない。戦争となれば、親藩・譜代は徳川に与《くみ》し大乱となることは必至、そうなれば外国がこれに介入してくるであろう。我が藩は御存じの通り探索が行き届いておらず、尊藩の思し召しに従って進退を決したいので、ひとえに御教示をいただきたい」と。

継成はいまさらのようにこれまで米沢藩が探索周旋を蔑《ないがし》ろにしてきたことを嘆かざるを得なかった。もっとも、使者が連衡策を持ちかけるよりも先になすべきは仙台藩の内情を探ることである。「危急の際はご助力を願う」、「進退は命のままに」と甘言を弄《ろう》しつつ、仙台藩が信ずべきとわかった時点で、おもむろに奥羽連衡策を提示すべきだというのが継成の考えであった。継成は使者派遣にあたってそのことを進言し、「かくいうも、幕府に私党せんがためではない、皇国のために長策を立てたい一心からである」と自らの策を正当化したのであった（「甘糟家文書」九三九）。

仙台に赴いた木滑・橋本は仙台藩と協議を重ねた。その結果、米沢藩も仙台藩にならい新政府に慶喜・会津征討を見合わせるよう求める歎願書を提出することとなった。この建白書の草案も継成が起草した（「甘糟家文書」八五二）。歎願書ゆえ先の口上書原案のように、露骨に薩長を非難する文言は見られず、もっぱら内戦が外国の介入を招くことをもって慶喜・会津征討の非を訴えている。藩は継成の草案をもとに歎願書を完成させ、三月八日、京都から帰還した堀尾保助に持たせて上京させたが、京都当局は仙台藩と相談し歎願書の進達を見送った。すでに各鎮撫使は江戸・奥羽にむけて進発しており、建白の内容は時宜を得たものではなかったからである。

奥羽鎮撫使の下向をうけて

三月二十二日、京都から千坂太郎左衛門が米沢に帰還して、奥羽鎮撫使が大坂を出航して海路仙台へ向かったとの報をもたらす。奥羽鎮撫使一行が松島沖に上陸したのはその数日前の十九日のことであった。下参謀の世良《せら》修蔵《しゅうぞう》（長州）と大山《おおやま》格之助《かくのすけ》（薩摩、のちの綱良《つなよし》）は、仙台藩を通じて使者の派遣を米沢藩に命じた。これをうけて藩は二十三日に大瀧新蔵と役所役の山田八郎を仙台に遣わす。

仙台に赴いた大瀧らは、世良・大山に会津藩の寛典を求めたが、両名は聞く耳を持たず、一途に討ち入りを催促するばかりであった（「木滑要人日記」乾、四月朔日条）。世良・大山は官軍の参謀であり、その命はすなわち朝命である。となれば、従うほかない。戦雲立ち込めるなか、藩は四月五日に千坂太郎左衛門を軍務総督、継成を軍務参謀に任じ、七日には軍政府を設置した。

一方、家中では御家取り潰しの危機を救われた旧恩から同藩の征討に反対する声が根強かった。それとともに、領地問題の屋代郷騒動の件（第三章1参照）もあいまって、世良・大山の督促の前に会津征討を受諾し藩主伊達《だて》慶邦《よしくに》自ら出馬するに至った仙台藩を敵視する者も数多おり、継成の軍政府は、城下に滞在する同藩の使者を討ち果たすと息巻く彼らの説得に手を焼く羽目となった（「木滑要人日記」乾、四月九日条）。

継成は現状で会津藩に与して戦うことに断じて反対の立場であった。もしそうなれば、朝敵として仙台・会津両藩よりも先に米沢藩が討伐の対象になると予測したからである。また、会津藩のため鎮撫使に謝罪を掛け合うことも、会津藩との内通が仙台藩から鎮撫使に内通されているやもしれないなかで取るべき策ではない。してみれば、会津征討に従うよりほかなかった。ゆえに総督府から米沢藩に討会の命が下されたことを知った継成は、翌日、これに従うべき旨進言する。ただ、仙台藩兵に兵糧を提供するようにという鎮撫使の命に関しては頑として拒絶の姿勢を示した。それは米沢藩が仙台藩の「手先案内人」として扱われることを意味し、彼としては我慢がならなかったのである（「甘糟家文書」八一三）。

四月五日、藩は会津征討に反対する藩士を説得するため家中に諭達を発する（「甘糟家文書」九四〇）。やはり継成の筆になるものである。内容は以下の通り。

会津とは隣交の間柄であり、しかも縁家、謝罪に骨を折るべきところだが、親藩・譜代の諸家といえども新政府軍の先鋒を務めるような情勢、ましていわんや、徳川家はすでに新政府に降伏し、東山・東海・北陸三道の鎮撫使は近く会津征討に振り向けられるとのことであるから、会津征討を拒めば、すぐさま朝敵に指名されるのは必定、会津に与そうものならそれこそ滅亡を免れないであろう。隣交と社稷《しゃしょく》（自藩）、どちらが重いかは明白であろう。景勝公が大坂の陣の際、恩義ある豊臣家をお攻めになったのもこれすなわち社稷のため。幕府なきあと奉ずべきは朝命よりほかなく、これを拒めば社稷を保ちがたいのであるから、軽重順逆をよくわきまえ、不平を唱えず、武功を挙げるように。

皇国の長策を唱えながら、継成の胸中を大きく占めていたのは何よりも藩の存続と上杉家の体面であった。継成は幅広い知識を有し、かつ明晰な頭脳の持ち主でもあったが、越後以来、上杉家に仕える名家甘糟家を継ぐものという矜持が彼の思考や行動に一定の枠をはめていたのである。四月十六日、米沢藩は討会先鋒の命を受諾するため、使番の広居大八《ひろいだいはち》と与板組の松本誠蔵《まつもとせいぞう》（これより先、堀尾とともに京都から帰還）を仙台の鎮撫総督府に派遣する。

会津・庄内両藩への荷担

しかし、米沢藩はこの間水面下で会津藩を恭順に導き、戦争を食い止めんとする工作をも展開していた。先に大瀧と山田を仙台に派遣した際、藩は会津にも木滑と片山仁一郎《かたやまじんいちろう》を遣わし、交渉にあたらせた。このような両面作戦は仙台藩も取るところで、玉虫左太夫《たまむしさだゆう》と若生文十郎《わこうぶんじゅうろう》が会津藩の説得工作を担当している。中下級藩士間の対立とは裏腹に、両藩の当局は会津藩の説得工作において足並みをそろえていたのである。四月十三日には、仙台藩から若生文十郎と横田官平が米沢に参着、これをうけて、翌十四日、米沢藩では会議が開かれる。

その結果、会津藩の処置方につき藩の方針が固まる。

まず開城・半地削封・鳥羽伏見の戦いに責のある重臣二、三人の首級の提出という三条件をもって、両藩が会津藩に降伏を勧告、交渉がまとまった暁には奥羽諸藩に呼び掛け会津藩の寛典《かんてん》を鎮撫総督に歎願する。そのうえで、これが却下された場合は京都の太政官に奏聞《そうもん》するとともに、有志の諸藩にも使節を派遣して公論で事を決する。それでも先より暴挙に及ぶようなら、会津・庄内（前年の薩摩藩邸焼き討ちを理由に追討の対象とされる）両藩に与《くみ》し新政府軍と交戦に及ぶ。

この方針は仙台藩の若生・横田の両名にも伝えられ、以降これに沿って、両藩は会津藩と折衝を重ねる。会談は十六日から二本松藩も交え会津若松で始められたが、会津藩が削封以外の条件に難色を示し、仙米両藩のあいだでも意見が割れ交渉は難航した（「木滑要人日記」乾）。

一方、征討の対象とされた会津・庄内両藩は、新政府に対抗すべく、四月十日に軍事同盟を締結、これをうけて、庄内藩は使者を派して米沢藩をこの同盟に引き入れようとしたが、米沢藩は拒絶した。これに対して継成はそれまでから一転、一刻も早く会津・庄内両藩と結ぶべきだと主張する。変説の裏には両藩や仙台藩に出し抜かれることの焦りがあった。継成は次のように藩に進言する（「甘糟家文書」九四二）。

目下、天下の列藩は割拠の情勢である。彼の鎮撫使のごときを駆逐するのはたやすいことだが、問題はそのあとである。おそらく、会津藩は越後七郡に、庄内藩は最上四郡に、仙台藩は信達（信夫・伊達）二郡に手を伸ばすであろう。そうなれば、我が藩が略すべき地は一としてなく手を束ねて疲弊を待つのみ。ここは乱の治まらないうちに、いち早く会庄と連和の条約を結び、区々の小名義を脱して兵を出し二藩を援《たす》けるべきである。もし、庄内は朝敵なので、これに与するは名義においてどうか、会津が鳥羽伏見の戦いに責のある三家老の首級を差し出さぬうちは謝罪を周旋することはできないなどと言って、決断を先送りにしたならば、四方のどこにも略すべき地がなくなり、臍《ほぞ》を噛むことになるであろう。

仙会庄の諸藩が周辺地域を侵略するのではという疑心は継成自身の領土的野心の裏返しであり、皇国のためという美辞で修飾された彼の奥羽連衡策は、かかる疑心と私心を裡に宿していた。齊憲の上坂が決したとき、そこに越後への復帰という野心を見て取り、利から出た勇と藩当局を非難した継成だが、かく言う彼こそそうした利にとらわれていたのである。

その後、仙米両藩と会津藩との交渉は関宿《せきしゆく》（現・宮城県刈田郡七ヶ宿町関）に場所を替えて行われ、閏四月一日降伏条件のうち開城を容保父子の城外謹慎にかえることで妥結を見た。これをうけて、四日、全権として関宿に派遣されていた会津藩家老の梶原平馬《かじわらへいま》が藩内の意見をまとめるべく帰藩する。一方、仙米両藩は奉行名で（米沢藩は千坂・竹俣、仙台藩は但木土佐《たきとさ》・坂英力《さかえいりき》）で奥羽諸藩に白石に重役を派遣するよう要請した。奥羽列藩同盟の発端である。

仙米両藩は鎮撫総督九条道孝《くじようみちたか》が岩沼から白石に転陣する閏四月十二日までに事を運びたかった。その日程に沿って上杉齊憲は十一日に白石に入っている。しかし、十一日時点で梶原は若松から戻らず、呼び掛けに応じて白石に参集した諸藩の代表も十三藩三十四名にすぎなかった。それでも、両藩が予定を違えることはなかった。十二日、伊達慶邦と上杉齊憲は岩沼の九条総督のもとに出頭、両者連名の歎願書、会津藩の三家老、白石に集う十三藩代表の歎願書を提出する。九条は両藩主の言い分をもっともとし「自分は雲霧が晴れるまで奥羽に留まり両藩の御厄介になるつもりだ」と歎願書を受納するが、世良らによりそれが却下される可能性をも示した。九条の発言は場当たり的なものであったが、両藩は総督の意向が世良らのそれとは別にあることの言質を得たのである。事態は新たな展開を迎えようとしていた（「木滑要人日記」乾）。

2　列藩同盟と太政官建白――宮島誠一郎にみる国家変容の契機

対薩長強硬論を前にして

誠一郎が京都から米沢に帰還するのは、このようなさなかのことであった。閏四月十日に京都を発った誠一郎は、その後、北国街道を北上した（以下、本節の記述は断りのない限り、宮島誠一郎「戊辰日記」四之巻〜七之巻による）。十五日、越後の柏崎において、かつて江戸で面識のあった会津藩の小川徳次郎に邂逅《かいこう》し、奥羽の情勢を知らされる。小川の話を聞き、誠一郎の気はますますはやった。誠一郎が米沢に到着したのは十八日のことである。京都出立からわずか八日の強行軍であった。

誠一郎は、自邸にも寄らずただちに登城、千坂・色部・毛利上総の三奉行をはじめとする重役を前にして、参与広沢兵助の寛大な処分案を報ずる。これを聞くや、座にある一同は喜色を満面に浮かべた。鎮撫総督府に歎願が聞き容れられなかった場合、太政官に直訴することは既定路線であり、広沢の言はその前途を照らすものだったからである。藩は京都の情勢を白石出張中の竹俣美作・大瀧新蔵・片山仁一郎、岩沼の九条総督にも報ぜんと誠一郎に休む間を与えず白石行きを命ずる。誠一郎もまたそれを厭わなかった。

そして、誠一郎は家族との再会もつかの間、即日、堀尾保助とともに白石へ向けて出立する。山中七ヶ宿《しちかしゆく》街道を峠田《とうげだ》から滑津《なめつ》に差し掛かったとき、前方から一の早駕籠が向かってきた。駕籠の主は木滑要人、白石から米沢へ帰るところであった。木滑によれば、奥羽列藩による会津謝罪の歎願が鎮撫総督府によって却下されたとのことである。「ああ、天下の大事去る」と歎く木滑に対して、誠一郎は京都の情勢を伝え、太政官建白にむけて段取りを付けることを誓うとともに、米沢にて人心の鎮静に努めるよう要請して先を急いだ。

誠一郎が白石に到着したのはこの日の薄暮のことである。京都の事情を誠一郎から伝え聞く一同。竹俣は誠一郎の説くところに理解を示したが、それに対して大瀧ははなはだ不服の体であった。「ここ白石の気勢はすでに戦争に決しており、諸藩の重役もその旨をそれぞれ国許に報じている。いまさら太政官建白に方針を転換するようなら、私は以後藩政に携わることはできない。大義名分などしょせん勝敗よって決するもの」。大瀧は世良・大山に直に接しているだけに両名に対する憎しみが大きく、薩長との対決に走りがちであった。そこへ竹俣が割って入る、「すでに藩が太政官建白を是として宮島をこの地へ遣わしたのだから、そう無碍《むげ》にするものではない。ここは一応仙台藩の重役と相談してみてはどうか」と。

すぐさま誠一郎は仙台藩奉行の但木土佐・坂英力のもとを訪ねるが、何やら取り込み中とのこと。聞けば福島で世良が九条総督に宛てた密書が露見したらしい。但木らは翌二十日の列藩会議後、改めて誠一郎を呼び出す。このとき誠一郎は但木らを前に次のように熱弁を振るった。

　たかだか出先の鎮撫総督・参謀に歎願を却下されたからといって、太政官に直訴せず朝敵の会津に与して新政府軍に刃を向けるようでは、肥前・肥後・加賀・紀州・土佐・長州等、有志の諸藩の呼応は期待できない。仙米両藩がかくまで肝胆を砕き、なお太政官が願いを聞き容れなければ、それこそ無道、真の王政復古とは言えず、ここに奥羽は叡慮を阻む中間の雲霧（薩摩）を除く名義を得られるのである。さもなくば暴挙の誹《そし》りを免れない。京では仙台・米沢は会津の強請に推されて同盟を結んだとさえ言われており、悲憤に堪えない。このうえは一刻も早く太政官に奏聞ありたい。

だが、但木らはとりあわなかった。

無名の戦争は不可との意見はもっともだが、白石での連合以前は奏聞の機会を得られぬまま時が過ぎ、もはや太政官に伺いを立てている暇はない。関東では新政府軍との戦争が始まっている。ここは戦いながら、太政官へ奏聞し、諸藩に奏聞の件を布告するのがよかろう。

その場に居合わせた仙台藩士たちからも「長州の間諜ではないか」と非難の声が、誠一郎に浴びせられる。世良らに対する仙台藩士の憎しみは、大瀧のそれにもまして大きかった。ゆえに、仙台藩は、歎願書提出の際の九条総督の言を根拠として、歎願書が却下されたうえは、太政官への奏聞にこだわらず、九条・沢為量《さわためかず》（副総督）・醍醐忠敬《だいごただゆき》（上参謀）の三卿を抱え込み、薩長と決戦に及ぶという強硬路線に急速に傾斜したのである。

激論が交わされるなか、容易ならざる報が舞い込んだ。福島で世良が仙台藩士の瀬上主膳《せのうえしゅぜん》らによって殺害されたというのである。前述の九条への密書にあった「奥羽皆敵」という一語が彼らをこの凶行に走らせたのであった。しかも、瀬上から密書について報告をうけた但木は世良の殺害に認可を与えていた（藤原相之助『奥羽戊辰戦争と仙台藩』）。これを聞いた仙台藩士たちは快哉を叫んだが、そのなかにあって誠一郎は「ああ、京摂数日の辛労も一瞬間水泡と相成り」とひとり悲嘆に暮れたのである。

列藩会議における仙台藩との応酬

おりしもこの日、九条は仙台藩若年寄の増田歴治《ますだれきじ》の要請をうけ密かに岩沼から仙台へ転陣、二十五日には醍醐も本宮から仙台に帰還した（工藤威『奥羽列藩同盟の基礎的研究』）。これにあわせて列藩会議の場も白石から仙台に移された。ここに奥羽列藩は九条・醍醐という大義名分の確保に成功したのである。

そして、これを境に仙台藩は再び太政官建白に積極的な姿勢を見せ始めた。二十五日、但木の意をうけて誠一郎のもとを訪ねた仙台藩の安田竹之輔は、「朝廷に名義を貫徹することは今日の急務」として、近く建白書を携えて上京する予定の九条家諸大夫塩小路刑部少輔に、仙米両藩から使者を附属させることを提案。沢副総督の護衛のため山形に下った竹俣にその旨伝達するよう誠一郎に要請した。安田の言を聞いた誠一郎は、好機到来とばかりに、翌二十六日、国許の重役に書を致し、太政官建白を早急に決議するよう促している。

だが、仙台藩は当初の路線に回帰したわけではない。藩儒大槻磐渓《おおつきばんけい》が起草したと言われる仙台藩の草案を見れば、同藩にとっての太政官建白がもはや会津藩の謝罪歎願を旨とするものでなかったことは明白である。そこでは、世良・大山の悪行の数々が並べ立てられ、会津・庄内両藩の追討も彼らの私怨に出たものと断定される。そのうえで、建白草案は皇国を維持するため「国賊追討の御綸旨《ごりんじ》」の下賜を朝廷に求めている。「国賊」が薩長を指すことは言を俟たない。つまり、太政官建白の目的が、会津藩の謝罪を歎願し戦争を回避することから、薩長との戦争の正当性を獲得することにすり替えられてしまっているのである。

こうした太政官建白をめぐる仙米両藩の思惑の相違は、二十九日の列藩会議で対立に発展する。この会議には誠一郎も支藩米沢新田藩の代表という名目で庄田・片山とともに出席している。誠一郎は会議の冒頭から仙台藩の草案の非をあげつらった。

そもそも鳥羽伏見の戦いは会津の強硬論に端を発したもの。君側の姦を除かんと上京したならば、京都の地を一藩の血肉にぬらすまで戦うべきところを、二、三戦して数日で敗走するようでは、私心あってのことと取られても仕方ない。この戦いの後に一も助会論のあるを聞かぬはそのためである。

ついで言う。

奥羽諸藩の歎願が却下されたのは世良らが参謀の任に堪えず、暴虐をほしいままにしていたからである。憎むべきは彼らの所業であって朝廷ではない。しからば会津謝罪の取り扱いは直ちに朝廷に奏聞すべきである。にもかかわらず、下参謀を殺害して討会の兵を解き、あまつさえ朝廷から国賊追討の綸旨を賜らんとは小児もなさざることである。かかる過激の文言を削除しないことには建白は用をなさない。

この主張に仙台以外の諸藩は同意、「国賊追討の御綸旨」云々の文言は削除され、五月三日、署名の運びとなった。奥羽列藩同盟の成立である。ここに誠一郎は仙台藩の強硬路線を抑えて、太政官建白を当初の目的に沿うものに回帰させたのである。

誠一郎、再び京へ

だが、誠一郎の思い描く筋書きは早くも綻《ほころ》びを見せた。きっかけを作ったのは肥前藩参謀前山清一郎であった。前山が率いる肥前・小倉藩兵が仙台藩領の東名浜《とうなはま》に致着したのは閏四月二十七日のこと。これをうけて、但木土佐は、五月二日、米沢藩の木滑・庄田・片山、会津藩の佐々木斎宮《ささきいつき》（手代木直右衛門）・小林平角《こばやしへいかく》を招き、その対処方につき協議に及んだ。このとき但木に前山への警戒心がなかったわけではなかろうが、期待感はそれを遙かに上回っていた。前山の来仙は表向きこそ庄内征討のためというが、実際は前肥前藩主鍋島閑叟《なべしまかんそう》から「倒薩の内謀」をうけてのことと見たのである。そして、木滑らに山形の竹俣を仙台に呼び戻すよう要請する（「木滑要人日記」乾、五月二日条）。

木滑の内命により誠一郎は即日山形へと向かった。翌三日、笹谷《ささや》街道を通って山形へ向かう途上、笹谷峠下で誠一郎が行き会ったのは使番の三潴清蔵である。前述のとおり三潴は会津征討の密勅と錦旗を携えて米沢に帰還したが、このときはその旨を報告すべく山形の千坂・竹俣のもとへ赴くところであった。三潴は誠一郎に「密勅の請書については足下が京都に持参することになろう」と告げる。会津征討の密命に応ずることは、誠一郎が目下その実現に向けて尽力している太政官建白に抵触する。誠一郎にとっては頭の痛い問題であった。

日暮れ時、誠一郎は山形に到着したが、そこにはすでに竹俣の姿はなかった。竹俣は千坂とともに、沢副総督を追って軍を北へ進めていたのである。竹俣・千坂の出兵は沢副総督の護衛のためとされていたが実はこれは名目にすぎなかった。その真意は薩長から沢を引き離し、同盟側に取り込むことにあった。だが、沢や下参謀の大山は事前にこの策略を看破し、米沢藩の護衛の申し出を断って、率然と新庄から秋田方面へ転陣してしまう。これを知り慌てた竹俣・千坂は新庄まで兵を進めたのであった。五日、誠一郎は新庄で竹俣と面会を果たすが、このような状況では、竹俣が新庄を離れることはできない。よって、太政官建白については在仙の木滑・庄田・片山らに任せるほかなく、誠一郎には彼らに指示を仰ぐよう指示した。即日、新庄を去った誠一郎は、途中米沢に立ち寄り、九日、仙台に戻った。

ここでも誠一郎は大事に直面する。十四日、但木は仙台藩校養賢堂《ようけんどう》で前山と会見するが、その席で前山が要求する九条・醍醐両卿の帰洛を容認してしまうのである。後に前山の術中にはまってしまったことに気付いたところで、もはや後の祭りであった。

奥羽列藩の重役たちが両卿の仙台逗留を求めても、前山はすでに決まったこととして断固首を縦に振らなかった。「仙台に有為の者があれば、前山の上陸を許さず、九条を籠絡して、事をなせたものを」、誠一郎の歎きは一通りではなかった。なぜなら、三卿、とりわけ九条の確保は戦争回避を当面の課題とする米沢藩にとっても重要だったからである。

このときすでに白河口では同盟軍と新政府軍とのあいだで戦争が勃発していたが、会津謝罪歎願書が京都の太政官に達するまで、これ以上戦争を拡大させないためには新政府軍の出足を封じる必要があり、九条からの止戦の達はそれを可能とする有効な手段であった。戦争の歯止めはついに失われたのである。

ここに太政官建白の有効性は著しく損なわれ、建白にかける誠一郎の熱意も失われつつあったが、彼としてはこれを貫徹するよりほかなかった。五月二十八日、米沢藩の使節となった庄田惣五郎と誠一郎は、仙台藩使節の坂英力《さかえいりき》・笠原中務《かさはらなかつかさ》・太田盛《おおたさかん》・真山保兵衛《まやまやすべえ》、そして、長岡護美《ながおかもりよし》（肥後藩世子細川護久の実弟）の密命を帯びて情勢探索のため奥羽に滞在していた肥後藩の古庄嘉門《ふるしょうかもん》・竹添進一郎《たけぞえしんいちろう》・植野虎平太とともに仙台藩船大江丸で寒風沢《さぶさわ》沖を出航した。五月十五日に上野戦争で彰義隊が敗北したことは、すでに誠一郎らの耳にも達しており、まずは江戸に上陸して上京の方途を探ることとなった。五月三十日、大江丸は江戸湾に入る。

勝海舟との出会い

当時館山沖には、元海軍副総裁の榎本釜次郎《えのもとかまじろう》（のちの武揚《たけあき》）が率いる旧幕府艦隊が脱走の機会をうかがって蟠踞《ばんきょ》していた。この日、誠一郎は肥後藩の竹添とともに、旧幕府艦隊の旗艦開陽の艦上にて榎本に面会している。太政官建白の是非につき意見を求めるためである。榎本は太政官建白に懐疑的であった。おりしも、彰義隊を一掃し、小田原藩を帰順させた直後とあって、江戸の治安をあずかる鎮将三条実美は、その余勢を駆って奥羽を一気に攻め滅ぼさんとする気概を見せていた。このような情況にあって会津藩の謝罪を歎願したところで、いったいいかほどの意義があろうというのか。榎本の意見である。だが、一方で彼には奥羽列藩に同情の念がある。そこで、誠一郎には勝海舟の意見をただしてみるよう勧めた（「木滑要人日記」乾、六月十五日条）。

勝　海舟

六月二日、誠一郎はこの榎本の助言にしたがい勝と対面せんとするが、それに先立ち肥後藩の三士とともに会津藩の林三郎を訪ねた。まずは信頼を寄せる林から太政官建白について意見を聞いておき、加えて勝についても情報を得ておこうと思ったのであろう。なぜならこのとき林は勝のもとで種々周旋にあたっていたからである。林もやはりその有効性が乏しいことから太政官建白には反対の立場であり、白河口で戦闘が始まっている以上、停戦するにしてもそれは新政府軍に勝利した後のことだと考えていた。もっとも、旧幕府海軍を司っていた勝の身を慮る林は、奥羽戦線に旧幕府艦隊を投入することには否定的であった。ゆえに、誠一郎にはすぐにも江戸から引き返し力戦につとめるように求め、遅れてやってきた肥後藩の三士には江戸に下向せんとする長岡護美を京都に引き戻させるよう要請した。

誠一郎は林の寓居を去ると、その足で勝のもとを訪れた。太政官建白によって名義を立てそのうえで薩摩藩と戦争に及ばんという誠一郎の意見に対して、勝は案の定、慎重な態度を示す。今建白を新政府に提出したところで無意味であり、列藩の願意は奥羽が焦土になるまで戦ったときにはじめて受け容れられるというのが彼の見るところであった。聞けば、近く薩摩藩の小松帯刀《こまつたてわき》が京都から江戸に下向してくるという。小松は西郷・大久保ほどでないにせよ、老練な人物。頃合いを見計らって彼にこの件を周旋させてはどうかと勧めた。だが、勝は太政官建白が有効か否か以前に奥羽列藩の会津謝罪歎願そのものに疑問を抱いていた。この日、誠一郎は勝を前に口を極めて慶喜を非難した。勝はしばし黙していたが、一通り聞き終わると「それだけか」と言い、堰を切ったかのごとく「奥羽の腰抜けが、ソンナ事でメシを喰ってる」などと奥羽列藩を罵りはじめた（『海舟座談』）。いったい勝は何を言わんとしているのか。

奥羽が力戦すれば、建白書が日の目を見ることもあろう、勝は会談でたしかにそう言った。だが、同時に、戦争は三十日もすれば決着するであろうとも言っている。つまり力戦するまでもなく、早晩同盟軍は敗れると見たのである。なぜか。彼が挙げた理由は軍事力の差などではない。人材の乏しさである。奥羽には「小是」に固執して「大是」に思いを致すものがない、ゆえに敗れるという（「海舟日記」七、慶応四年六月三日条）。「小是」とは藩への忠義、「大是」とは皇国への忠義を指す。

誠一郎は皇国のことを考えていなかったわけではない。むしろ諸外国から皇国を守らんとする思いが彼をして筆を執らせ、あるいは行動に走らせた。

それでは彼の言う皇国とはいったい何か。それは封建体制を前提とする国家である。鎖国のもと、この封建体制が維持されるなかで、藩はあたかも一国の体をなした。封建体制下においては、藩の存続こそが藩主とその家臣にとって至上命題だったのであり、また、各藩が藩政を全うし、それを幕府が緩やかに統括することで皇国全体は保たれた。やがて、幕末になり外圧が高まると、武士たちはようやく藩を越える皇国を視野に収めるようになる。だが、その場合にあってもやはり彼らの多くは藩を足場に皇国を見ていた。

誠一郎も龍雄も継成もその例外ではない。不時に備えて一藩の富強に務めることこそが、諸大名の務めだと誠一郎は言う。だが、それで実際に皇国が危機に瀕したとき、一藩の命運を賭して戦えるのか。藩の滅亡が迫れば、皇国の大事はさておき、自藩第一主義に走るのではないか。勝からすれば、封建体制の論理は今や自藩第一主義を正当化するだけの「鎖国の陋習《ろうしゅう》」に過ぎず、それに固執する限りは、みな「大是」を知らず、「メシを喰」うこと、すなわち自藩を維持することしか考えていない者と見えた。

太政官建白の完遂

六月七日、仙米両藩の正使である坂と庄田は「攻守の手配」のため大江丸で国許に引き返した。一方、誠一郎や仙台藩の太田らは引き続き江戸にて建白の方途を探っている。会津謝罪歎願について、誠一郎は折に触れて榎本や旧幕府精鋭隊頭の山岡鉄太郎《やまおかてつたろう》（鉄舟《てつしゅう》）の意見を求めたが、もっとも重んじたのは勝の意見である。勝との出会いは誠一郎にとってきわめて大きな経験であり、誠一郎は勝の謦咳《けいがい》に接しながら徐々に彼に感化されていったのである。

十日、誠一郎は再び勝のもとを訪れた。この日、誠一郎から奥羽列藩の会津謝罪歎願書を示された勝はこれに筆を加えている。勝は世良・大山を誹謗するくだりを目にするや即座にこれを削除した。そして、列藩同盟が私盟であり奥羽に恃《たの》むべき人材がいないことを改めて痛感したのであった（宮島誠一郎「明治二年己巳日記　巳四」八月二十一日条）。また、勝は奥羽列藩の歎願書とは別に参与宛の添状があったほうがよいと誠一郎に勧め、十六日には誠一郎の草案にこれまた筆を入れている（「海舟日記」七）。かくしてなった後藤・小松・木戸の三参与に宛てた誠一郎の添状にはこうある（「戊辰日記」巻之七、八月十日条）。

奥羽は北の要の地であり、ロシアはその虚を伺い、併呑《へいどん》せんとたくらんでいるように見受けられる。もし、困窮した民がロシアに通じたときには、奥羽は皇国の地ではなく、ひいては皇国は朝廷のものではなくなり、四分五裂、清国やインドの二の舞となるであろう。このような皇国の危急に際しては全国が一致協力して国体を定める必要がある。

勝は皇国を守るため「全国一致の国体」＝中央集権体制への移行をその射程に置いていた。その後、誠一郎はまずは勝や山岡が勧めるように、奥羽の戦局を見極めつつ、新政府内に厭戦気分が生じるのを待って江戸で建白書を提出する道を探った。だが、鎮将の三条は依然意気軒昂であり、勝が期待を寄せた小松も横浜にとどまり江戸に姿を現さない。かといって、今無理に江戸で建白書を提出しては捕えられるのが関の山である。

困惑した誠一郎は、十六日、再度勝の意を仰ぐこととした。事ここに至っては勝も上京を認めるほかない。だが、勝はこのころ新政府から嫌疑をかけられており、彼自身がこの件で動くことは危険が伴った。勝に代わり誠一郎の上京を斡旋したのは旧幕府精鋭隊頭の関口艮輔《せきぐちごんすけ》（のちの隆吉）である（慶応四年六月十八日付庄田惣五郎宛宮島誠一郎書簡、「上杉文書」）。その他、松平太郎（旧陸軍歩兵奉行並）・前島来輔《まえじまらいすけ》（開成所教授、のちの密《ひそか》）も誠一郎のために骨を折った。

にもかかわらず、誠一郎の上京は難航を極めた。会津藩に与して新政府に抗した米沢藩は「朝敵」とされ、京都藩邸は接収、藩士の入京も禁じられていたからである。誠一郎が小松と大隈八太郎（参与外国官判事、のちの重信）を乗せた英国船アルビヨン号に偽名を用いて乗船し、上京の途についたのは、七月二十八日のこと。すでに会津謝罪歎願は同盟軍が力戦してこそ、有効性を発揮するという矛盾に陥っていたが、このころ同盟軍は各方面で劣勢に立たされており、建白書を太政官に提出しても効果はほぼ見込めない状況となっていた。

八月二日、神戸に上陸した誠一郎は、七日に京都に到着、太政官に歎願書を提出するつてを求めて上杉家の縁家である土佐山内家を頼った。そして、十日、土佐藩京都留守居下村銈太郎《しもむらけいたろう》の助力もあり、当時新政府議定であった山内豊信から太政官に奥羽列藩の会津謝罪歎願書が達したのである。無事使命を果たし得た誠一郎は米沢藩用達の小森治郎左衛門としばし感涙にふけった。だが、それはつかの間の喜びであった。勝の予感は的中するのである。

3　全面戦争への突入、そして降伏――名義の破綻

旧領復帰を夢想する継成

宮島誠一郎が江戸で上京の方途を探っている頃、甘糟継成は越後の戦場にあった。越後口は白河口と並び、同盟がどうしても死守せねばならなかった奥羽の咽喉の地。この方面の担当は出羽諸藩であったが、先鋒を担う米沢藩の任は殊に重かった。同藩にとって、当面取るべきは全面戦争の回避である。その意味で、九条総督から越後鎮撫の達を獲得することはきわめて重要であった。これにより、新政府軍の出足を止め、また同軍との戦争に踏み切らざるを得なくなったときの正当性を担保しようとしたのである（慶応四年閏四月二十一日付竹俣美作宛千坂太郎左衛門書簡、「上杉文書」）。九条への折衝は仙台藩の担当であったが、交渉はなかなかはかどらなかった（「木滑要人日記」乾、閏四月二十六日条）。

一方で、越後では新政府軍と会津藩・旧幕歩兵隊・水戸藩脱走兵等との戦闘がはじまっており、米沢藩には会津藩から応援要請が舞い込む。これに対して、米沢藩は九条からの達が得られるまでは応じが

たいと拒絶の姿勢を貫いた。

だが、藩内では早急なる出兵を求める声が高まっていた。その急先鋒が継成であった。継成は言う、「聞けば、越後の民は会津を憎むあまり、新政府軍に間道抜け道を教えているとのこと。越後が蹂躙されれば我が藩は藩境に新政府軍を迎えることとなる。一方で、越後の民には旧領主の上杉家を慕って、救助を求める者が少なくないという。我が藩は同盟の会主、直ちに越後に出兵して民心を鎮撫、かつ諸藩を糾合し、新政府軍に説いて戦争をやめさせねばならない」と（甘糟継成「軍務雑記」一、五月一日条、以下、本節における継成の動向は断りのない限り「軍務雑記」一、二による。日付のみ記載）。

越後は防衛上の観点からはもちろんのこと、旧領という歴史的な縁故からいっても上杉家にとって特別な地である。その上杉家中にあって甘糟家は謙信以来の名家、継成に越後への思いが強いのは当然であった。幸い、目下会津藩は越後の所領における苛政から、民心を掌握できておらず、それにともなって上杉家への期待が高まっている模様。これは同地において上杉家が影響力を強める好機である。ここに先に見たような領土的野心が継成のなかで頭をもたげる。彼は越後出兵の先に密に旧領の回復を夢想した。

越後出兵をめぐっては、継成と中老の若林作兵衛とのあいだで意見が対立したが（五月朔日条）、結局、九条総督との交渉が思うに任せないこともあって、藩は会津藩の要請に応えるかたちで、藩境防衛を名目に出兵を決断、五月一日、その第一陣として中条豊前率いる一大隊を派遣する。

このように継成は越後に出兵することには積極的であったが、白河への出兵には消極的であった。同盟軍は白河口でも苦戦を強いられ、この方面の防衛を担当する会津・仙台両藩は米沢藩に援兵の派遣を求めたが、継成は五月三日の軍議の席で会津藩の使者の南摩《なんま》八之丞（綱紀《つなのり》）と井上金吾を次のように難詰する。

「尊藩は鳥羽伏見以来孤軍奮闘、慶喜公が降伏してもなお城によって屈せず、全藩死を誓って天下の兵を引き受けんとするそのお覚悟は壮と言わねばならない。だが、近頃は、東西の戦いに敗走を重ね、勇名あるを聞かない。奥羽列藩が挙げて尊藩を助けることになったので、必死の覚悟が失せ、生を思い社稷を全うせんとする慢心が生じたのではないか。奥羽の合従は尊藩の忠義に感じてのこと。そもそも列藩会議の約では弊藩は越後の担当であり、白河口は貴藩と仙台藩のお受け持ちではないか」と。

同盟の沿革と列藩会議の約を楯に取った堂々たる反論だが、先に見た「公会所」設置の主張に見られるごとく、白河が奥羽の咽喉の地であり同盟の重要な拠点であることは継成も十分に認識していた。にもかかわらず、かくも頑強に白河への出兵を拒んだのは、米沢藩が越後を留守にしているうちに、同地で会津藩等が影響力を強めるのではないかという危惧の念があったからであった。つまり、継成は同盟の命運より藩の盛衰を優先させたのである。

その継成は、五月十三日、越後口の総督に任じられた色部長門のもと、参謀として越後に出兵する。総督の色部と参謀の若林作兵衛・小林五兵衛（勘定頭取）はすでに前日に駕籠にて出立しており、継成が仮総督として全軍を率いた。

十五日、継成は藩境を越え下関の渡辺三左衛門邸にて先発した色部らと合流。しかし、その後も体調の優れない色部に代わり全軍を統括する。十六日、中条駅で米沢藩兵は領民から歓呼をもって迎えられた。継成はその感慨を「到頭　民情　故郷に似たる（到頭民情似故郷）」と詩に託している。十九日、五泉《ごせん》に到着。五泉は甘糟家の始祖備後守景継の旧領である。継成はもちろんここでも歓待され、一同の歓喜する様を見て感涙をにじませた。越後の旧主としての矜持は継成のなかで膨らむ一方であった。

米沢藩、全面戦争へ

さて、米沢藩の越後出兵はあくまで越後鎮撫である。この点は若林も継成もかわるところがない。すでに越後に出張していた中之間年寄の倉崎七左衛門や勘定役の長名美衛《ちょうなみえ》は北越諸藩を同盟に引き込もうと工作を展開していたが、村松藩の重役に対しては、「皇国のおんため、干戈を用いず事を収めたく、目下会津藩の謝罪を求めて京都の太政官と交渉中なので、これに賛同のうえ同盟に加入されたい」と訴えた（『復古記』第十二冊）。その結果、五月四日の長岡藩につづいて、六日には新発田《しばた》・村松・村上・三根山・黒川の北越諸藩が同盟に加盟している。

また、継成と合流した十五日、色部は中条と連名で新政府の北陸道鎮撫総督府に歎願書を提出している。

「越後の地は脱走の徒が跋扈し、人民を困らせている。旧領という縁故もあり我が藩にはこれらの民から鎮撫を望む声が届いている。王政復古の折柄、朝廷の御心配にもつながるので、かかる声を黙止することができず、今回、主君弾正大弼《だんじょうだいひつ》（齊憲）の命をうけて越後に出兵した。同盟諸藩の申し合わせで兵を率いているが、戦争の意図は全くない。もっぱら皇国のため越後を鎮撫するまでのことである。また、同盟は太政官に会津藩の寛典を願い出ているので、その点をお含みおきのうえ、戦争をおやめ下さるようお願い申し上げたい」という内容である（『復古記』第十二冊）。そして、同盟に加盟した北越諸藩にも、同様の歎願書を鎮撫使に提出するよう強く求めたのであった。

だが、それも束の間、継成は新政府軍との全面戦争を主張するに至る。きっかけは五月十九日の長岡城の落城であった。これをうけて、会津藩や長岡はじめ越後諸藩は口々に「討賊恢復《かいふく》」を唱えて失地回復をはからんとする。もはや一、二万石の藩でさえ、挙げて出兵し、進攻の勢いである（慶応四年五月二十三付色部長門・若林作兵衛宛甘糟継成書簡、『米沢藩戊辰文書』所収）。ここで因循すれば米沢藩はこれら小藩にさえ先を越されてしまい、越後の旧主としての面目を失し、旧領復帰も夢と消えてしまう。ここに継成は全面戦争に大きく傾斜した。継成に変説を促したのは、またしても越後の旧主としての矜持と領土的野心であった。

二十二、二十三の両日、加茂の会津藩陣営に長岡・米沢・桑名・村上・村松・上山《かみのやま》諸藩の代表が集って軍議が開かれ、継成も列席した。席上、米沢藩の中条豊前は同盟軍の総将に推されている。同盟軍を統括する身となっては、他に勝る陣容を整えねばならない。継成は新津の色部と若林に書を致し、すぐさま陣営を加茂に移し、馬廻《うままわり》全隊、撤兵《さっぺい》三隊、大砲四門を戦地に差し向けるよう慫慂《しょうよう》する（同右）。

これに対して、若林は色部に撤兵を進言、容れられぬと色部の命を聞かず米沢へ引き返し、あまつさえ下関にある鉄砲・弾薬を国許に返送させた。このことを聞いた継成は激怒するとともに困惑した。兵備を運び返されては戦功を立てられない。だが、継成は運を天に任せてでも血戦を主張してやまなかった。皇国のため賊を打ち払わんと継成は言うが、彼の脳裏にあったのは皇国よりもむしろ越後の旧領であった（「軍務雑記」一、五月二十四日条）。

ここに色部は全面戦争を決意し、二十三日、もはや死をもって事を決するほかない旨を国許の同僚に書き送ったが（『米沢藩戊辰文書』）、同じ頃国許も全面戦争に舵を切ろうとしていた。

山形・上山等出羽諸藩が陸続として越後に出兵していくなかで、先を越されることを憂慮した藩当局は、十七日、齊憲の出馬を決定、齊憲は二十六日に米沢を出立する（「木滑要人日記」乾）。このとき齊憲は、新津の色部、月岡の中条・継成に「一際勇戦を励み、越後の地をもって墳墓と定むべき覚悟致すべし」との直書を発した（甘糟「軍務雑記」一、五月二十五日条）。また、二十八日には軍事総督の千坂率いる二小隊が、会津からプロシア商人ヘンリー・スネル（平松武兵衛）を軍事顧問として帯同し、大面（現新潟県三条市）に来着している。

龍雄の帰藩、そして越後へ

このように越後陣営や藩当局は五月中旬を境に戦争に傾斜していったが、その一方、名義を立てることなく新政府軍との全面戦争に踏み切ることには躊躇する向きも依然多かった。すでに、同盟諸藩は米沢藩に領土的野心があると疑っており、当初和平路線を唱えながら名義なく戦争に踏み切っては疑惑が深まることが予想されたからである。越後戦線にあって出兵の名義にこだわったのは堀尾保助であった。また、国許でも役所役の中川英助らから名義を立てずに戦争に踏み切ることを躊躇する声があがった（「差謬録　雲井龍雄始末」）。

京都から雲井龍雄が帰還したのはおりしもこのようなときのことであった。土佐や長州はじめ西南諸

人見勝太郎　函館市中央図書館所蔵

藩に絶望し、太政官建白に見切りをつけた龍雄は、五月三日、武力による薩摩討伐を目指して東国の諸藩を糾合すべく京都を出立した（雲井龍雄「瘴癘紀行」、安藤英男『雲井龍雄研究　伝記篇』所収、以下本節の龍雄の動向については断りのない限りこれによる）。

道中でも江戸の三計塾《さんけいじゆく》の人脈は彼を利するところ少なくなかった。龍雄は、東海道を東に下り、十日、掛川《かけがわ》に到着、掛川では町年寄の鈴木陸平のもとに身を寄せ、加えて金十両を借用した。陸平の女婿の陸二は三計塾の出身であり、その縁故を頼ってのことであった。

十五日、同地を出立、海路沼津に入る。沼津には、三計塾の出身で、龍雄が京都で交わりを結んだ丸山貞太郎がいた。龍雄は丸山を通じて沼津藩主水野《みずの》忠敬《ただのり》に拝謁し、薩摩討伐の兵を挙げた暁にはこれに応ずるよう懇願した。

ところで、この頃、新政府軍に対抗すべく東海諸藩の糾合をはかっていた人物が龍雄のほかにもいた。人見《ひとみ》勝太郎《かつたろう》である。

人見は二条城詰鉄砲奉行組支配同心の人見勝之丞の長男として生まれた。龍雄より一歳年長で、やはり三計塾の出身であった。慶応三年（一八六七）に幕府によって組織された遊撃隊に入隊し、鳥羽伏見の戦いにも旧幕軍の一角として参戦、江戸に敗走の後も徹底抗戦を唱え、遊撃隊を率いて各地を転戦していた。実に龍雄はこの人見と沼津にて邂逅している。会うや否や意気投合した二人は、「除賊恢復」の誓詞を交わしている。

十八日、龍雄は江戸に入った。米沢藩はすでに朝敵、龍雄は上杉家の菩提寺である興禅寺に潜伏を余儀なくされた。その龍雄のもとに仙台藩から一の吉報がもたらされる。

彰義隊に擁され、やはり市中に潜伏中だった輪王寺宮《りんのうじのみや》公《く》現法親王《げんほっしんのう》が、旧幕府軍艦長鯨丸に搭乗して奥羽に向かうというのである。二十六日、龍雄はこれに便乗して帰藩の途についた。米沢に帰還したのは六月一日のことである。二日、龍雄から種々報告をうけた奉行の毛利上総は、まず輪王寺宮を迎えるべく龍雄を会津若松に派遣し、七日に米沢に戻ると今度は越後行を命じた。

越後口の米沢藩陣営はこの頃すでに新政府軍と交戦状態に入っていたが、戦争を継続するにあたって龍雄がこだわったのはやはり名義であった。それぞれに異なる事情を抱える諸藩を討薩に向けて団結させるには名義が欠かせない。その点で龍雄を悩ませたのは、千坂が軍事顧問としたヘンリー・スネルの存在である。「スネル一人だけの力を借りるというのならまだしも、同盟は彼の進言を容れて外国の軍艦をもって高田の新政府軍陣営を襲撃することを検討していると聞く。だが、それでは薩摩藩に同盟批判の口実を与えてしまい、ひいては西国諸藩の饗応も見込めなくなる」（慶応四年六月九日付日堀尾保助ほか宛中川英助ほか書簡、「差謬録　雲井龍雄始末」所収）。龍雄の懸念の内実であった。

「討薩之檄」と諸外国への布告文

また、龍雄は越後行きに先立ち薩摩藩の不義と同盟の大義を説く檄文を書きあげてこれを役所役の中川英助に示した。中川も名義なく戦争に踏み切ったことを危惧する者。すぐさま龍雄の草案に筆を加え、ひとまず下関《しもせき》に陣を布く齊憲のもとにこれを送付し、裁可を仰いだ。

一方、龍雄は六月十日に加茂に到着し、千坂・堀尾・山吉佐久馬《やまよしさくま》（盛典《もりのり》）らに面会、檄文を同盟内外の諸藩に発し、名義を立てることを訴える。堀尾はもちろん、他の二人にも異論はない。だが、下関陣営では文面をめぐって議論が紛糾し、加茂には檄文がいっこうに回ってこなかった。下関に問い合わすも、国許から直接写しを取り寄せるようにとの回答。しびれを切らしたのは堀尾である。改めて檄文を起草し、同盟軍の本営が置かれた見附にて、諸将にも回覧するよう指示した（「差謬録　雲井龍雄始末」）。

これをうけて、龍雄は十一日に檄文を書き終えると、十二日、見附に向かい、同地在陣の中条・継成・高山与太郎に檄文について説いている。継成にも龍雄の案は妙と聞こえた。同意を取り付けた龍雄はたちどころに「討薩之檄」（『東北偉人雲井龍雄全集』）を書き上げる。

はじめ攘夷を唱えて幕府を非難していながら政権の座に着くや開国和親に転じたこと、諸藩の公論をはからず率然と兵を動かしたこと、従軍した兵士が各地で略奪や強姦、暴行を働いていること、龍雄の薩摩批判は多岐に及ぶ。そのなかでとくに問題視したのは、薩摩藩が旧来の秩序をことごとく否定したことであった。以下に見る龍雄の発想はいかにも息軒の薫陶をうけた者のそれらしい。

まず批判の対象となるのは、日本古来の制度章典を、沿革を顧慮せず、大活眼、大活法と称してみだりに改廃したことである。王政復古で薩摩藩が幕府や摂関を廃止したことがその証左として挙げられる。加えて、薩摩藩はそれら制度章典を根底で支える価値観をも破壊したという。それは五倫（父子の親・君臣の義・夫婦の別・長幼の序・朋友の信）五常（仁・義・礼・智・信）に集約される儒教的価値観である。龍雄は、天皇の権威を笠に着て、臣（井伊・榊原・藤堂・本多）をして君（徳川宗家）を、親族（尾張・越前）をして宗家（徳川宗家）を、弟（備前藩主池田茂政《いけだもちまさ》）をして兄（慶喜）を、父（小倉藩主小笠原長国《おがさわらながくに》）をして子（元老中小笠原長行《ながみち》）を討たしめたことをもって薩摩藩に筆誅を加えている。

封建体制下にあってとりわけ重視されたのが君臣の義である。封建体制は、君臣関係が重層的に（天皇と将軍、将軍と大名、大名と藩士）、かつ多元的に（全国三百六十の大名家がそれぞれに家臣団を形成）共存することで成り立っていた。つまり、大名はそれぞれに家臣団をかかえて大名家を形成し全国に割拠していたが、天皇から大政を委任された将軍は自己と君臣関係を取り結ぶことを前提に、これら大名の所領を安堵し大名家の存在を藩として認可したのである。しかし、薩摩藩は王土王民の名の下にこのような重層的な君臣関係を否定し、忠誠の対象を天皇へ一元化しようとした。これは龍雄にとって秩序の紊乱《びんらん》に他ならなかった。なぜなら、彼にとって主君たる藩主とその藩主を頂点とする社稷＝藩の存在は天皇にも何にもまして重かったからである。これこそが「討薩之檄」の底流をなす思想であった。

「討薩之檄」は龍雄から千坂と継成に提出された。継成は、自らの領土的野心を糊塗するのに最適的な論理をそこに見出し一も二もなく同意する。千坂も「寡君」の二字を「我軍」に改めたほか内容には異論がなかった。千坂はこの檄文を、即日、会津藩の佐川官兵衛や長岡藩の河井継之助《かわいつぐのすけ》に回覧し、新政府方の大垣・加賀両藩にもこれを送って、新政府軍の切り崩しをはかろうとした。また、龍雄は、三計塾の先輩で当時越後に出征していた長州藩の時山直八《ときやまなおはち》（奇兵隊参謀）に「討薩之檄」を書信とともに送り、

河井継之助

呼応を呼び掛けた。

一方、継成はと言えば、同盟の国際的承認を獲得すべく諸外国にも同様の文書を発することを画策する。そこには新潟港での貿易を促進し、兵器を調達しようとの思惑もあった。石原倉右衛門（庄内藩中老）・色部長門（米沢藩奉行）・河井継之助（長岡藩家老）・葦名靫負《あしなゆきえ》（仙台藩若年寄）の名で発せられたその布告文は、人倫を踏みにじらんとする「強暴之者」を討ち退けることで、大義が顕れ兄弟が和し君臣が睦み合うような「天子聖明之治」を実現させることを高らかに謳ったものである。七月七日、この布告文を携えて、仙台藩の横尾東作《よこおとうさく》、会津藩の雑賀孫六郎《さいがまごろくろう》、米沢藩の佐藤市之允《さとういちのじょう》が横浜にむけて出立する。

龍雄の上州行

「討薩之檄」を完成させ、それを時山に送付すると、龍雄は六月十三日には加茂を発《た》った。彼の次なる目的地は上州であった。討薩にむけて上州諸藩を糾合せんがためである。

十八日、龍雄は米沢に帰還、会津若松から輪王寺宮を迎え入れた後、藩に上州行を願い出た。しかし、藩はなかなか認めなかったのか、龍雄は数日出仕を拒否。二十四日、ようやく許可を得たと見えて藩庁に出頭し、二十七日に、輪王寺宮に従って奥羽にやってきた旧幕臣羽倉鋼三郎《はぐらこうさぶろう》とともに米沢を発っている。両名が最初に向かったのは会津若松であった。六月二十八日、同地に着、ここで龍雄は、一人の同志を得る。会津藩側役の原直鉄《はらなおてつ》である。龍雄はこの原と画策するところがあったらしい。龍雄は、七月二日に若松城で松平容保に謁見すると、翌三日にはいったん若松を後にした。

次なる目的地は岩城であった。ここには、龍雄が沼津で誓約を交わした遊撃隊の人見勝太郎や林昌之助（請西《じょうざい》藩主）が陣を布いていた。六日、原ノ町（現福島県南相馬市）に到着するや、龍雄は人見に上州潜行につき助力を乞うたが、あいにく彼は仙台沖に停泊中の榎本釜次郎率いる旧幕府艦隊に投じて、蝦夷地に脱走することを決めており、龍雄の求めに応ずることができなかった。八日、龍雄らは遊撃隊に従い、中村（現福島県相馬市）に移動、ここで龍雄らは林・人見と別れることとなった。

九日、別離に際して、人見は、会津藩主あての意見書を龍雄に托している。会津藩に奮起を促し、名義の観点からスネルが軍務に参画することの非を説くものである。上州に同行できない人見が龍雄にできた、せめてもの援護射撃であった。

松平容保

龍雄は龍雄で、翌十日、会津追討白河口総督府参謀であった長州藩の木梨精一郎《きなしせいいちろう》に書を送り、なおも薩長の離間をはかっている（宮島誠一郎「明治戊辰年雑集」）。

龍雄らは十三日に再び会津若松に入り、翌日、若松城に登城、人見から託された意見書を提出した。それとともに龍雄は原直鉄らと善後策を講じ、その結果、兵を募ることとなった。龍雄らはこの義勇隊を貫日隊《かんじつたい》と名付けている。

募兵に一定の手ごたえをえた龍雄は、十七日、原を一行に加え、いよいよ上州を目指した。奥州街道を南下し、五十里《いかり》（現栃木県日光市）まで達したところで龍雄らは旧幕府歩兵奉行の大鳥圭介《おおとりけいすけ》、歩兵頭の本多幸七郎《ほんだこうしちろう》らと邂逅する。彼らは、前橋に放った斥候からの報を待って事を進めるよう龍雄らに勧める。この忠告をうけて龍雄らは五十里に数日滞在するが、前橋からはいっこうに音沙汰がない。このようななか龍雄らは調略の照準を前橋藩から沼田藩に移した。沼田藩はかつて羽倉鋼三郎の実父林鶴梁《はやしかくりよう》が藩侯の賓師として一時身を寄せていた藩である。

二十八日、一行は五十里を発った。しかし、その日荒湯《あらゆ》（現日光市）まで歩を進めたところ、五十里から報が届く。二十九日、再び五十里に引き返すと、そこには輪王寺宮に仕えていた日光山黄山寺の僧桜正坊が龍雄を待ちうけていた。どうやら龍雄が上州にやってきたと聞いて、五十里まで馳せ着けたらしい。龍雄はここにまた一人、同志を加えた。その後も龍雄を訪れる者は引きも切らなかった。前橋の屋代由平《やしろよしへい》、土浦の近藤全五《こんどうぜんご》、本庄の荒城兼作《あらきけんさく》、彼らはいずれも龍雄の「義挙」に賛同し、行をともにする。

八月十三日、龍雄一行は戸倉（現群馬県片品村）に到着した。戸倉の関所には新政府の命をうけた前橋・小幡《おばた》・沼田の藩兵が配されていた。沼田城下までの通行を求める龍雄らに対して、関門を守衛する前橋藩の松本担兵衛や小幡藩の津田準之進は回答を保留、そこで、龍雄らはひとまず須賀川（現片品村）まで歩を進め、回答を待つこととした。

戸倉関門から報をうけた伊香保《いかほ》在陣の新政府軍軍監姉川栄蔵《あねかわえいぞう》（行道《ゆきみち》、久留米）は断然討伐の意を示し、追貝《おっかい》（現群馬県沼田市）まで兵を進めた。討伐にあたって姉川は奇策を講じた。すなわち、山と川に挟まれ進退の効かない立沢（現沼田市）に彼らをおびき寄せ、不意打ちを掛けようというのである。かくして、十八日、返答が松本と津田から龍雄らに伝えられた。「要望の趣は軍監の姉川と兵站管理統轄の長尾が出張のうえ直接聞く。ついては立沢まで来るように」という。

謀略に気付かぬ龍雄は原直鉄・木村某・荒木兼作・近藤全五、鈴木由平（羽倉鋼三郎の僕）らとともに、立沢へ向かったが、目的地へまさに着かんとするそのとき伏兵の襲撃をうける。

一方、宿舎の星野弥平次方に残った羽倉鋼三郎・桜正坊・屋代由平のもとにも前橋・小幡・沼田の藩兵が押し寄せた。この戦いで羽倉・桜正坊・屋代は命を落とすが、龍雄や原は命からがら逃げのびた。龍雄は退却を続けながらも同志を糾合し、再挙をはかった。桜正坊の弟子で足尾龍蔵寺《りゅうぞうじ》の住職大忍坊、日光奉行所吟味役の山口忠兵衛、靖兵隊《せいへいたい》の芳賀宜道《はがよしみち》、入布新（元新選組の永倉新八《ながくらしんぱち》）、新選組の近藤芳助《こんどうよしすけ》。龍雄に望みを託し呼び掛けに応ずるものはなお多かった。だが、若松は危急を告げ、原は帰藩を余儀なくされる。加えて、越後戦線での同盟軍の退勢は龍雄の耳にすでに届いていた。龍雄もまた同志を精選し、芳賀や旧幕府新徴組の近松清《ちかまつきよし》・武内政之輔《たけうちまさのすけ》らを従えて、八月二十九日、米沢へ帰還した。そこで、龍雄は米沢藩が降伏を決断したことを知る。

米沢藩の越後撤兵

龍雄が加茂を発った後、越後戦線では長岡城をめぐり、同盟軍と新政府軍とのあいだで一進一退の攻防が繰り広げられた。米沢藩の千坂太郎左衛門は諸藩の推輓《すいばん》で同盟軍の総督に就任、全軍を指揮することとなり、継成は参謀として千坂を補佐した。六月十七日には上《うえ》杉主水《すぎもんど》率いる一隊と白河から引き揚げてきた江口縫殿右衛門《えぐちぬいえもん》の一隊が見附の同盟軍本営に着陣している（「軍務雑記」二）。家老河井継之助率いる長岡藩兵は最新鋭の兵器を備えた精鋭で、城を奪取せんとする意欲も加わって新政府軍をもっとも苦しめたが、その他の同盟諸藩も長岡藩に触発されて善戦を遂げた。

だが、同盟軍には大きな不安要素があった。新発田藩の存在である。

同藩は米沢・会津・仙台諸藩からの強請でやむなく同盟に加入したが、もとより新政府に抗する意思はなく、同盟諸藩からの出兵要請にも終始消極的な態度を示した。藩兵が出陣せんとすると藩領の農民たちはそのたびに蜂起して行く手を阻んだが、実はこれは新発田藩の誘導によるものであった。策略を看破した米沢藩は藩主溝口直正《みぞぐちなおまさ》を上杉齊憲が布陣する下関に召喚するが、これも農民蜂起によって阻止された。業を煮やした米沢藩はついに新発田藩討伐の断を降す。事ここにいたって新発田藩はようやく出兵に応じたのであった。

さて、禍福は時を同じくしてやってきた。同盟軍は膠着した戦況を打破すべく、乾坤一擲、長岡城の奪還を策する。折柄の大雨は同盟軍の進撃を阻んでいたが、河井はむしろこれを奇貨とした。長岡城の北東には八丁沖という広大な沼地が広がっており、雨はさらに沼を深くしていたが、防

「長岡城攻防絵図」（部分）　長岡市立中央図書館所蔵

備が手薄なこの方面からあえて長岡城を衝こうというのである。

六月二十日の軍議で河井はこの奇策を披露し、諸将の賛同を得てそれと決する（「軍務雑記」二、六月二十二日条）。作戦は二十二日に実行に移されたが、惜しくも失敗。だが、その後も同盟軍は作戦を継続し、七月二十四日、再び奇襲作戦に出た。この日、作戦決行を前に継成は斎藤主計に書を致し「このたびこそ実に天下国家の成敗興廃に関わる大戦であるから、かねての申し合わせどおりみな死力を尽くして働くよう希望する」と言い含めている（『米沢藩戊辰文書』）。かくして、火蓋は切って落とされた。数時間の激戦の末、同盟軍はついに長岡城奪還に成功する。

もっとも、それは犠牲と引き替えにした勝利であった。ことに河井が足に大怪我を負い指揮困難となったのは大きかった。そのような矢先、浜手でも同盟軍を不利に貶める事態が出来する。同盟軍が長岡城を奪還した翌日の二十五日、参謀の黒《くろ》田《だ》了介《りようすけ》（薩摩、のちの清隆《きよたか》）率いる新政府軍の一隊が新潟の後背にあたる太夫浜に上陸したのである。

新政府軍の上陸を知った新発田藩はいち早く同盟を離脱し、新政府軍を新潟まで先導する。同地は同盟軍の共同管理下にあったが、米沢藩からは色部長門が駐屯していた。二十九日、新政府軍は新潟を攻撃、この戦いで色部は戦死した。奇しくも、長岡が再び新政府軍の手に落ちた日のことであった。

米沢藩の降伏

八月一日の新潟陥落をうけて、継成らはただちに越後からの撤兵を始める。「吉ケ平《よしがひら》から葎谷《もぐらだに》（いづれも現新潟県三条市）におとどまりいただき、八十里越《はちじゅうりごえ》をお越えにならぬようにしていただきたい。それも無理ならば若松から津川口にお繰り出しいただきたい」、会津藩の山田陽次郎や横山伝蔵は継成に必死に歎願するが、これに対する継成の返答は「川向うを見捨てるというのは隣藩への信義に悖《もと》るが、御家の大事には代えがたい。もはや弾薬も尽き果て、とてももう一戦などできない」というものであった（「甘参謀越地引取之節会士懇望云々」、『戊辰戦役関係史料』所収）。

龍雄が同盟の大義として打ち出した封建的倫理観は、新政府軍の砲弾の前にもろくも砕け散り、内から自藩第一主義がむき出しとなった瞬間であった。この年の正月、藩が齊憲の上坂を決定したとき、継成は「三十万石の本領を取り戻さんとする利から出た勇ならば、形勢が悪くなればそれはたちまち疎漏するであろう」と当局を批判したが、その言葉の矢は自らに帰ってきた。勝が誠一郎に語った予言はまさに現実のものとなったのである。

越後戦線から離脱した米沢藩は、その後、諸家から降伏勧告をうけることとなる。土佐藩からの勧告は八月十八日に沢本守也《さわもともりや》によって庭坂在陣の米沢藩軍監森三郎（杉山盛之進と変名）のもとにもたらされた。すでに戦意を失っていた米沢藩にとってはまさに渡りに船、すぐさま降伏と決する。この決定について継成は、切歯しつつも「事すでにここに至てはやむをえざる次第」と納得せざるを得なかった（慶応四年八月二十四日付斎藤主計宛書簡、『米沢藩戊辰文書』所収）。だが、同盟の発起人でありながらひとり真っ先に降伏したとあっては諸藩に申し訳が立たない。そこで、二十日、藩は木滑要人と堀尾保助を仙台に派遣、仙台藩にも降伏を勧めることとした。だが、仙台藩からの使者は一向に姿を見せなかった。榎本艦隊の寒風沢《さぶさわ》沖到来（八月十九日、品川沖を脱走）や会津・庄内両藩士の策動もあって同藩では抗戦論が根強くなかなか藩論が決しなかったのである。九月一日、継成はその仙台藩を説得すべく、片山仁一郎とともに仙台へ向かった（宮島「養浩堂私記史料　戊辰之部　甲号」）。

これに前後して、越後出征中の藝州藩隊長寺本栄之助《てらもとえいのすけ》からも降伏勧告が舞い込んだ。寺本が設けた期限は九月四日、それまでに藩主か世子が新発田の在陣の奥羽征討越後口総督の仁和寺宮《にんなじのみや》のもとに出頭し降伏を申し入れねばならない。もはや一刻の猶予もならなかった。米沢藩は仙台藩の返答を待たず降伏に踏み切ることとし、ひとまず藩主名代として奉行の毛利上総と側役の小川源太郎を新発田に派遣、三日、両名は齊憲の謝罪状を仁和寺宮に提出する（『復古記』第十四冊）。

仙台から伊達慶邦《だてよしくに》の内命をうけた堀省治《ほりせいじ》・山口源太郎が継成に伴われ庭坂陣営を訪れたのはまさにその翌日のことであった（宮島「養浩堂私記史料　戊辰之部　甲号」）。その後、仙台藩は九月十五日に正式に降伏）。かくして、十一日に世子茂憲《もちのり》が新発田の仁和寺宮のもと出頭し、ここに米沢藩は同盟の発起人でありながら他に先んじて新政府に降伏したのであった。

六　それぞれの維新

1　戦後処理工作——宮島誠一郎の国家変容

誠一郎の帰藩

宮島誠一郎は、会津藩謝罪歎願に関する一連の書類を太政官に提出すると、八月十三日に京都を後にした（宮島誠一郎「戊辰日記」七之巻、以下、本節の記述は、断りのない限り、同七之巻〜拾一之巻による）。その後、神戸でアメリカ蒸気船ニューヨーク号に搭乗し、八月三十日に横浜に上陸、九月一日、東京（七月十七日江戸から改称）の市中に潜行し、太政官建白の際に世話になった関口艮輔のもとに身を寄せた。

二日、勝海舟を訪れたところ、ちょうど山岡鉄太郎も居合わせ、両名に太政官建白の顚末を報告している。三日、誠一郎の帰還を聞きつけたのか、前島来輔が関口のもとを訪れ、誠一郎は前島と一月ぶりの対面を果たすが、このとき前島から米沢藩が土佐藩を通じて新政府に降伏を申し入れたとの噂を耳にする。

翌日、誠一郎は改めて前島のもとを訪れる。会談の席には事前の約束通り肥後藩の古庄《ふるしょう》嘉門《かもん》・安藤源之助・堀田慎之允の姿もあった。古庄とは六月に江戸で別れて以来の再会である。古庄は誠一郎を見るやいなや、奥羽連衡の「坐元」でありながらいち早く降伏を決した米沢藩を「腰抜け」と罵った。これに対して、誠一郎は、「今日まで肥後藩が奥羽の形勢に対して一の運動あったことを聞かない。貴藩こそ腰抜けではないか」と反論する。

口論の末、誠一郎は龍野口の肥後藩邸に長岡護美《ながおかもりよし》を訪うこととした。護美を通じて、太政官建白の副本を東京の大総督府にも提出してどうかという古庄の勧めに従ってのことである（宮島誠一郎「戊辰紀事」）。そして、肥後藩邸にて三春出征中の同藩士からもたらされた報告書を目にし、米沢の藩論が降伏と決したことを知る（『改訂肥後藩国事史料』巻九）。

翌六日、誠一郎は肥後藩の安藤・堀田両名とともに帰藩の途についた。大田原、白河、郡山、高倉、本宮。道中目にした宿々はいずれも灰燼《かいじん》に帰しており、戦闘の激しさが偲ばれた。

十日、二本松で安藤・堀田と別れ、十一日、福島に着。ここで誠一郎は継成、大瀧新蔵、坂蘭渓《ばんらんけい》と再会する。これより先、庭坂に仙台藩の堀省治らを伴って帰還した継成だったが、なおも降伏に因循の色を見せる堀らに翻意を促すべく、ともに福島本陣までやって来ていたのであった（明治元年九月十四日付千坂太郎左衛門宛大国筑後書簡、『米沢藩戊辰文書』所収）。この日、誠一郎は日記に「浮き世夢のごとしとは此の事なり」と記している。

誠一郎と継成は久々に対面し、これまでの互いの辛苦を語り合った。それとともに、誠一郎はこの福島で実弟の小森沢猪吉《こもりざわいのきち》が戦死したことを知らされる。だが、彼には悲しみに打ちひしがれている暇はなかった。早々に福島を出立し、翌十二日の天明に米沢に帰還する。

早朝のこととてまだ奉行らはまだ出勤していない。そこで寸暇を縫って自宅に戻ることとした。父母の喜びたるやこの上なく、昨年生まれた嫡男大八も以前に比べてよほど成長していた。万死に一生を得て帰還した誠一郎の目には、庭先の草木でさえも新鮮に映ずる。ややあって再び登城した誠一郎は、千坂太郎左衛門・毛利上総らに、無事太政官に歎願書を提出し得たことを報告した。だが、藩は誠一郎に休息を与えなかった。十三日、米沢在留中の新政府監察使岩村精一郎《いわむらせいいちろう》（高俊《たかとし》）の応接役および軍政府出仕を命ずるのである。

また、この日の夜、誠一郎は雲井龍雄の訪問を受けた。誠一郎が龍雄と言葉を交えるのは久しぶりのこと、閏四月十日に京都で別れて以来である。二人の対談は三更（午後十一時〜午前〇時）に及んだ。月は寒々とした色を帯びている。龍雄は米沢藩の降伏に憤懣やるかたなく、激して誠一郎に迫った。龍雄は自藩の降伏にどうしても納得することができなかった。だが、誠一郎はその現実を従容として受け容れ、自藩の進むべき道を模索しようとしていた。

このとき誠一郎が直面していた懸案は、諸方から自藩に向けられるであろう批判、疑惑にいかに対処するかであった。同盟の発起人・盟主でありながらいち早く新政府に降伏した米沢藩にはすでに同盟諸藩から批判が集まっており、全国の諸藩や新政府からも狡猾《こうかつ》な藩として疑惑の目を向けられることが予想された。

誠一郎はこの問題を解決する秘策を胸に秘めていた。それは奥羽諸藩の罪を米沢藩が一身に負うという案（「奥羽有罪在一身」）である。同盟諸藩の罪を被れば、同盟諸藩からの批判を解消し盟主としての面子を保つことができる。また、それによって、奥羽諸藩の不満を鎮め、皇国をさらなる内乱の危機から救えれば、新政府や全国の諸藩からの疑念を払拭することができる。この案は、東京からの帰藩の途上にて誠一郎が思い付いたものであった（「戊辰日記」九之巻、十月二十五日条）。

庄内藩の降伏をめぐって

だが、この策を施す前に誠一郎には片付けねばならない問題があった。庄内藩征討問題である。新政府は、米沢藩に庄内藩の征討を命じたが、このときすでに世子上杉茂憲は山形方面に出征しており、継成もこれに従っていた。「降伏するにせよ、仙台・庄内と談判のうえともに謝罪せねばならず、ひとり寛典に与《あずか》ろうものなら、天下に対して信義が立たない」とはその継成の言だが（前掲明治元年八月二十四日付斎藤主計書簡）、かかる思いは誠一郎も共有するところであった。

誠一郎にとって幸いなことに新政府軍にも庄内藩征討に慎重な向きがあった。九月十九日、誠一郎は米沢滞留中の軍監吉岡伝衛と面会した。吉岡は言う、「降伏を促すにしても、いたずらに兵威をもって庄内藩に迫るようでは、いかなる変事が出来するやも計りがたい」と。

これまでの庄内藩の獅子奮迅ぶりを知るだけに、吉岡の危惧は大きかった。誠一郎が早速吉岡の言を大瀧新蔵に伝えたところ、大瀧もまたひとまず征討を猶予するのが得策だとの意見であった。というのも、このころ米沢藩は、かつて藩を追われ、酒田に身を寄せていた神保乙平を通じて庄内藩に降伏を促していたからである。

上山から飛脚が到来し、庄内藩の使者三名が、降伏を求める藩主の直書と松平権十郎ら重役の添状を討庄軍陣営にもたらしたことを伝えたのは、その翌日のことであった。この吉報をうけて、大瀧は、降伏勧告の使者として高鍋藩から米沢に派遣された岩村虎雄とともに上山へ向かった。

だが、二十四日に米沢に戻った岩村の顔には憂色が濃かった。新政府軍参謀の黒田了介（清隆、薩摩）は、大瀧・岩村の説得にも、庄内藩に実効が見えないうちは兵威を緩めないと強硬姿勢を崩さなかったからである。岩村から報告をうけた誠一郎は、仁和寺宮や軍務官判事の吉井幸輔《よしいこうすけ》（のちの友実《ともざね》、薩摩）に面会するため二日前に開城したばかりの会津若松へと向かった。このとき藩内では会津藩の降伏をとらえて、庄内藩の降伏をも実現せんという声が早くもあがっていた。二十五日に若松に着くや、誠一郎は同地に出張中の中之間年寄の倉崎七左衛門と軍監の森三郎と相談し、まずは縁家である土佐藩出身の参謀板垣退助と交渉することになった。

しかし、この日、板垣は折悪しく病に臥せっていた。かわって対応したのは同じ土佐藩の軍監の谷守部《たにもりべ》（のちの干城《たてき》）である。誠一郎と倉崎は黒田がなかなか説得に応じないことを谷に訴えるが、谷は「この件は方面違いのことで、いかに進退するかは参謀の黒田の胸三寸次第であり、当方では沙汰に及び難い」と取り合わない。そこへ病床の板垣が口を差しはさむ。「黒田の言い分は、その意を得ない。吉井幸輔にかけあってはどうか」と。これが終生のつきあいとなる誠一郎と板垣の出会いであった。

翌二十六日、誠一郎と倉崎は吉井と面会の機会を得た。吉井についてはかつて江戸で探索周旋活動をしていたときに一度噂を耳にしたことがあったが、実際に会うのはこれがはじめてで、しかも誠一郎が最初に接触した薩摩人でもあった。吉井ともまた終生の交わりを結ぶことになる。

誠一郎は吉井に庄内藩征討の不可を訴え、ついては仁和寺宮から説得人一人を庄内に派遣するよう求めた。これに対して吉井はやはり方面違いであることを理由に積極的な介入を拒んだが、庄内攻撃を担当する西郷吉之助・黒田了介が薩摩藩出身であることから、両人に書面を遣わし翻意を促すことで誠一郎の意に報いた。庄内藩が新政府に正式に降伏を申し込んだのは実にこの日のこと。庄内藩との戦闘は辛くも回避することができたのであった。

その後、十月六日に南部藩が横手の奥羽鎮撫総督府に正式に降伏を申し入れ、奥羽戊辰戦争は終結する。

「奥羽有罪在一身」の提唱

庄内藩征討問題にけりを付けて、誠一郎は本来目的とする「奥羽有罪在一身」を施す段を迎えた。処罰の対象となった上杉齊憲は、朝廷から東京への出頭を命ぜられ、十一月に東京に上ることとなる。これをうけて、誠一郎は十月十四日、大瀧新蔵から齊憲の建白書の草稿を起草するよう申し渡される。さらに十六日には、齊憲の先払いとして中之間年寄の庄田惣五郎（越右京と変名）にしたがい、東京に出府するよう命をうけた。目下東幸中の明治天皇は、十月十三日以来、江戸城から名を改めた東京城を皇居としてここに滞在していた。

かくして、十八日、誠一郎らは東京へ向けて出立、二十二日、同地に到着する。すでに外桜田の上屋敷は没収されており、一行は芝増上寺《しばぞうじょうじ》の宿坊浄雲院《じょううんいん》を寓居と定めた。

この日、浄雲院で偶然顔を合せたのは、誠一郎が太政官建白を果たしての帰途、神戸からの海路をともにした僧侶養道である。彼は南部藩の出身でこのとき華頂宮《かちようのみや》に仕えていた。養道が得た情報によれば、新政府の奥羽処分案は各藩削封のうえ人民を蝦夷地に移し、抵抗する藩があれば、若松城等番城に精兵を送り込み鎮圧するという、きわめて厳しいものであった。

だが、それでは他日、皇国は大乱を惹起するだろうと養道は見る。なぜなら、諸外国が奥羽諸藩にかわって公道を正すべく新政府に迫らんとしており、ことによっては各国国王が横浜に渡来するかもしれないとの噂が立っていたからである。かつて継成の発案で各国公使に発せられた奥羽越列藩の布告文は、英文に翻訳のうえ新聞に掲載され、思わぬ反響を呼んでいたのである。

かかる事態を前に、養道が勧めるのは、奥羽の罪を米沢藩が一身に負うという案であった（「戊辰日記」九之巻、十月二十五日条）。養道の言に耳を傾けつつ、誠一郎は自分の選択の正しさを確信するに至った。

二十五日、誠一郎は庄田惣五郎・中川英助とともに鍛冶橋の土佐藩邸に毛利恭助《もうりきようすけ》を訪ねた。万事を土佐藩に依頼せんがためである。毛利は来意を一通り聞いたうえで一同に対して山内豊信《やまうちとよしげ》に直接その旨を申し入れるよう勧める。これをうけて、二十九日、誠一郎らは再び土佐藩邸を訪れ豊信に謁した。このとき誠一郎は自分一己の見込みとしたうえで、「弊藩はどのように命ぜられようとも、他の奥羽諸藩にはどこまでも寛大な御沙汰が下されるようお取り計らいいただきたい」と懇願している。

この誠一郎一己の見込みは国許にも知らされ、検討の結果、木滑要人・片山仁一郎の東京出府を機に「奥羽有罪在一身」の建白を新政府に提出することとなったようである。木滑らの出立は迫っている。

国許では建白書の起草が急がれた。起草にあたったのは、東京に出立する前、誠一郎に齊憲の建白書を起草するよう命じた大瀧新蔵である。大瀧は草稿を甘糟継成に示し、意見を求めた。

継成はこれに筆を加えつつ、「奥羽有罪在一身」に疑問をぬぐえなかった。これを提出したとて格別なことがあるとも思えず、かえって藪をつついて蛇を出すようなものではないか。継成はその旨を在京の斎藤主計に書き送っている（明治元年十一月六日付斎藤主計宛甘糟継成書簡、『米沢藩戊辰文書』所収）。

彼には、奥羽諸藩が戦争に及び今の境遇に陥ったのは、会津藩の妄言ゆえだとの思いが強く、その罪を肩代わりするなど思いもよらぬことであった。何より自藩を危険にさらす選択には賛同しかねた。

「奥羽有罪在一身」と箱館出兵

さて、東京では早くも新たな事態が出来していた。十一月十日のこと、新政府で弁事役所官掌の職にあった高鍋《たかなべ》藩の岩村虎雄から、米沢藩に行政官の達がもたらされた。達は米沢藩に箱館への出兵を命じたものである。当時箱館は、榎本釜次郎ら旧幕軍によって占拠されており、米沢藩には謝罪の実効としてこの榎本軍の討伐が求められたのであった。誠一郎は、箱館出兵に対して慎重な態度を示した。

おりしも同様の命は、徳川宗家を相続した家達《いえさと》にも命が下っていた。だが、討伐の命をうけたところで、銃器や艦隊を持ち去られた徳川宗家には彼らを討つ術はない。

困惑する同家の関口艮輔に、当時新政府の外国官知事伊達宗城《だてむねなり》は一策を授ける。すなわち、慶喜・勝海舟・大久保一翁を新政府に登用し、榎本軍の慰撫《いぶ》にあたらせてはどうかというのである。

八日に関口を訪ねた際、この宗城の案について聞いていた誠一郎はこれに期待をかけた。ゆえに、当面米沢藩の出兵を見合わすべきだと考えたのである。また、十一日に行政官から下された出兵命令が軍務官によって差し止められたことが、誠一郎をして、ますますこのことに慎重たらしめた。

十二日、土佐藩の毛利恭助から箱館出兵につき尋ねられた誠一郎はこう答えた。

「榎本軍を討伐しようにも新政府には彼らに敵する軍艦がなく、加えて諸藩は戦争に疲弊している。かかる状態で榎本軍を一途に討たんとせば、皇国の大乱を惹起するは目に見えたことであり、誠にもって視野狭小。ここは慶喜・勝・大久保一翁を登用し、彼らをして榎本軍を慰撫せしめるべきである。榎本らにとって慶喜は主君、勝・大久保は同僚、さすれば朝廷の寛大な処置に感じて一兵を損ねることなく局を結ぶことができよう」と。

これに対して、毛利は「未だ聞かざる議論だ。慶喜・勝・大久保の登用はいかにも急務」と感歎しきりであった。

このように、誠一郎は米沢一藩を犠牲に皇国を更なる大乱から救うことによって、藩に向けられた批判・疑惑を払拭しようとした。箱館出兵見合わせもまた皇国の大乱を忌避するところからその正当性が主張されている。

だが、誠一郎はそのために社稷《しゃしょく》＝藩が滅亡してもよいと考えていたわけではない。社稷＝藩の維持は米沢藩士である彼にとって依然重大事であった。このとき誠一郎が「奥羽有罪在一身」を、大手を振って主張できたのは、新政府内で奥羽寛典論が大勢を占めていたからである。たとえば、新政府軍の参謀として越後口に出征した前原一誠《まえばらいっせい》は、武士の風の存する米沢藩を藩屏とすれば必ずや朝廷に尽すところあろうと見て、同藩の本領安堵を主張しており、吉井幸輔や大久保一蔵（利通）もこれに同意していたという。新政府内の趨勢がかかるものであれば、「奥羽有罪在一身」を願い出ても藩が取り潰されるようなことはない、そのように見通したうえで、誠一郎は「奥羽有罪在一身」により米沢藩に向けられた批判や疑惑を払拭しようとしたのである。

このような社稷＝藩を第一とする論理は、箱館出兵見合わせの主張においてもその前提をなしていた。すなわち、奥羽寛典論が大勢を占めている情況下では、成功の覚束《おぼつか》ない榎本軍討伐に犠牲をはらってまで謝罪の実効を立てる必要はないのである。逆に、箱館に出兵すれば、寛典に与りたいがためにかつての同志を討つものと見られ、ますます批判・疑惑に曝《さら》されかねない。誠一郎が箱館出兵に躊躇《ちゅうちょ》したもうひとつの理由がここにあった。すでに明瞭な輪郭を有する藩の前にあって皇国は誠一郎のなかでいまだ模糊としていた。

ゆらぐ「奥羽有罪在一身」

さて、東京における誠一郎の終戦処理工作については国許の龍雄の耳にも達していた。十一月十日以前に書かれたと思われる宛先不明の書簡（安藤英男『新稿雲井龍雄全伝』上巻所収）のなかで、龍雄は「奥羽有罪在一身」につき「私の意見も宮島誠一郎と大同小異であり、異論はない。ただ一決の後は、尊大にならず、卑屈にならず、己を忘れ、人を救うという御着眼がなくてはならない」と述べている。龍雄は「奥羽有罪在一身」に基本的に賛同する立場であったが、歎願にあたって卑屈な態度を排するあたり彼の意見の本質が見え隠れしている。龍雄にとって謝罪の対象はあくまで見殺しにした友藩であり、断じて薩摩藩が牛耳る新政府ではなかったのである。

さらに、同じ書簡のなかで龍雄は、榎本軍討伐につき、近くその命が米沢藩にも下ることを見越したうえで、「勅を矯《た》める賊のはかりごとに一々応じているようでは、他日いかなる禍害を被るかわからない。ここはのらりくらり切り抜けるのが得策」と主張する。

のみならず、龍雄は榎本軍に呼応して薩摩藩に一矢報いることさえ考えていた。そして、榎本らがロシアと結び、さらにはかの国を介して英仏両国にも働きかけ、諸外国の世論を引き付けたならば、薩摩藩の謀略を挫くことができると期待を寄せた。スネルの一件に見たとおり、列強の力を借りることはもとより彼の好むところではないが、薩摩藩を排除するためにはそれもやむなしとしたのである。

龍雄を強くとらえていたのは封建的価値観を無慈悲に踏みにじる薩摩藩への憎悪であり、自藩の降伏後も戊辰戦争の余燼《よじん》は彼のなかでなお燻り続けていた。

さて、誠一郎の「奥羽有罪在一新」は、奥羽寛典論が新政府内で優勢を占めているという前提条件のもとに危うく成立していた。だが、この条件が覆ることによって「奥羽有罪在一身」はその本質をさらけ出し、もろくも崩れ去ることとなる。

十一月十六日、誠一郎は越後村松藩出身の儒者で当時太政官史官試補の地位にあった蒲生重章《がもうしげあき》（褧亭《けいてい》）から容易ならざる報を得る。奥羽処分に関する新政府内の議論は以前と比べてよほど厳に傾き、会津藩の松平容保は割腹、連衡の根本たる米沢藩もただでは済まないとのことであった。

ここに、藩論は箱館出兵によって実効を立てる方向へと収束していく。誠一郎もまた持論である「奥羽有罪在一身」をかなぐり捨て、箱館出兵を現実的な選択肢として視野に入れはじめた。二十一日、誠一郎は庄田とともに土佐藩邸に毛利恭助を訪ね、藩論が箱館出兵に転じつつあることを告げている。ついで、二十三日、誠一郎は先に出兵を命ぜられた徳川宗家とも意見を調整すべく関口艮輔のもとを訪ねた。関口は慶喜・勝・大久保をもって榎本軍を慰撫する方針を堅持している。ゆえに、榎本軍討伐を前提とした米沢藩の箱館出兵には当然否定的であった。彼は言う。

貴藩の出兵はただ寛典に与りたいがためのもの。それではかえって朝廷から心術を疑われかねない。これが庄内藩ならば天下は出兵に感心するであろう。なぜなら、かの藩は徳川に仕えるにも、朝廷に仕えるにも粉骨砕身の国柄だからである。貴藩は他の同盟諸藩に先駆けて降伏し、すでに実効を立てている。昨日宇都宮藩の縣勇記から聞いた話では、三条実美殿は寛典論とのこと。万一、本領安堵にでもなれば、貴藩は他の同盟諸藩から怨みを買うであろう。よって、ここは奥羽諸藩の罪を一身に負うことを朝廷に願い出るべきではないか。さすれば、天下の列藩はもちろん、箱館の榎本らも感動し、干戈《かんか》を動かさず事態は収まるであろう。これすなわち貴藩の幸福であり、皇国の幸福である。

関口が伝える三条の意向は、数日前に誠一郎が蒲生から得た情報と大きく異なるが、関口はこれをもとに誠一郎に「奥羽有罪在一身」を勧めたのである。

勝海舟と下村鉒太郎の痛棒

翌二十四日、誠一郎は勝海舟と面会すべく清水邸を訪れた。「勝にも意見を聞いてはどうか」という関口の勧めに従ってのことである。面会するや誠一郎は勝に箱館出兵の是非を問うた。勝も関口同様、これには不同意であった。

米沢藩が箱館出兵で実効を立てたいのはとりもなおさず飯を食う（社稷＝藩の維持）ため。最初の奥羽連衡もそうであった。それゆえ、三十日で戦争は終結するといったのである。人を殺さぬ算段が立つならば出兵も結構、人を殺すは下策である。我が徳川家の出兵はそれとは大いに異なる。もっとも一戦すればさすがの奥羽も目が醒めるであろう。出兵して実効を立てさせたうえで、何とか首をつなげる程度に飯でも喰わせて、奮い立つように仕向けるのもよいかもしれない。土佐の山内容堂（豊信）の意を打診してみてはどうか。

だが、土佐藩は出兵には消極的、これを米沢藩に勧めるのは高鍋藩であった。誠一郎がそのことを説明すると、勝は「高鍋を相手にしたところでいったい何が成就できよう。仙台も米沢も旧幕府もみな同じ、口を開けば寛大の論を主張する」とこれまた手厳しい。

翌日、誠一郎は再び勝を訪れた。次に意見を求むべきは、「奥羽有罪在一身」についてである。誠一郎から歎願書の草稿を示された勝はその趣旨に賛意を示した。だが同時にそれが文面のみに終始しないよう釘を刺すことも忘れなかった。つまり、真に諸藩に対し慚愧《ざんき》に堪《た》えぬというところからの歎願であらねば、天地に欺くに等しいというのである。勝はどうやら誠一郎の論の本質を見抜いていたらしい。

二十六日、国許の甘糟継成から箱館出兵反対の意見書が届いた。それによれば国許の議論は出兵反対に固まっているとのこと。おりしも、この日、高鍋藩の坂田潔から「箱館出兵はその儀に及ばず」という新政府の命が伝達され、米沢藩の進むべき道はいよいよ「奥羽有罪在一身」に絞られた。だが、藩に向けられた批判・疑惑を払拭したい一心から出た実態のともなわぬ「奥羽有罪在一身」は客観情勢の変化によってまたも動揺を見せる。

二十七日、中老の新保左馬之助と中之間年寄の三潴清蔵は「奥羽有罪在一身」の歎願書を携えて高鍋藩邸を訪れた。これに対して、同藩世子で新政府の弁事だった秋月種樹《あきづきたねたつ》には異論はなかったが、岩村虎雄は消極的な姿勢を見せた。「もはや「奥羽有罪在一身」の歎願は機会も遅れ、差し出しても処分内容に影響はなく無益である。それどころかかえって貴藩の心術を疑われかねない」というのである。そして岩村は土佐藩の意向を質すよう米沢藩に勧めたのであった。

これをうけて、二十九日、誠一郎は土佐藩邸を訪れ、毛利恭助に面会を求めた。毛利はすぐさま「奥羽有罪在一身」の歎願書を山内豊信に取り次いだ。このとき豊信は毛利と下村銈太郎《しもむらけいたろう》に意見を求めたが、両名ともに時機すでに遅しとの意見、ならばと豊信もこれに同調した。毛利は誠一郎にこの旨を伝え、高鍋藩とも相談するとしていったん返答を保留する。誠一郎は翌日も土佐藩邸を訪れた。この日、毛利は不在で面会に立ったのは下村銈太郎である。下村は誠一郎に「奥羽有罪在一身」が時機遅れだと述べたうえで、かさねて次のように言う。

これほどの天下国家の大事、弁事くらいの秋月に反対されたからといって延引するようでは、歎願は最初から虚飾であり、貴藩には人を感動させるにたるだけ至誠はなかったとみなされるであろう。よって、今は機会の前後を顧みず、真実、己一人を罪して諸藩の寛典を請うという大義をもって弁事役所に哀訴されたい。

奥羽処分は天下国家の大事、それを思っての歎願であれば事の成否を顧みることなく貫徹すべきだという。ここに誠一郎は決意を不退転のものとした。

翌十二月一日、木滑要人・庄田惣五郎らを前に、下村の言を伝え、断じて「奥羽有罪在一身」の歎願を差し出すべきだと強く訴える。かくして、翌二日、米沢藩は弁事役所を通じて「奥羽有罪在一身」の歎願書を太政官に提出した。

奥羽処分は天皇が京都に還幸する直前の十二月七日に下された。米沢藩の処分は藩主齊憲の隠居と四万石の削封というものであった。仙台藩とならぶ同盟の盟主にしては寛大な処分と言えよう。この間、新政府内で「奥羽有罪在一身」が奥羽処分に大きな影響を与えたとは思えないが、誠一郎個人にとってこの戦後処理は得難い経験となった。

この翌日、誠一郎は、勝の静岡への出立が近いと聞き、その滞在先である赤坂紀州藩邸を訪れた（徳川宗家は静岡七十万石へ転封となった）。このとき誠一郎は勝から彼が徳川の公議人に示したという書付を示される。


戦国の英雄たちの目はもっぱら国内一家の興廃に向けられていた。だが、今国内の是非得失を争っているようでは、インドや清国の覆轍《ふくてつ》を踏むことになろう。同族間で小是非を争うのは皇国の大勢を知らぬ者であり、鎖国の陋習《ろうしゅう》から決して免れることはできない。目前の利害に惑わされて皇国を傷つけることは私の決してとらぬところである。


さらに書付にはこうもある。

およそ議論高尚にして行いえないものは、単なる書生の空論であって真の知者の言ではない。実際の行動がともなってこその論である。私の陳腐な説など世人は笑って取り上げようともしないが、私はこれを実行に移してきた。他からの猜疑や疑念を恐れて、どうして大是を見極めることができよう。

「奥羽有罪在一身」の痛部をみごとについた言と言える。「奥羽有罪在一身」はまさに実行のともなわぬ高尚な議論、書生の空論であった。「奥羽有罪在一身」がそのような段階の議論に留まったのは、誠一郎がいまだ小是非（藩への忠義）にとらわれ、「鎖国の陋習」（封建体制）から抜け出ることができていなかったからである。ここに誠一郎は、一藩の存亡を顧みず皇国に尽くしたときはじめて、米沢藩に対する批判や疑念を晴らすことができると確信したのである。そして、皇国は誠一郎のなかで藩を越える忠誠の対象となり、それまでと異なる相貌をもって彼の前に姿を現そうとしていた。

一方、薩摩藩を討たんと機会をうかがっていた龍雄は目論見が外れ、失意の裡《うち》にあった。彼は薩摩藩を排除するため、奥羽諸藩が榎本軍に呼応することを密かに計画していたが、その前提となしていたのは軍艦開陽の存在であった。

だが、榎本軍は、十一月十五日、折柄からの強風のために、江差《えさし》沖でそれを座礁させてしまう。こうなっては、もはや榎本軍に期待を寄せることはできない。十二月一日、龍雄は会津からともなった元新徴組の武内政之輔・近松清と再起を期して誓詞（安藤『新稿雲井龍雄全伝』上巻所収）を交わした。「どこにあっても賊（薩摩藩）を征伐する際には速やかに膝下《しっか》に参じて尽力する」と武内・近松。

これに対して龍雄は次のように返す、「沼田の災厄、会津の艱難《かんなん》にあって我らは手に手を取り合い、ともに辛酸を嘗め、その情誼《じようぎ》たるや終生決して忘れることはない。たとえいったん別れ会えなくなろうとも、どうして本日の盟約を違えることがあろうか」と。

龍雄は打倒薩摩に向けて次なる機会を模索することになる。

2　版籍奉還の是非――宮島誠一郎と雲井龍雄の岐路

明けて明治二年（一八六九）正月三日、宮島誠一郎は酒楼酔月にて土佐藩の中村観一郎（大目付）・武藤飄の両名と歓談の機会を持った。中村とは大坂滞在時に面識があり、それ以来の再会である。

版籍奉還を進言する誠一郎

「今回寛典に浴し、御主君も近く東京にお上りの御予定とのことだが、このうえはどこに御目的をたてられるおつもりか。うかがいたい」、座が暖まると、中村はおもむろに誠一郎に尋ねた。だが、誠一郎に目算などあろうはずもない。窮した誠一郎は逆に中村に土佐藩の方針を尋ねている。するとと中村は答えた。

我が藩とて同様、目算が立っているわけではないが、御一新の今日、我らも奮起せねば皇国を振興させることなど到底かなうまい。今や時勢は衰退の気運を見せており、今日の一機会を失ってはならない。このような時節にあって諸侯が皇国のために力を尽くさず、因循して他の出方をうかがっているようでは、皇国が外夷の掌握するところとなるのは火を見るより明らか。しからば、ここは第一に人を見ず我らは我らの覚悟を決めて、たとえ他の藩が姦曲・狡猾を用いようともそれに拘泥せず、事の成否を顧みず皇国のおんためというところに目的を定めて事をなすが肝要である。いまだ事跡の現れぬうちに藩の事情を云々するのは誠にもって小是というもの、むしろ、我らから広く他に働きかけ、各藩の去就を握る人々と語らい協力して国難にあたり、外夷の侮りを受けぬようにしたいものである。外夷のことさえなければ内輪揉めも少しくらいならよいが、今日の内輪揉めはこれみな外夷の跋扈《ばっこ》を助長する。よって一身の生死はもとより論ずるところではなく、ただ土佐一藩の力を精一杯皇国のために打ち尽くす所存である。

そして、中村は米沢藩を「奥羽中の正義」として、誠一郎に他の奥羽諸藩を勤王に導くよう尽力することを求めた。中村の言を聞き、誠一郎は「奥羽有罪在一身」の欺瞞を思った。そして、皇国のために米沢藩も命運をかけて尽くさねば、世評の払拭はありえないことを改めて痛感したのであった。

こうしたなか、誠一郎と片山仁一郎は東京藩邸詰の重役に「目下のような不穏な情勢下にあっては、人材を抜擢し、天下の動静をよくよく洞察せねばならない」と進言、重役からの指示でこれを書き付けにして二十六日に提出した。

その後京都還幸をうけて天機伺のために同地に上った薩長土肥四藩主が天皇に版籍奉還を上表したことを誠一郎が知ったのは、正月三十日のことであった。誠一郎にこの報をもたらしたのは勝海舟である。

版籍奉還とは土地と人民を朝廷に返上すること。戊辰戦争のさなかに軍費として、薩摩藩が十万石、長州藩が慶応二年の長州戦争で占領した豊前・石見二国を献納することを朝廷に願い出たが、版籍奉還はそれをより推し進めたものであった。

勝は薩摩藩がこの挙に踏み切ったことを褒め称えた。「もし、薩摩が徳川の衰弱を侮って、没収した石高のうち二、三十万石でも自藩に加封したならば有識者の失笑を免れなかったろう。だが、今回の版籍奉還をもって見れば、東征以来の実力行使は実に遠大の策であったと知れる」と。

これに対して彼は東国の遅れを歎くのである。

東国は識見も施政もみな遅れており、事を施すに人心の向背や庶民の難儀など治不治にあれこれと思いをめぐらすあまりなすべき機会を失いがちだが、彼らは大勢を見て果断を下す。今回も、王政となったからには郡県に移行すべきだと判断し、まずは自分たちがその先駆けとなるべく、治乱を顧みず人の意表に出た。私は東京に諸侯が会集したときを見計らってこの策をなすかと思っていたが、彼らはそれよりも早くこの挙に出た。この豪腕には私も恥じ入るばかりだ。

そして、この東国の遅れを取り戻すべく、米沢藩が奥羽の先駆けとなって版籍奉還を上表するよう誠一郎に勧める。「箱館の榎本らは薩摩討つべしといい、肥後は賞典を望んで薩摩と覇を競わんとして、こぞって薩摩の不義を言い立てるが、この果断によってみな胆を奪われることだろう。薩摩は視野広大、機を見るも事を施すも皇国の行く末をもって旨とする。米沢藩が奥羽諸藩に先駆けて版籍奉還を上表すれば、東国の目を開かせることになろう」と。

正月二十六日に提出した建白書をうけて、二月四日、誠一郎と片山は、数日後米沢への帰途につく新藩主上杉茂憲に御前に召された。誠一郎は茂憲に奥羽諸藩の遅れを指摘したうえで、薩長土肥にならい断然版籍奉還上表に踏み切るべきを進言する。

天下はいまだ一定しません。薩摩にも安心することはできません。しかし今回の薩長の版籍奉還は名実共に正しく、まったく姦賊の跡も見えません。にもかかわらず、今の朝廷は薩摩らが全権を握っているといって一切実効を立てず因循するようでは、諸侯が力を惜しむあまり日本は外夷の有となり、ひいては我が身を滅ぼすこととなりましょう。国内だけの騒乱ならば、ともかく今日の切迫は外患より始まったのですから、その外患を顧みず、ただ一時繋ぎまでの太政官は倒れればよいと思うのは歎息の至りです。日本が頼むべきは王政ひとつ、ここは版籍奉還し勤王の実効を示すことが急務と考えます。

薩摩藩の疑惑は拭えないまでもそれはひと先ず置き、外患に日本が一致してあたるために版籍奉還し、勤王の実効を示すべきだというのである。彼のなかで皇国は天皇を中心とする中央集権国家として像を結んだ。そして、その皇国へ尽くすことを第一として、薩摩藩への反感や藩の利害を相対化していったのである。

七日、誠一郎は、土佐藩邸に参政の西野彦四郎を訪ねた。もちろん今回の版籍奉還上表についてその真意を探るためである。西野によれば、土佐藩の意図は次のようなものであった。

版籍奉還は、諸侯が割拠する尾大不掉《びだいふとう》（尾が大きすぎて振ることができないの意）の憂いをなくし、朝廷が殺生与奪の権を握るためのものである。諸藩に門閥が根強く残るのも、新政府に出仕した官吏の威権が出身藩によって左右されるのも、各藩まちまちの兵制を統一できないのもこれみな封建の弊、版籍奉還の大目的は、これらの弊を除き、外夷を駕馭《がぎょ》する基本を立て皇国を万国と並立する国家とすることである。

まさに先に中村観一郎が誠一郎に述べた土佐藩の方針を具現化したのが、この版籍奉還だったのである。ここに、誠一郎は版籍奉還への思いをますます強めた（以上、宮島誠一郎「東京日記　巳二」）。

龍雄の版籍奉還反対論

八日、茂憲は東京を発ち米沢へ向かった。帰藩後、茂憲は版籍奉還の是非につき、家中に意見を求めた。このとき雲井龍雄も藩から諮問にあずかっている。草稿をものした龍雄は、二月三十日、これを清書し、三月四日、満を持してこれを藩庁に提出した。

意見書は、例によって激情溢れる文面で、所々で古今東西の故事が論拠として引用されており、かなり長文にわたる。そのなかで龍雄は、版籍奉還による郡県制への移行を口を極めて批判している。なぜなら、現今の封建体制はこれまでの長い歴史のなか自然の勢によってなったものであり、いかに大活眼、大英断をもってしても人力で改められるものではないからである。彼はまずそれが行われざる理由を挙げる。

第一の理由。土地人民は、大名が祖先から受け継いだものであり、大名であれば、祖先の功業を押し広げようとしない者はいないし、土地人民を愛さぬ者もない。その土地人民を奉還するは彼らが良しとするところではないであろう。もし、彼らから租税の権を奪い、土地から引き離して貴族の空名をもって遇するならば、結果として諸大名を殲滅して皇国千年来の制度を一変せずにはおかないであろう。

第二の理由。大名に仕える藩士たちが主君の恩沢に浴してきたことこれまた一朝一夕ではない。にもかかわらず、この君臣の情誼を廃して、全国の藩士を一律に王臣としたならば、藩士たちは大いに悲しみ、結果、天下の志士・忠臣を一掃せずには済まぬであろう。

第三の理由。今日まで皇統が連綿として続いてきたのは、天皇が諸大名に政治を任せてきたからである。復古開化の名のもとに一君万民とするならば、皇統は断絶することになるであろう。

そして、龍雄は版籍奉還を薩摩藩の謀略とする。すなわち、版籍奉還は、江戸・奥羽を掌中にした余勢を駆って、全国を支配下に置かんとするものであるとともに、それによって勤王の至誠を演出し、私心を隠蔽しようとするものだというのである。また、諸大名の版籍奉還は単に薩摩藩に雷同するだけのものと彼の目には映じた。

版籍奉還がこのようなものであったれば、必ずや忠義の士が現れ、それに異を唱えるであろうし、たとえそれが断行されたとしても、中央から派遣された県官に旧藩士や領民は容易に従わず、混乱が生じて旧に復するであろうと龍雄は展望した。

では、米沢藩が目下取るべき道は何か。まずは、薩摩に従う振りをして、内は藩政に専念し、外は近隣諸藩と交わり、ともに薩摩藩を討つ機会をうかがうべきだというのが龍雄の案であった。薩摩藩に従い、版籍奉還を上表することは彼にとって「必亡の大拙策」にほかならなかった。龍雄のうちにあって封建体制は依然皇国を維持するための根幹であり、封建体制に固執すればするほど、薩摩藩への憎悪はますばかりであった。

この意見書を添削した興譲館助教の窪田源右衛門は、目を通すやたちまち激賞したが（「雲井龍雄文書写真帳」）、藩士の多くはあまりの急劇な事態の展開を前にして定見を示すことすらできないありさまで、藩論は容易に決しなかった。

米沢藩の版籍奉還

一方、東京詰の誠一郎らは、あるいは版籍奉還の上表文を取り寄せ、あるいは要人と接触して、諸藩の動向を探るのに余念がなかった。薩長土肥につづき大垣藩、越前藩なども上表を決し、もはや版籍奉還の趨勢はあらがいようもない。ならば、いっそのこと人に先立ち上表するが得策、東京詰の議論はかく決し、二月十六日、その旨を国許に伝えるべく奉行の中条豊前、中之間年寄の木滑要人が早追で帰藩の途についた（「明治二年木滑要人日記」二月十五日条）。

その後も、紀州・加賀といった諸藩が続々と版籍奉還を上表し、そればかりか、棚倉《たなぐら》藩の外交方安川文九郎（繁成《しげなり》）は奥羽諸藩を版籍奉還上表に導かんと合議を呼び掛ける動きを見せていた。西国諸藩ばかり奥羽諸藩にまで先を越されてはもはや立つ瀬がない。十九日、誠一郎は急ぎ筆を走らせ、米沢の藩当局に版籍奉還上表を慫慂《しょうよう》した。

今や時の流れは日進月歩、旧習にとらわれ英断なくては時代に取り残されてしまう。海外との交際が盛んな今日にあって、版籍奉還は時の勢いであり、されば薩長土三藩に天下が追随するのもやむを得ぬところである。しかしひとり奥羽には上表あるを知らない。兵上馬の権を諸侯が握っていては朝廷はあってなきがごとく、幕府はなくてあるがごときものである。かつて奥羽は幕府あって朝廷あるを知らず、ために順逆を誤った。目下、我が国は箱館の榎本軍のことをはじめさまざまな問題を抱えている。このときあって寛大な処分を下された我が上杉家においては一刻も早く、奥羽諸藩を先導して版籍奉還を上表し、勤王の実効を示すべきである（以上、宮島「東京日記　巳二」）。

三月五日、天機伺の使者として京都へ上る三潴清蔵が東京に到着し、藩内の情況が一同に知らされた。中条・木滑の帰還、さらには誠一郎からの慫慂により、ようやく版籍奉還が大勢であることを知った当局であったが、上表すべきかいなか判断が付かずまたも家中から意見を募ったところ、議論は多岐に分かれ、なおも紛糾を続けているとのこと。業を煮やした誠一郎ら東京詰は、七日、独断で版籍奉還に踏み切ることを決定し、その旨を国許に報ずることとした（以上、宮島「巳三」）。

国許から藩論が版籍奉還に決したとの報が届いたのはその三日後の十日のことである。なかなか決着を見ない議論に終止符をうったのは、仙台藩の動向である。使者の佐沢良平《さざわりょうへい》によって仙台藩の藩論が版籍奉還に決したことを知らされると、六日、藩当局はこれに踏み切ったのである（「明治二年木滑要人日記」）。

翌七日、木滑が起草した「上旨之旨」が家中に布達された。「御先祖様御伝来の封土と御譜代の家臣をともに献上することは、我が公にとって忍びがたき御情実もあるが、ここは皇国のためを思われ、私情を断ってそうと御決断された。家臣としては悲痛に堪えぬが、この御趣意を深く体認し、家中一同朝廷のために尽くし、公の勤王の御素志を貫徹するよう心掛けよ」と（宮島「巳三」三月十四日条）。

ここに龍雄の意見は藩から圧殺された。薩摩藩への敵意をむき出しにした、純乎たる封建論は、あまりに時代の趨勢にそぐわないものであった。版籍奉還の決定を聞いた龍雄は「何たる奇怪事か」と叫ぶや、親友の河村右馬之允のもとを訪れ、怒りのあまり火鉢を投げつけたという（安藤『新稿雲井龍雄全伝』）。事ここにいたっては、もはや版籍奉還の断行は時間の問題、そうなれば彼が守ろうとした藩主と藩士とのあいだに結ばれた君臣関係は否定されてしまう。危機感を抱いた龍雄は、せめて情誼的なものであってもそれを維持しようと書を致し要路に呼び掛けた（安藤『新稿雲井龍雄全伝』上巻所収）。「版籍奉還断行に先立ち、今より君臣の関係を十分に密、かつ親にしておかねばならない。主君のためならば命もいとわず、主君からの給禄ならば一升一杯でも頂戴するが、天朝からのそれは百石・千石といえども、これを食らうを恥とするほどの国柄であらねばならない」。

そのため、これを機に禄を減ずるようなことがあってはならず、むしろ小禄の者に恩賞を与え、村の人足料、店の旅籠料などを速やかに支払って、家中・領民の忠義をつないでおくことこそが肝要だとする。しかし、後に見る通り、その後、米沢藩は龍雄の決して望まない方向へと進んでいく。彼の身には悲劇が間近に迫っていた。

3　新国家建設にむけて——甘糟継成の新政府出仕

継成を藩外交の最前線へ

明治二年（一八六九）三月十四日、米沢藩主上杉茂憲の版籍奉還の上表文は、庄田惣五郎《しょうだそうごろう》から提出された。翌十五日、宮島誠一郎はこの間の働きを賞されて、家禄二十石を加増され、さらに公議人添役を命ぜられている。

新政府は、これより先明治元年十月二十八日に藩治職制《はんちしょくせい》を諸藩に発布して、各藩区々であった職制を執政・参政・公議人に統一し、さらに十二月六日には、旧姫路藩邸に公議所を設けて公議人を集め、そこで議事を行うこととした。

これをうけて米沢藩では庄田惣五郎が公議人に任じられ、誠一郎は添役として庄田を補佐することになったのである。これまで他藩との折衝に従事し、幅広い人脈を有していたことがこの人選になったと考えられる。

ところで、明治二年三月十四日に提出された上杉茂憲の上表文は、誠一郎と片山仁一郎、そして甘糟継成の筆になるものであった。継成が側役の小川源太郎とともに東京に到着したのは八日黄昏時のこと。東京に先着していた三潴清蔵とともに、天機伺の使者として京都に上る手筈となっており、上表文の起草はその途上でのことであった。だが、このときすでに天皇は東京再幸の途についていた。ゆえに、当局が予定通り三人を京都へ遣わそうとすると誠一郎は猛然と反対する。今や有用の人材をことごとく京都へ遣わすのは無益だというのである。結局、この誠一郎の進言は受け容れられ、京都には三潴のみが向かうことになる（宮島誠一郎「巳三」三月十九日条）。

このとき誠一郎には、継成を東京に留め、探索周旋の前面に押し立てようとの意図があった。

誠一郎は前年十月に東京に到着して以来、土佐藩の要人たちと頻繁に接触の機会を持っていたが、当時、同藩では重役が自ら探索周旋の任にあたるようになっていた。維新以前の土佐藩にあって探索周旋の任は書生の担当とされていたが、書生が上官に報告し、さらに上官がそれを藩主に報告する過程で、情報に誤解が生じたり、書生が誇張を交えて報告したために藩が去就を誤ったりする弊害が生じていたのである（宮島「東京日記　巳二」正月二十八日条）。

動乱の世にあって、政情を正確に把握できるか否かは藩の死活にかかわる。ここに、土佐藩では重役自らその任にあたることとなった。土佐藩の武藤飄からこの旨を聞いていた誠一郎は、米沢藩でも同様の方針を取るよう東京詰の上役に進言、この誠一郎の意見は三月六日の東京詰の評議で採用されている（宮島誠一郎「巳三」）。

一方、これまで継成は情報の重要性を認識しつつも、その慎重さと身分意識の強さゆえに、進んで他藩のものと交流を広めることには消極的であった。だが、米沢藩が今後去就を誤らぬためには、継成のような人物が門閥意識から解放され、自ら探索周旋にあたる必要がある。ここに誠一郎の第一の狙いがある。

さらに、もうひとつの狙いは継成の人物を他藩の要人たちに知らしめるということにあった。幸い、継成にも、京都で新政府の役人と接触すべく東京への途上会津若松で新政府軍軍監の三宮耕庵《さんみやこうあん》から紹介状を得るなど、進んで他者に接触しようという姿勢が見られ始めていた（三月十一日付甘糟竹太郎宛甘糟継成書簡、『甘糟備後継成遺文』所収、以下、本節の継成書簡はことわりのない限りこれによる）。

このとき継成は新保勘左衛門の変名を用いていたが、越後戦線で参謀として同盟軍の指揮をとり、その首に五百金の懸賞金さえ掛けられたという継成を、誠一郎はあえて実名でもって探索周旋の第一線に立たせんとし、その是非を土佐藩出身の参与後藤象二郎《ごとうしょうじろう》や刑法官判事佐佐木高行《ささきたかゆき》に問うている（宮島

「巳三」三月十八日条、同月二十三日条）。だが、後藤の答えは「左様の人物は天下のために惜しきものだが、今公然表に出すのは早すぎる。今少し隠忍するが得策」との慎重論であった（明治二年三月二十日付家族宛甘糟継成書簡）。後藤の忠告もあって、継成が名士のもとに出入りすることは当面見合わされることになった（宮島「巳三」四月二十四日条）。

だがそれに先立つ三月十八日、誠一郎は継成を勝海舟のもとにともなっていた（宮島「巳三」）。勝は、誠一郎が藩を越えた国家を忠誠の対象として意識するきっかけを与えた人物。その勝に継成を引き合わせたのは、誠一郎なりの思惑があってのことであったろう。継成は、越後以来上杉に仕える甘糟家の継承者として強烈な自負を抱いており、それが災いして博覧強記を謳われながらも、鞏固《きょうこ》な藩意識から抜け出ることができなかった。継成には、勝の謦咳《けいがい》に接することで、かかる藩意識から脱却し、彼がもつ知識と才能を皇国のために活かしてもらいたい。誠一郎にはそのような期待があったと思われる。

継成にとってはこれが勝との初対面である。その直後、三月二十日付の家族宛の書簡で、継成は勝について「此の人は古幕第一の智者にてその容貌婦人の如し、されども議論のさどき（敏き）見識の高き感心致し候」と記した。彼も勝の広い視野に触発されるところ少なくなかったと見える。

国是確立の諮問をうけて

四月二十四日、東京に到着した天皇から詔書が下った。五箇条誓文が発せられて約一年、兵乱に明け暮れいまだ治績は挙がっていないので、この東京再幸を機に「百官群臣」を召して大会議を開きたいというのである。さらに翌二十五日、新政府は諸侯に対して、大会議開催に先立ち、国是につき各自の見込を認め、それを来月四日までに提出するよう命じた。このとき米沢藩では誠一郎と継成が藩命をうけて草案の起草にあたっている。

まず、誠一郎の意見書草案（宮島「巳三」五月三日条所収）を見よう。

誠一郎は、今後我が国が天皇の威光を海外に耀かせることができるか否かは、国是確立如何にかかっているという。では国是とはいかなるものか。誠一郎は言う、世界を見渡せば、各国の文明は日進月歩進化しており、そんななかにあっていまだ我が国が鎖国の風習から抜けきれないのは恥ずべきことだが、かといって一気に西欧のような強国・文明国なろうとしても無理であり、それではかえって人々を功利に走らせ、世情は下劣になり下がり、ついには西欧諸国に使役されるところとなるかもしれない、と。つまり、彼は漸進的な開化をもって国是とすべきだというのである。

ついで外国との交際のありかたについても述べるところがある。今こそ、朝廷は奮起して外国との交際の道を定め、外国に礼儀をもって接すべきだが、交際においては許すべきは許し、許すべからざるはこれを拒むという凛然たる姿勢と示さねばならない、と。交際は信義を重んじつつも是々非々で行うべきだというのが彼の考えであった。そして、その国是に沿って匹夫匹婦《ひっぷひっぷ》に至るまで朝廷を輔翼《ほよく》するような体制が築くことができなければ、たとえ版籍奉還により郡県の制が布かれたところで万国と対峙することはできないと断を下す。

では、継成の見解はどうか（「甘糟家文書」八八一、八八三、八九二）。冒頭にて継成は、万国に対峙せんとせば、権力の一元化をはかる必要があるとし、封建制から郡県制の移行を必然視する。かかる見地に立てば、全国の諸大名から版籍奉還の上表が相次いでいることは「人力」にあらずして「天意」にほかならない。そして、郡県制を施行するにあたり、人々の耳目を一定すべく大本をたてる必要を説く。この点、誠一郎と変わらないが内容はより具体的である。継成はその要務を五条に集約する。

第一条は郡県制のありかたについてである。まず、基本となる行政単位として府郡県を置き、知府事に大藩・中藩の旧藩主、知郡事・知県事に十万石以下の旧藩主をあて、さらに郡県のうえに州を置き、これらを管轄すべきだとする。知府事・知郡事・知県事を旧藩主とするあたりは漸進的といえるが、しかし、州が置かれることからもわかるとおり、府郡県の施政は藩政のようにそれのみで完結するものではなく、あくまで近隣の行政体や皇国全体とのかかわりのなかで行われることが想定されている。

そのうえで二条以下では具体的な政策課題が挙げられる。第二条は、人材養成である。中央集権体制構築の実を挙げるには適材適所人材を配することが欠かせない。人材を養う元手は何と言っても学問である。そこで、州ごと、あるいは郡ごとに学校を設けて和漢洋の三学、および経済学・窮理学《きゅうり》（化学）・地理学・物産学・兵学・医学など数課にわけて教授し、優秀なものは身分にかかわらず、東京の大学校にて学ばせ、中央政府に登用すべきだという。

第三条は兵備の強化である。この点は、西欧列強への対抗策として幕末以来継成が一貫して重視したところであったが、ここでのそれは、当然、郡県制への移行を踏まえたかたちをとっている。すなわち、州郡県ごとに旧藩の士卒を母体として兵員の定数を決め、それを上士・中士・下士・卒の四等に分けたうえで階級に応じて秩禄を支給し、州や郡の官吏の選に入らなかったものは身分にかかわりなく入隊を義務づけるといったものである。また、このなかから交代で東西両京の警備にあたること、常備兵とは別に農商から予備兵を選抜して戦法を教え不時に備えることもあわせて説かれた。

第四条は通貨（貨幣・紙幣）の改革である。戊辰戦争の際、新政府や諸藩は軍費を捻出するために金銀札や貨幣を濫発したが、これら兌換《だかん》不能の紙幣や劣悪な貨幣は国際市場にも流れ、諸外国とのあいだに軋轢を生んだ。この件は東京到着当初から継成が深く憂慮するところで、国許の妻と妹にあてた三月二十九日付の書簡のなかでも「此の節、外国人、日本にて、にせ金をもってだまし候が不届きとて、もってのほかのひどき掛け合いに及び、直ちに軍さを仕かけ候程の様子」と報じている。かかる事態に対処すべく、州郡に鉱山の調査を命じ、外国の鉱学士を雇ってその法を講ぜしむること、今市場に出回っている金銀札を回収して精巧な紙幣を発行すること、全国の物産を輸出して良質なメキシコドルを仕入れ、これをもって貨幣を新鋳することを主張する。

第五条は貿易による富国策である。各州郡がその地に適した産業に励むのは勿論だが、そのうえで貿易については、その機会を州や郡にも与え、問題が生じた場合を除き外国との取引に介入しないよう新政府に求めている。そして、海に面さず水利に乏しい府郡県に関しては、沿海の府郡県と組合を結成し交易することを提案する。

米沢藩の「かぢとり」としての継成

継成はこの国是に沿ったかたちで、版籍奉還後の米沢藩の改革についても構想を描いていた。それに関する草稿類（「甘糟家文書」八八七、八九一）によれば、議事院を設け、藩政府内に民政局・会計局・国産局・営作局・学教局等を設けている。このうち学政府規則をみると「和漢学・洋学・医学」とあり、先に示した国是の第二条に則った学制であることがわかる。また、国産規則には「蚕業・鉱山・製錬」とあるが、鉱山・製錬は先の国是の第四条にあった新貨鋳造を想定してのことであろう。

そして、この構想のもと、自身も積極的な行動を示した。継成は上京するや、まず長男の竹太郎を東京に呼び寄せて、福沢諭吉の右腕として慶應義塾で教鞭を執った吉田賢助のもとに入門させ、同時に、かねて英学を志していた曽根小太郎・猿橋吉太郎・樫村貞賢の三名を英学修行のため、三年間、慶應義塾で学ばせるよう藩に進言している。修行を終えた彼らはやがて帰藩して教鞭を執り、門下に俊秀の者がいれば慶應義塾に入門させる、そのようにして人材を量産することを継成は企図した（明治二年三月二十九日付甘糟継成意見書、「上杉文書」）。この進言をうけて藩は、吉田を麻布藩邸（静岡藩徳川家から譲り受ける）に招き、平田道策（のち農商務大臣・内務大臣・内大臣を務めた平田東助《とうすけ》）・内村洋庵をも彼のもとで学ばせた（明治二年六月十六日付やそ・はる宛書簡）。また、五月二十四日に側役の池田新次郎（成章《なりあき》）とともに横浜に出張した際、継成は他日の洋学修行を想定してか、竹太郎を同伴している（宮島「巳三」五月二十四日条）。これらが、先の意見書草案の第二条（人材養成）の一環であったことはもはや言をまたない。

ところで、継成は、五月九日にも「御内用」により役所役の堀尾保助、勘定頭取の今井吉次と横浜を訪れている。「御内用」とは、横浜商人の鈴木屋安兵衛を通じて、生糸を外国に輸出する手筈を整えることであった（明治二年五月十三日付家族宛書簡、宮島「巳三」五月十一日条）。藩から三名にかかる「御内用」が下ったのは、先に継成が藩に提出した意見書草案の第五条（貿易による富国策）をふまえてのことと思われる。

五月三日、藩は意見書提出を翌日に控え、かねて命じていた草案を提出するよう継成と誠一郎に命じた。意見書は二人の草案を勘案したうえでまとめられ、四日、庄田惣五郎によって提出された（宮島「已三」）。

このなかで、茂憲が「当今の要務」として挙げるのは、第一に信義を内外に明らかにすること、第二に郡県の議を定めること、第三に富国強兵の策を講ずることである。第二は誠一郎・継成ともに主張するところであった。第一は、内は愛憎によらず人材を登用して人民を撫恤し、外は信義をもって外国と交わるべきだとするものだが、信義を旨として外国交際の道を立てることは誠一郎の論によるものであろう。第三の富国強兵は、大いに物産を開き貿易を盛んにするという貿易立国策で、これは継成の論をそのまま取り入れている（『上杉家御年譜』十九）。

その後、二十二日、新政府は諸大名に、皇道興隆と蝦夷地開拓につき再度意見を求めた。この下問をうけて、藩はふたたび継成に草案の起草を命ずる。継成は皇道興隆に関しては、「祭政治教の条は事体深遠、臣が如き浅識《せんしき》寡聞《かぶん》のあえて及ぶところにこれなく候」と言及を避け、後者の蝦夷地開拓に絞って意見を具申している（「甘糟家文書」八八四）。

継成の説く蝦夷地開拓の要点は、拙速のあまり目前の利益にとらわれてはならないということであった。幕府が開拓の功を挙げえず、かえってロシアの跋扈を招いたのはそこに原因があると見ていたのである。

継成が範としたのは、アメリカやイギリスの例であった。すなわち、カリフォルニアの金山開発やオーストラリア入植が成功を治めたのは開拓者に税金や開拓費用、さらには貿易収入の面で便宜がはかられたからだとし、そのうえで蝦夷地開拓でも入植した諸民に手当を厚くし、競って出願するように仕向けねばならないと主張する。継成は横浜の外国人たちと世界地理をめぐって論戦を交わして勝利を収めるほどの西洋通、その面目躍如といったところであろうか。なお、茂憲の回答書はこの継成の草案に全面的に依拠して作成され、二十五日に提出されている（『上杉家御年譜』十九）。継成はまさに米沢藩の「かぢとり」であった（六月二十八日付おやそ・おはる宛甘糟継成書簡）。

継成の新政府出仕

この間、誠一郎は継成の意見書に接するにつけ、その知識の豊富さ、識見の高さに改めて驚かされたことであろう。それとともに、継成の思考の基軸が藩から皇国へ移りつつあることを明確に見て取り、ここに機は熟したと考えたのか、以後、さまざま人物に継成を引き合わせる。

まず、五月十三日、かねて継成が面会を望んでいた土佐藩の毛利恭助のもとに彼をともなった。会談では、郡県制移行にあたっては御規則を早急に立てるべきだという誠一郎と継成の主張に、毛利も大いに賛成の様子であった。

ついで、十八日、誠一郎は継成と池田新次郎をともなって英国公使館通詞アレキサンダー・シーボルトを伊皿子（現東京都港区三田）の寓居に訪ねる。この二日前、中井弘（薩摩藩、当時外国官判事）の宅において誠一郎は偶然にもシーボルトと面会の機会を得たが、その際「日本の弊風」をめぐって大議論に及んでいる。「弊風」とあれば、当然贋悪貨幣の問題も話題に上ったものと想像される。とすれば、この日、継成に、彼のかねての持論をシーボルトに説かせたのではあるまいか（宮島「巳三」）。

このように誠一郎は方々で継成を売り込んでいった。そして、二十五日には継成がまとめた「杞憂概言《きゆうがいげん》」を土佐藩の毛利恭助に手渡し、これを山内豊信や後藤象二郎にも示すよう求めた（宮島「巳三」）。この「杞憂概言」、継成が国許の家族にあてた六月二日付の書簡に「此の間はしきりに諸大名へ御たづね事これあり、その度ごと御申立の御下書仰せ付けられひまなし、そのうち当時世アクサモクサ（洗いざらいの意）うんと書き立て、一冊を土州の毛利恭助と申す人に見せ候ところ」とあるのをみると、これまで藩から諮問にあずかって起草した意見書をもとに作成したものらしい。

実は、誠一郎は毛利と語らい、これをもって継成の才能を新政府の要路に知らしめ、彼の新政府出仕を実現しようと考えていた。おりしも、その条件は整いつつあった。六月十七日に諸侯の上表を受け容れるかたち版籍奉還が断行され、藩主は知藩事に任じられたが、これにより藩主と藩士とのあいだの君臣関係は制度的に否定され、新政府は諸藩の人材を知藩事に問い合わせることなく登用することが可能となったのである。あとは、継成がこれを肯ずるか否かであった。

当初、毛利からこのことを聞かされたとき、継成は「それぱかりは真平《まっぴら》なり」と断ったが（明治二年五月二十日付おはる宛書簡）、誠一郎の説得の前に、ついには「王家に尽して以て万一をも補益するを得ば、少しく安心すべし」と出仕を決意する（明治二年六月二十四日付宮島誠一郎宛甘糟継成書簡、「甘糟家文書」）。

かくして、七月十九日、継成は待詔院《たいしょういん》下局出仕を命ぜられる。待詔院は、大久保利通の建言をうけて、七月八日に発布された職員令により設置されたもので、一種の建白書受理機関であった。一見すると、継成はまったくの閑職を宛がわれたかに見える。だがそうではない。待詔院は一方で天皇の諮問にあずかりその是非を答申するという重大な任務を帯びており、局務を総判する待詔院学士には大久保・木戸・板垣が任ぜられ、「天子の顧問」としての役目が期待された。

継成の待詔院登用は、おそらく毛利から「杞憂概言」を示された板垣の推挙によるものであろう。先のような待詔院は、継成にはまさにうってつけの働きの場、後藤・大久保・板垣・広沢真臣といった新政府の高官たちの面識をも得て、継成は当初の躊躇も嘘のような喜びようを国許の妻と妹に宛てた書簡（七月二十九日付）のなかで示している。

大久保利通

だが、そうした日々は長くは続かなかった。大久保が参議に転ずることにより、待詔院の役割は低下、ついで待詔院下局の事務の一部が集議院下局に移されると、太政官から待詔院への下問は早くも滞り、八月には出仕が隔日となる（明治二年八月某日付弁官宛甘糟継成意見書）。

継成が安閑《あんかん》無聊《ぶりよう》を余儀なくされ、その才を持て余していることを惜しいと思ったのか、誠一郎は八月二十一日に勝の宅で大久保と初対面を果たしたとき、継成が人物であることを大久保に説き、いずれかへ御用ありたき旨歎願している。この間、継成と交わりを深めた勝も彼の才を愛すること、誠一郎と変わりない。「米沢人のなかでこの宮島と甘糟は、戊辰戦争の後、大いに見識も進み、奥羽有用の人材なので是非お引き立ていただきたい」と口添えした（宮島「明治二年己巳日記　四」）。

翌二十二日、大久保は継成の大判事登用を求める吉井友実（幸輔）の書簡に接したが、これに対して「何ぞへ御用これありたく相考え申し候。大判事あたりもしかるべく候えども、今少し宜《よろ》しき場所もこれあるべきか。幼少より外国へ注目し、段々著述もこれあるよし、大いに感服仕《つかまつ》り候」と返答している（『大久保利通文書』三）。事前に誠一郎から吉井へ働きかけがあったと思われる。

かかる誠一郎の入説もあり、継成の才能は早くも要路に嘱目《しょくもく》されつつあった。藩のかたちを改めて海陸の鎮台を設け、蝦夷地を「北疆辺」とするなど、理財から兵制までその蘊蓄《うんちく》を聞いた板垣退助と後藤象二郎は改めて継成の見識の高さに舌を巻いている。誠一郎はそのような話を聞くにつけ、誇らしげにそのことを日記に記した（宮島「明治二年己巳日記　四」八月二十二日条）。彼にとって継成は米沢藩の希望の星であり、継成が「朝臣」として新政府の内情を探り、これから始まろうとする米沢藩の藩政改革を外から指導してくれることを期待せずにはいられなかった。

4　改革か反乱か——宮島誠一郎と雲井龍雄の対立

龍雄、東京に姿を現す

版籍奉還を断行した新政府は、天皇の名のもとに中央集権体制を構築すべく藩政への介入を強めていった。その手始めが、明治二年（一八六九）六月二十五日に諸藩に向けて発せられた諸務変革十一箇条である。これは、諸藩の総人口、現米総高、藩士・兵卒の総数、藩政にかかる諸経費等を把握することを主眼としながら、それとともに、知事の家禄を藩政費から分離させること、一門から平士に至るまでを士族と称すべきこと（それにともない禄制を平準化すること）等の改革を諸藩に命じたものであった。まずは報告書の提出期限である十月までに、この諸務変革に沿って藩政改革を断行することが、各藩に共通した課題となった。

そうしたなかにあって、東京の誠一郎は公用人手代の森三郎と手分けして諸藩の改革について探った。その後、八月十二日に、側役の小川源太郎が、改革の前提として千坂高雅《ちさかたかまさ》（太郎左衛門）を藩政の中枢にすえるべく大奮発の体で東京を出立、米沢藩の藩政改革はようやく緒についている。

継成が待詔院に休暇願を提出し東京を発ったのはその矢先、二十四日のことであった。これより先、十四日に国許から母が大病であるとの知らせが届き、帰藩を余儀なくされたのである。

出立の日、継成は誠一郎と諸々協議するところがあった。米沢一藩の方向を定めること、藩札発行のこと、蝦夷地開拓出願のこと、藩政改革のこと、人材登用のこと、要事を確認しあって二人は相別れた。これが永訣になろうとも知らずに。大久保から継成の帰藩を知らされた勝は、その翌日に誠一郎と面会した際、「甘糟は当時の駿傑、かつ時勢にも通暁した人物ゆえ、政府でもすでに嘱目されているのに」と、継成の帰藩を大いに惜しんだ（宮島誠一郎「明治二年己巳日記　巳四」）。

さて、米沢藩の藩政改革ははかばかしく進まなかった。改革をめぐる藩内の対立は激しく、その間にあって小川はなすすべを知らず、いたずらに国許と東京を往復するばかりであった。事ここに至って藩が改革を進めようとするならば、頼るべきはやはり継成であった。

帰藩後、母の死没により継成は喪に服していたが、藩は早々にこれを解いて継成を「御改革御用掛」に任命し、彼を五十日間国許に留め置くことを新政府に願い出た（明治二年十月二十五日付森三郎・宮島誠一郎宛甘糟継成書簡、宮島「明治二年己巳日記　巳四」十二月十一日条所収）。だが、このとき継成はすでに不治の病に冒されていた。御用掛を命ぜられた継成は、江戸期の米沢藩の職制が記された『三揖一覧』や鹿児島・高知・大村諸藩の改革書を取り寄せ、改革の立案に余念がなかったが（明治二年九月十八日付庄田惣五郎・堀尾保助宛甘糟継成書簡、「甘糟家文書」）、病は着実に彼の身を蝕み、やがて限界が訪れた。

国許での改革の不振は東京の誠一郎の耳にも達し、彼の気をはやらせたが、さらなる懸案が誠一郎を苛めた。上京した雲井龍雄の動向である。

版籍奉還上表に反対するも、意を果たせなかった龍雄は、その後、明治二年六月十七日に新たに設けられた学校局の助教に就任する。助教は総監・提学に次ぐ学校局の要職である。組外の龍雄がかかる要職に配されたのは、もとより抜擢に違いないが、かねて上京を望んでいた彼にとって学校での生活は退屈極りないものであった。

明治元年十二月、龍雄の才を惜しんだ継成は、その望みを容れて、彼に探索周旋の機会を与えるよう藩にかけあったようだが、藩はそれを許さなかった（明治二年正月二十九日付甘糟継成宛雲井龍雄書簡、安藤英男『新稿雲井龍雄全伝』所収）。というのも、龍雄の上京の念願は「薩賊さえ衰え姿に相成り申し候えば、小子（東京に）再遊仕りたく」という継成あて書簡（二月二十日付、同前所収）の文言からわかるように、薩摩に一矢報いんとする野心を伏在させていたからである。してみれば、龍雄の助教抜擢は、彼を米沢に繋ぎ止めんとする藩の一策かとも考えうる。

しかし、結局藩は八月に龍雄の東京遊学を許した。龍雄は上京してからというもの、居所を定めず麻布の藩邸にも寄り付こうとしない。その龍雄をあえて取り締まろうとしない米沢藩に対しては、疑惑の眼差しが向けられた。

九月八日、誠一郎は片山仁一郎の邸を訪れた毛利恭助から龍雄のことについて聞いている。先頃、橋場の後藤象二郎の宅に龍雄が姿を見せたが、警戒した後藤は面会を謝絶したという。「東京藩邸でかの狂少年を取り締まらねば、貴藩の汚辱となるであろう」。毛利は誠一郎と片山に対して忠告を発した。このとき誠一郎らは「これについては国許から何も指示をうけておらず、事の前後を把握していないが、早速にも着手する所存」と答えるほかなかった（宮島「明治二年己巳日記　巳四」）。

龍雄の集議院登用と退院

九月二十一日、その龍雄が飄然と藩邸を訪ねてきた。誠一郎とは前年九月十三日から数えてほぼ一年ぶりの再会である。龍雄が言うには、上京から今日まで師の安井息軒のもとに身を寄せていたが、このたび集議院の寄宿生に任命されたとのことである（宮島「明治二年己巳日記　巳四」）。集議院は公議所の後身で諸藩の大少参事を議員とする新政府の議事機関、この集議院には寄宿所が設けられ、他日の用に供するため寄宿生として諸藩の人材が確保されていた。

龍雄を寄宿生に推したのは、三計塾出身で当時集議院権判官の地位にあった稲津済《いなづいっき》である。そこには、友を暴挙に走らせまいとする稲津の配慮があった。

二十三日に寄宿生に任命された龍雄はさっそく寄宿所に移るが、彼にとって集議院は当初から居心地のよい場ではなかった。彼はその不満を国許の親友柿崎猪平《かきざきいへい》に書簡（安藤『新稿雲井龍雄全伝』所収）で次のようにもらしている。「今日の政体は目も当てられぬありさま。かといって、一人や二人が奮発したところでどうすることもできないのだから、いまさら出しゃばりたくはない。判官たちの口ぶりを聞けば、今回の登用は、この暴生を野放しにしておいては、何かに事に寄せて騒動を起こすかもしれないから、ここは縛り付けておくのが得策ということのようだ」と。

出仕当初から龍雄の登用には新政府内で批判の声が高かった。これには稲津もかばいきれず、ほどなく龍雄に集議院を辞し、他日を期すよう勧める。それはもとより龍雄も望むところであった。だが、罪を着せられて辞職を迫られるのは本意ではない。十月十八日、龍雄は集議院に質問状（安藤『新稿雲井龍雄全伝』所収）を提出する。その内容は大要次のようなものであった。

「我に罪があるといってもそれは戊辰戦争以前のこと。その後、悔悟自新、前罪を償うべく奮発しているにもかかわらず、ありもしない疑いをかけられるようでは、我が素志に反する。もし、藩の降伏以前の罪について追及するというのであれば弁破してみせよう。もし、降伏後の挙動で疑うべきことがあるというのならば速やかに糾明されたい。その際は法廷において堂々と釈明するつもりである。それでも罪ありというのならば、入牢であれ、追放であれ、禁錮であれ、甘んじて受けよう」と。

そうして龍雄は、この日、忽然と寄宿所から姿を消した。辞すに際して賦したのが「題集議院障壁（集議院の障壁に題す）」（『東北偉人雲井龍雄全集』所収）である。

天門之窄窄於甕
不容射鈎一管仲
蹭蹬無恙舊麒麟
生還江湖眞一夢
自笑豪氣猶未摧
毎經一艱一倍來
睥睨蜻蜓州首尾
將向何處試我才
溝壑平生決此志
道窮命乖何足異
唯須痛飲醉自寛
埋骨之山到處翠

天門の窄《せま》きは甕よりも窄し
容れず　射鈎《しやこう》の一管仲
蹭蹬《そうとう》するも恙《つつが》なし　旧麒麟
生きて江湖に還るは真に一夢
自笑す　豪気なほ未だ摧けず
一艱を経るごとに一倍し来るを
睥睨《へいげい》す　蜻蜓《せいてい》州の首尾
将《まさ》に何《いず》れの処に向ひて我が才を試みん
溝壑《こうがく》は平生にしてこの志を決す
道窮まりて命乖《そむ》くも何ぞ異とするに足らんや
ただ須《すべか》らく痛飲し酔へば自ら寛たるべく
骨を埋むるの山は到るところ翠《みどり》なり

「天朝の門戸の狭いことといったら甕の口よりも狭い。自らの命をねらった管仲をかえって召し抱えた桓公のような度量は今の政権にはない。かつて将来を嘱望された私は、これまで一再ならず挫折を強いられたが、今日までなんとか事なきをえている。こうして生きて世間に戻れようとはまるで一場の夢のようである。豪気はいまなお挫かれることなく、むしろ艱難を経るごとに倍加する。なんとも我ながら可笑しいものだ。日本の行く末に目をこらし、さて、どこに向かって我が志を試そうか。艱苦は常と思い定めてここに志を決しよう。道極まり、天命が意に沿わずともどうして異とするに足りようか。痛飲し酔えば自ずと気はくつろぐ。死処などどこにでも求められようから大望を果たさんがため尽力するだけである」と。

意見どころか存在さえも受け容れられなかった龍雄は、薩摩をはじめ現政権の有力者への敵意をますます深め、彼らを打倒すべく集議院を後にしたのである。

藩政改革に邁進する誠一郎

集議院を去る二日前の十六日、龍雄は誠一郎のもとを訪れた。進退について告げたと覚しい。さらに、龍雄が寄宿所を辞した翌日の十九日には、集議院から米沢藩に対して龍雄の身柄を藩邸内にとどめるよう沙汰が下る。さらに、その翌日には、稲津から公用人の森三郎に対して呼び出しがあり、龍雄を正式に辞職させるよう相談があった。これ以上、傷を大きくしてはならないという稲津の最後の配慮であった。龍雄失踪の噂はたちまち全国に広まり、遠く京都でも米沢藩に対する疑惑がささやかれはじめた。加えて、報告書の提出期限が近づいてなお藩政改革が進まぬこともあり、それまで好意的だった右大臣の三条実美や大納言の岩倉具視からも米沢藩への不信の声が聞かれるようになっていった。

二十二日、誠一郎と森は、龍雄を潜伏先である数寄屋河岸の船宿稲屋に訪ね、久々に杯を交わした。おそらく、龍雄に自重を求めたのであろう。また、翌二十三日、誠一郎は森と相談のうえ、高知（土佐）藩の毛利恭助を訪ね、秘蔵の短刀村正を贈っている。そこには、三条家と縁戚関係のある高知藩を通じて、当時、東京に滞在中だった老公上杉齊憲を三条に引き合わせようとの思惑があった。すなわち、三条の口から齊憲に対して直々に改革を促してもらおうというのである。疑惑を払拭するには何としても改革を推進せねばならない。誠一郎の要請をうけて毛利は、即日、三条家用人の佐井寅次郎（高知藩士）に話を通じている。

かくして二十四日には早くも齊憲と三条との会談が実現の運びとなった。会談の席上、齊憲は断然改革に邁進する決意を三条に披瀝している。ついで、誠一郎は齊憲の改革への決意をより確乎たらしめんと、佐井とはかり三条の直書をもって齊憲を促すこととする。その直書は二十八日に藩邸に届き、これを受け取った齊憲は早速三条へ直書を認めると、翌二十九日、東京に到着した権大参事木滑要人と入れ替わるかたちで米沢へ向かった。

その後、齊憲は十一月九日に帰藩すると、十三日以降連日、大少参事を召して改革につき評議を続けた。方針が固まったのは十六日のことであった。これにより、門閥は廃止、士族は上士・下士・卒の三階級に合理化され、それにともなって大幅な禄制改革が断行される。概して諸務変革に沿った改革である。この間、東京の誠一郎は、小川や病床の継成から改革の不振を告げる書が達するたびに気を悩まし、国許に改革を促さねばならなかったが、二十一日に大属の古藤伝之丞により改革断行の報がもたらされると、ようやく愁眉を開いた。

一方、米沢では、二十九日に継成が数え三十八歳でこの世を去っている。改革の断行を見届けての死であった。これより先、十月六日に、誠一郎がはじめて三条に拝謁した際、三条は「板垣から甘糟のことを聞いた。国許にいるのか」「甘糟はいつ東京にもどるのか」「彼の者は同志か」と頻りに継成のことを尋ねた。新政府首脳のあいだでも継成の才能は知れ渡り、その帰還が待たれたのである。それだけに継成が不治の病に倒れたことは新政府にとっても大きな痛手であった。ゆえに、十一月十七日に、継成が病でもう長くないことを誠一郎から知らされた大久保利通は「実に愕然たること。さぞ御心配であろう」と悲嘆の色を隠さなかった。

継成亡き後、米沢藩にてその衣鉢《いはつ》を継ぐものがいるとすれば、誠一郎をおいて他になかった。すでに継成が東京を発った後から、誠一郎は自己の進退につき、高知藩の毛利恭助をはじめ諸方に周旋を開始していた。継成の東京帰任の目途が立たないならば、自らの進退は米沢藩の去就にかかわる。その自負のもと、誠一郎は「朝臣」となり改革を外から援護すべく要路に登用を働きかけたのである。そして、継成の死により誠一郎の新政府出仕は現実味を帯びはじめた。十二月十四日、誠一郎はこの件で再度毛利に相談に及び、談をまとめている（以上、宮島「明治二年己巳日記　巳四」）。

その後、誠一郎は、三条の厳命を引き出すことで千坂高雅の大参事就任を実現させ、ようやく一息つくことができた。これ以前、国許からは父一郎左衛門が病だとの知らせが届いており、十二月二十九日に藩から公用方を命ぜられると、ここに帰藩を願い出る（宮島誠一郎「明治三年庚午日記」二）。だが、誠一郎には帰藩の前に解決しておかねばならない案件があった。ほかでもない。龍雄のことである。

龍雄を戒める誠一郎

龍雄は集議院を去ったあと、数寄屋橋の船宿稲屋を根城に風流に身をやつしていた。稲津は以前と変わらず龍雄に厚情を示し、長州藩の林半七（友幸《ともゆき》）や増上寺学寮の僧侶たちも協力を惜しまなかった（明治二年十二月十九日付母宛雲井龍雄書簡、安藤『新稿雲井龍雄全伝』

所収)。それゆえ、龍雄は何不自由のない生活を送れたらしい。

とりわけ増上寺学寮の密雲寮には、琴・笙、さらには学問の稽古と称して頻繁に出入りし、学僧大俊とは肝胆相照らす仲となった。十一月五日、龍雄は稲屋に誠一郎を迎えて酒席をともにしているが、その際、芝山内の増上寺学寮に移りたいとの意志を漏らしている(宮島「明治二年己巳日記　巳四」)。

一方で、龍雄は藩の規則に縛られることをひどく嫌い、極力藩邸に寄りつこうとしなかった。その龍雄のもとには、かつての同志や新政府に不平を抱く面々が頻々と姿を現すようになる。戊辰戦争の際、龍雄と上州への行をともにした会津藩士の原直鉄《はらなおてつ》もその一人である。藩はここにようやく龍雄に対する警戒心を強め、誠一郎に龍雄の説諭を命じたのであった。

帰藩を願い出た十二月二十九日、誠一郎は龍雄のもとを訪れた。二日前、稲屋は火災で全焼し、龍雄は弓町(現・東京都文京区本郷)に転居していた。「身持ちを慎めばまた朝廷から御用もあるだろうから、ここは世上の疑惑を解くようつとめるべきだ」、誠一郎は懇々と龍雄を諭す。だが、龍雄には新政府に出仕する気など毛頭なかった。

あけて明治三年正月十四日、龍雄は誠一郎に餞別の雨畑硯《あまはたすずり》とともに長文の書を致した。冒頭、龍雄は暴挙に走り、主家に累を及ぼすことは決してないと誠一郎に弁明する。では、龍雄が目指すところはどこか。

「今計画していることは他日大波乱が起きたときに備えてのことですぐに功があらわれるものではありませんが、そこは気長にお見守りいただきたく存じます。私は未熟者ですが、今から一修行すれば、

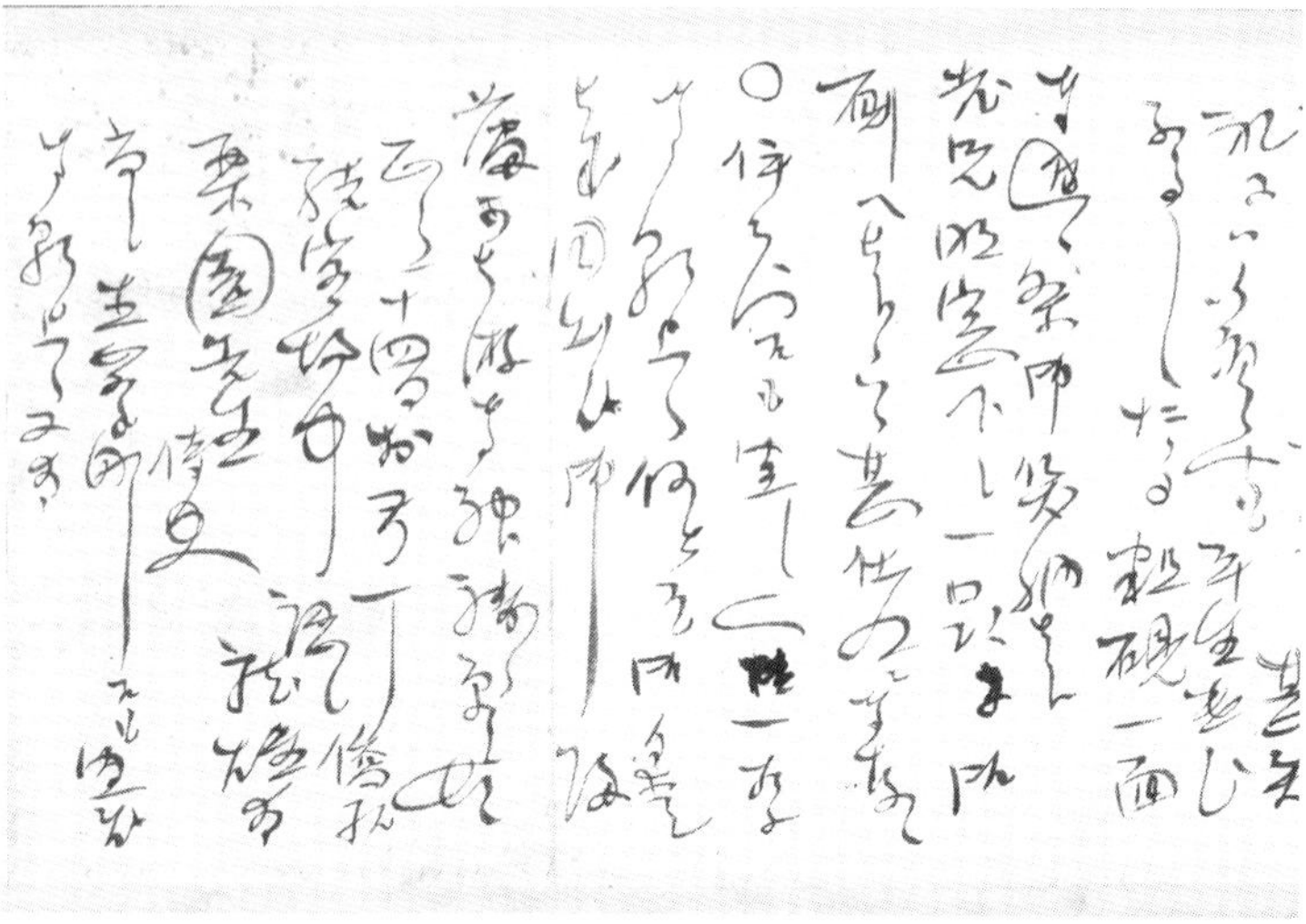

明治３年正月14日付宮島誠一郎宛雲井龍雄書簡　早稲田大学図書館所蔵

他日、大波乱のときは実効を挙げえましょう。ですから、それまでは細かいことは一切お気になさらず、私に自由をお与え下さり、決して怪しまれませぬよう」。他日、大波乱が起こったときに何事かなさんとしていたようだが、それが具体的にはどのような計画かは明かしていない。そして、誠一郎に次のように懇願する。

「私の身辺には日々侠客たちが集まってきておりますが、方向の正しからざるものは一人としておりません。また、進退にあたっては、安井息軒先生、田口江村先生の教えを仰いでおりますので決して軽挙に走ることもありません。これらのこと、どうかよろしく要路の方々にお伝えいただきたく存じます」。自身の潔白を新政府の要人に釈明してほしいというのである。だが、暴挙を否定し、身の潔白を主張しながら、次のようにも述べている。

「目前の挙動においては少しく規律を破ることもあるでしょう。あるいは時として「小朝廷の微官」や他藩の援助を受けたり、大波乱が起こる前に要路の諸公に拝謁して進言したりすることがあるかもしれません。ですが、以上述べたような赤心を御理解のうえお疑いのなきようにお願い致します。進退については師友と相談のうえ決しますので、藩からは掣肘《せいちゅう》を加えられず、遊学の期間は死のうとも逃げようとも帰ろうともお見捨て下さい」。多少の破律があるかもしれないが、それでも自分の行動に規制を加えぬようにと求めている。また、「小朝廷の微官」という言辞からは龍雄の新政府の要人に対する敵意が見え隠れする。終始文面からは漂うのは不穏な空気である。これを目にした誠一郎は不安を禁じ得なかったであろう。

正月二十日、誠一郎は継成にかわって待詔院下局出仕を命じられ、藩制取調にあたることとなった。二十三日には大納言の岩倉具視にはじめて面謁、「一昨年来の足下の誠忠はすでに政府内でも知られている。このうえいよいよ勤王に尽し、かつ旧藩主を助けて米沢藩政の一新にも意を払うように」と激励されている。だが、誠一郎はすでに藩から許しを得ていたこともあって、ひとまず予定通り帰藩することとし、二十九日に東京を発った。その三日前、誠一郎は酒楼甲子楼にて龍雄と面会している。帰藩を前に再度暴挙なきよう改めて龍雄に言い含めたのである。このとき龍雄は、以後は悠々自適、琴や笙に潜心することを約した。これを聞いて誠一郎は少しく胸をなで下ろしたのであった。

二月七日、米沢に到着した誠一郎は、以後父の看病に日を費やしたが平癒には至らず、三十日の休暇期間を延長せざるをえなかった。そのころ、長州では藩命により解体された諸隊の隊士たちが前年に引き続き蜂起し、敗れてなお九州・四国方面に脱走して、西国は緊迫した情況に陥った。その報は遠く米沢にまで達する。これをうけて、十五日に少参事の小川源太郎が上京、ついで三月七日、召命をうけた老公齊憲も上京することとなった（以上、宮島誠一郎「明治三年庚午日記」一）。

龍雄の政府転覆の野心

このようななか、東京では龍雄がついに行動を開始する。まず、二月十日に居を二本榎（現東京都港区）に移すと、近傍の久留米藩下屋敷に出入りするようになった。当時、久留米藩は藩を挙げて新政府に反抗的な態度を示しており、なかでも古松簡二《ふるまつかんじ》は龍雄の同志であった。ついで、隊下の者たちに英学を稽古させたいので、彼らともども二本榎の上行寺《じょうぎょうじ》・円真寺《えんしんじ》の二寺に転居したい旨を東京府に願い出て、同月十七日頃、許可を得ぬまま、これを実行、二十六日には両寺の門柱に「帰順部曲点検所」の標札を掲げる（安藤『新稿雲井龍雄全伝』）。

そうして、二十二日には新政府に歎願書（「公文録雲井龍雄隠謀始末」一所収）を提出し、自らの意図するところを公にした。歎願書に言う、「先年、私が方向を誤ったがために、我が部曲下千余名の者までもが天子様のお怒りを被ることになってしまい悔やんでも悔やみきれません。もし我が部曲にあって悔悟の気持ちなき者があれば、断乎説諭を加え、方向を改めさせることは言うまでもありません。しかし、一敗地にまみれ慙愧に堪えぬことから、あるいは天怒が容易に解けぬことから自暴自棄に走る者がいるかもしれません」と。

では、どうすべきというのか。「ここは前罪をとがめず、我が部曲はもちろん、同盟の部曲も含めて活路の道をお与えいただきたい。さしあたりこれら浪士たちを親兵に取り立てられたく、ついては、先に触れられた、浮浪の徒をかつて帰属したところの府藩県にお戻しになるという御布告をお改めいただきたい」ということであった。

戊辰戦争のおり、龍雄は貢士《こうし》を辞して京都を去るに際し、薩摩藩が親兵取り立ての費用として朝廷に十万石を献上したことについて「朝廷が全国の諸侯の人心を掌握したならば、諸藩の兵がこれすなわち天兵である」と異を唱えた。同志を親兵として取り立ててほしいという今回の歎願書の趣意はこれとまったく齟齬する。そもそも彼は新政府に失望して集議院を去ったはずである。それから幾許もせず新政府に親兵取り立てを出願するとは道理に合わない。龍雄が真意を韜晦《とうかい》していることは明らかであろう。では、その真意は那辺にあったのか。

集議院を去った後、龍雄は己が周囲に集う浪士たちに軽挙を戒めた。打倒薩摩の野望を胸に秘めつつも、今はその時機ではないと見たからである。それまでは渡欧して彼の地で研鑽を積むことを考えていた。

だが、明治二年十二月上旬、西国に下った旧幕臣の三枝采之介《さえぐささいのすけ》から、来秋頃九州で一波乱起こるであろうとの報告をうけると、龍雄は好機到来とばかりに一案を講ずる。すなわち、最初、新政府に同志ともども親兵に取り立ててくれるよう歎願し、許されて兵粮・武器を支給されるや、俄然矛を逆にして新政府の高官を殺戮、封建の制度に復せんとの企てである（「雲井龍雄口書」、「公文録雲井龍雄隠謀始末」一所収）。親兵取り立ての歎願は新政府の転覆の序曲に他ならなかった。

二月十六日、龍雄の同志である密雲寮の学僧大俊が、父母に孝養を尽すため、郷里である尾張に帰ることとなった。龍雄はこのとき大俊にある使命を与えていた。自分たちが東京で決起する日に備えて、尾張でも今から同志を糾合しておくようにというのである。東京を発つにあたって龍雄が大俊に贈った七言古詩（『東北偉人雲井龍雄全集』所収）には次のような句が見える。

天下之溺援可収　　天下の溺　援《たす》けて収むべし
人生豈無得志秋　　人生　あに志を得る秋《とき》なからん
或至虎呑狼食王土割裂　　あるいは虎呑狼食　王土割裂するに至らば
八州之草任君馬蹄踐蹂　　八州の草　君が馬蹄の踐蹂《せんじゅう》するに任せん

「天下が溺れていれば援けて事を収めねばならない。人生に志を得るときは必ず来る。貪婪な虎狼どもが王土を掠め取ったならば、関八州を攻略するのは君に任せよう」。虎狼が薩摩藩出身者をはじめとする新政府高官を指すことは言うまでもあるまい。

これに対して、大俊もまた五言古詩（安藤『新稿雲井龍雄全伝』）でもって応えているが、そこには次のようにある。

丈夫有素志　　丈夫素志有らば
堅忍要大成　　堅忍して大成を要す
碌々林下臥　　碌々として林下に臥して
堪見歳節更　　見るに堪へたり　歳節更《あらた》まるを
決然投袂起　　決然　袂を投じて起《た》たば

天地一身輕　　天地　一身軽し
貝葉易陰符　　貝葉は陰符に易《か》へて
禅寂換縦横　　禅寂は縦横に換ふ
縦横師鬼谷　　縦横は鬼谷に師して
願將行大兵　　願くば将《まさ》に大兵を行《や》らんとす
良治學蕭相　　良治は蕭相に学びて
願將安群氓　　願くば将に群氓を安んぜんとす

「男子たるもの宿志あらば、まずは隠忍して成功を期さねばならない。野にあって静かに身を潜めていれば必ずや機も改まるであろう。時が来て決然と立つに及んでは、天地間どこへでも身軽やかに駆けつけよう。この後は仏典をすてて軍書にかえ、禅道を脱して合従連衡に奔走しよう。連衡策は鬼谷子（中国春秋戦国時代の軍師）に学び、願わくば大兵を動かしたい。治政については漢の宰相蕭何に学んで、願わくば人民を安んじたい」。大俊は善政を布くべく同志を糾合して新政府から高官たちを駆逐すると龍雄に誓ったのである。

計画は大俊のほか龍雄が心を許した一部の者たちに洩らされた。戊辰戦争以来の同志である原直鉄もその一人である。大俊と前後して原も龍雄の要請をうけて東京を発った。目的地は日光である。やはり東京に呼応して日光でも事を起こそうとの計画であった。戊辰戦争で上州・野州方面を転戦した原にとって、日光はいわば地盤であり、龍雄もかつての上州行でこの地に多数の同志を得ていた。龍雄の呼び掛けにいち早く応じたのが、戊辰の際、龍雄と同志の契りを結んだ足尾龍蔵寺住職の大忍坊、元日光奉行所吟味役山口忠兵衛らであった。

一方、龍雄はと言えば、隊下の者に自重を促すとともに援助を求めて諸方を駆けまわった。ここでも龍雄を利したのは、幕末以来つちかってきた人脈であった。引き続き稲津の厚意に与《あず》かりつつ、三計塾出身の広沢真臣（参議・長州）・佐佐木高行（参議・土佐）・大東義徹《おおひがしぎてつ》（彦根藩大参事）、かつて京都において交流のあった長州藩の名和緩《なわかん》（新潟県大参事）・長松幹《ながまつみき》（太政官少弁）らのもとを訪ね、広沢・佐佐木・大東からは若干の資金を得たとのことである。

また、静岡まで足を延ばし、盟友人見勝太郎《ひとみかつたろう》の伝手で、山岡鉄太郎《やまおかてつたろう》（鉄舟《てつしゅう》）とも接触した（安藤『新稿雲井龍雄全伝』）。後に山岡本人が誠一郎に語ったところによれば、徳川の脱走人をことごとく捕縛し、その者らの身柄を自分に預けて欲しいと迫ったという（宮島「明治三年庚午日記」一、五月二十一日条）。

その他、米沢はもちろんのこと、斗南《となみ》・仙台・磐城平・相馬・棚倉・上山といった東北の諸藩、さらには川越藩・長州藩などから資金援助を受けていたことが、後日、龍雄の同志たちが供述したところから確認される（「北村正機口書」、「公文録雲井龍雄隠謀始末」一所収）。

政府要人の警戒

龍雄は諸方への工作に手応えをつかんだと見え、三月八日付の書簡（安藤『新稿雲井龍雄全伝』所収）で実兄の中島虎橘《なかじまとらきち》に「歎願もどうふやら叶ひそうに相見え申し候」と報じているが、新政府の首脳は、当然のことながら彼を警戒した。広沢や佐佐木にしても決して龍雄の親兵取り立ての歎願に賛同したわけではない。龍雄が蜂起の野心を包蔵していることを半ば見透かしつつ、それを未然に防ぐべく慎重を期したのである。広沢は、龍雄らの動向を東京府にしかと探索させたうえで、一統を旧籍地に帰し、産業に就かしめるべきだと主張した。他方、佐佐木は龍雄らを今いる二寺に留め置き、怪しい挙動がないかよくよく目をつけて、説諭により悔悟の姿勢が見られれば、能力によっては官途につかせ、その他は産業に従事させるのが得策だという意見であった（『保古飛呂比—佐々木高行日記』四、明治三年三月十七日条）。

龍雄の歎願をうけた新政府の参議らは、農とすべきは農、商とすべきは商としたうえで、残員がどれだけになるのか申し出るよう龍雄に命じた。これに対して龍雄は、三月十一日、二度目の歎願書（「公文録雲井龍雄隠謀始末」一所収）を提出する。このなかで龍雄は、自身の部曲の総人数が千二百九十名、同盟部曲の総人数が約七千名であること、同志は各地に散在しており、潜伏地の施政如何によって順逆を異にすること等を報告。それを踏まえて、開放すべき兵員がどれだけで、残すべき兵員がどれだけになるかあらかじめ判断がつかないとし、前罪を免ずる旨の布告が出されない以上、姓名を明かすことはできないと回答した。

もちろん、新政府から疑惑を持たれていることは龍雄もよく自覚しており、その後も三月十六日・二十一日と立て続けに歎願書（「公文録雲井龍雄隠謀始末」一所収）を提出、弁明につとめた。これらのなかで、龍雄は、自己の部曲、同盟部曲のなかに、同志を語らい、不逞を働く輩があった場合には厳に取り締まることを約し、それと同時に、府藩県中の「姦曲の小人」が官員に阿諛《あゆ》して告訴讒言《ざんげん》に及んだ場合、これを取り締まるべきこと、故なく獄に繋がれている同志については釈放すべきことを求めている。だが、それでも新政府の疑惑は晴れなかった。そして、その疑惑の目は、龍雄を取り締まらず野放しにしていた米沢藩へも向けられることとなる。

誠一郎が休暇を終えて上京したのは、そのような折の三月二十八日のことであった。龍雄のことで進退に窮していた少参事の小川源太郎は欣《きん》喜《き》雀躍《じゃくやく》して誠一郎を迎え、さっそく自身が起居する小屋に龍雄を呼び寄せた。二人して龍雄を説得しようというのである。

龍雄の尋常ならざる様子を見るなり、誠一郎はすべてを察知した。龍雄は長州の脱隊騒動に乗じて事を起こさんとしたものの、案に相違して早々に鎮圧されてしまい、己《おの》が意図を隠し通せなくなっているのだと。小川から龍雄が召集した同志たちの処遇に手を焼いているとの報告をうけたとき、誠一郎の疑念は確信へと変わった。「小島（龍雄の本姓）の言を信じて帰藩したがために、藩は彼のことで政府から嫌疑を被ることになってしまった」。誠一郎の面には深い憂色が湛えられていた。ここに誠一郎と龍雄のあいだで問答がはじまる。

「帰順の名目で浮浪の徒を集めているとのことだが、この件は政府のしかるべき筋に届けているのか」と誠一郎。「佐佐木参議に届け出ております」と龍雄。だが、誠一郎の見るところそれだけでは事足りない。言を継ぎ、次のように龍雄をたしなめた。「土佐藩の人とは一昨年来我が藩でも意を通じているので、これに届け出たところで疑惑を晴らすことはできない。足下は戊辰のときもことさら薩摩を憎んで挙動していたから、公平無私たることを証そうとするならば、薩摩出身の参議大久保利通か兵部大丞黒田清隆に面謁して始末をつけるがよかろう。そうでなければ私は足下の挙動に仮借なく非難を加える」と。

龍雄は平身低頭、誠一郎の言に応じてその場を辞した。とはいえ、薩摩出身の高官に膝を屈する龍雄ではない。

龍雄が去った後、誠一郎は小川にこの間の藩の怠慢をなじった。「森が藩邸の全権を掌握し、綱紀の粛正にあたっていながら、小島にかかる挙動を許すとはあまりに緩慢ではないか」と。だが、小川によれば、森は小島にすっかり籠絡されてしまっているとのことであった。「あらかじめ厳重に取り締まり藩論をもって小島を処置していたならば、こんなことにはならなかったものの」と小川が歎いたところで、それは後の祭りというものである。

誠一郎の上京を待ち望んでいたのは小川ばかりではない。薩摩出身の弾正少弼吉井友実《よしいともざね》や兵部大丞川村純義《かわむらすみよし》も同様であった。四月五日、彼らは龍雄のことで誠一郎をこう詰問する。

雲井一統が趣意書を錦の袋に入れて市中を徘徊し、他日、朝廷に採用されたおり願いの筋は何なりと聞くからといって方々で寄附を募っているようだ。このことは大久保・黒田も承知しているし、東京府や弾正台でも気を配っているところだが、先に我が藩邸にも同様の願いがあった。雲井が一己の浮浪ならば金を贈ったところで差し支えないが、彼はれっきとして米沢藩士であり、まずは上杉家が救助するのが筋というもの、我が藩はその旨をもって雲井の申し出を断った。土佐は醵金に応じたというがどういう了簡か。いったい雲井とは何者でどのようなわけでかかる所業に及ぶのか。

これに対して、誠一郎が一連の経緯を説明すると、吉井は「かかる外聞を驚かすものを米沢藩邸の重役は野放しにしておくべきではない」と忠告した。

誠一郎はすぐさま藩邸に赴き、権大参事の新保左馬之助、少参事の小川源太郎、権少参事の森三郎に吉井らの言を報告、会議の末、龍雄を藩邸内に呼び寄せて尋問し、今日までの挙動を手続書として提出することとなった（宮島「明治三年庚午日記」一）。かくして、七日には森から一連の書類が提出されたが、その際、森は「とくに不審の廉もなく、やむなき情実のように見えるが、容易ならざることなので、御不審の廉があればお呼び出しのうえ御尋問下されたい」と書き添えている（「公文録雲井龍雄隠謀始末」一）。

龍雄の米沢送還

だが、森の言とは裏腹に、新政府の不審は深まるばかりであった。四月十四日、呼び出しを受けて弁官伝達所に出頭した森は、少弁の内田正風《うちだまさかぜ》（薩摩）から、龍雄を藩邸で謹慎させ、徹底的に取り調べるよう命ぜられる。龍雄を同志たちと引き分け、一統の気勢をそぐとともに、陰謀を暴こうと試みたのである。

これをうけて、森は再び龍雄を呼び出し尋問に及ぶが、その能弁の前にまたも丸め込まれてしまう。「今、私が藩邸に身柄を移され、士官たちと離れ放れとなっては諸部曲を統率することができない。ついては、一統とともに邸内に雑居するか、さもなくば、兵部省御用邸の一室を借り受け、そこで一同天裁を待ちたい」。

この龍雄の言を森はもっともとして、「ここは邸内に閉居させることなくいままでどおり彼を自由の身とし、用事があった場合は、その行き先を届けさせ、彼らと行き来したい」と新政府に願い出た（「公文録雲井龍雄隠謀始末」一）。

もはや米沢藩はあてにならない、そう確信した東京府大参事の大木喬任《おおきたかとう》（肥前）は、自ら手を下さんとする。まず米沢藩に命じて龍雄を国許に送還し、その後、太政官からの命をうけた東京府が一統を帰籍させるべく戸籍調に取り懸かる。大木の意見であった（「雲井処置云々」）。

内田から大木の意見を取り次がれた佐佐木高行は「四月二十七日には廟議が決し、何らかの達が下るであろうから、それまでは事が発覚しない限り、処分は見合わせるように」と東京府に指示したが（明治三年四月三日付大木喬任宛内田正風書簡）、その後、事態は概ね大木の思惑どおりに進んだ。二十九日、新政府は龍雄の歎願を却下、部曲下の者を早々に旧籍に帰すよう命じたうえで龍雄の謹慎を解いた。この日、誠一郎は毛利恭助から龍雄の件で何か注意を受けている。龍雄を暴挙に走らせぬよう言い含められたものか。

一方、この達は龍雄をはじめ一統をいたく動揺させたようである。五月二日、かねて不始末を犯し龍雄の命により円真寺で謹慎していた宮沢左衛門が割腹を遂げたのも隠謀の発覚を恐れてのことであったかもしれない。十一日、誠一郎は龍雄の訪問をうけたが、そのときの様子を「心中余程混乱と相見え、答問詰語、順序を失」と日記に書き留めている（宮島「明治三年庚午日記」二）。そして、新政府は十三日に、龍雄を国許に護送するよう米沢藩に命じたのであった。

翌十四日、龍雄は東京から米沢に護送されることとなった。このとき、同志の南斎敬吉《なんざいけいきち》（米沢藩士）は龍雄から「秋までには再挙の機もあろうからそれまで同志をまとめておくように」と言い含められている。

米沢護送後、龍雄は藩命により謹慎に処されるが、監視人を付され、一般の罪人同様に扱われるのは、彼には何としても納得できぬところで、五月二十三日、謹慎の身ながら、かつての上司猪俣宮次《いのまたみやじ》に書を致し（安藤『新稿雲井龍雄全伝』上巻所収）、不満な胸中を訴えている。「私には群小の罪人と同じような取り扱いをうける筋合いはないので、別に一律を設けてお取り扱いいただきたい。もし、お許しいただけるならば御局に出頭し、堂々弁破申し上げたい」。

その龍雄のもとに、隠謀の発覚を恐れて脱走を企てた江忍之介《ごうおしのすけ》（元備中松山藩士）や増岡賽吉《ますおかさいきち》（出羽国小国郷増岡村農）が姿を現した。このときも龍雄は再起を期して彼らに自重を促した。ここに及んでも龍雄の意気はなお衰えを見せず、前途への希望が失われることはなかった。

龍雄の東京再送還・処刑

一方、米沢藩の東京藩邸は龍雄の国許送還を寛典と捉えた。龍雄の糺問を新政府が行えば、嫌疑は米沢藩にも及ぼうが、藩が身許を預かるならばその心配はない。だが、誠一郎は「いずれの御趣意か不分明、後日を待て了解すべし」と日記に記し不安な胸中を覗かせている。流石に誠一郎は事態を適確に捉えていた。前述のとおり、新政府は、まず一統から龍雄を引き離し、言質を引き出したうえで龍雄の追及に取り懸かることを考えていた。東京府はこの方針に沿って、龍雄が米沢に護送されると、一統の身柄を戸籍取調所に移管し尋問を開始する。

当初、罪跡はなかなかつかめなかったが、江秋水《ごうしゅうすい》（忍之介の父）が龍雄に宛てた一連の密書が突破口となった。これらは誠一郎の実弟小森沢琢蔵《こもりざわたくぞう》（長政）が秋水から託されたもので、秋水が東京府に召喚されたことをうけて米沢藩が新政府に提出したのであった。そのうち六月二十三日付の書簡（安藤『新稿雲井龍雄全伝』上巻所収）には、原直鉄が金策に苦心していること、日光へ赴き何やら企てていること等が報じられており、「よく窮を忍び居られ候あいだ、その内には原君の大いに為す所なるべし」との文言も見られた。新政府はこれを有力な根拠として、まずは原の口から陰謀をあばかんと、日光県に捜査を命ずる。その後、原とともにこの方面で画策するところがあった斗南藩士の簗瀬《やなせ》勝吉《かつきち》・山田陽次郎が捕らえられ、さらに原の呼び掛けに応じた大忍坊・山口忠兵衛・内藤長助・佐藤一馬らも次々と摘発された。当の原は逃亡を続けたが、潜伏先の会津若松でついに縛に就いた。

ここに外堀を埋めた新政府は、七月二十日、米沢藩に命じて龍雄を東京に召喚する。二十二日、誠一郎は米沢藩邸に立ち寄り、藩邸詰の面々と評議に及んでいるが、その際「朝臣」の立場から、龍雄の件を落ち度のなく弁官に上申しておくよう「沙汰」している。すでに東京府にて龍雄は「由井正雪の跡継」とされており、この期に及んで手落ちがあっては藩の瑕瑾《かきん》となりかねない。誠一郎にとって龍雄の東京再送還は「散々の事」であり、滞りなく龍雄の身柄が東京に達することを祈るばかりであった（宮島「明治三年庚午日記」一、七月二十二日条、同月二十九日条）。

龍雄は八月五日、米沢を発ち、十四日に無事東京に送還されると、十八日に身柄を小伝馬町の獄舎に移された。尋問の際の龍雄の様子は民部大丞の林半七を通じて誠一郎の耳にも達した。前述の通り、林は慶応四年に京都で龍雄と邂逅して以来交わりを結び、明治二年に彼が上京してからも何くれとなく世話を焼いていた。

その林によれば、龍雄ははじめこそ尋問に立派に答弁していたが、やがて未練がましい素振りを見せ始めたという。その言動につき林は、大忍坊が不軌を謀ったことを認めたうえで舌をかみ切らんとしたのとは対照的で、まったく「丈夫の所作」がなく、「ドロボウ頭取」同然だと評する。

実際、龍雄が尋問でどのような様子だったかはわからないが、護送の直前まで己が進む道を信じて疑わず、その弁舌に自信を覗かせていたことをみれば、彼は能弁を恃んで最後まで自己の正当性を官に訴えたのではあるまいか。そのさまはあるいは見るものによって未練がましく映じたのかもしれない。

一方、林の言を聞いた誠一郎は「さてさて、山師ほどいやなものはなし。終には身を敗り、国家まで瑕瑾を出し申し候。小島龍三郎の罪は米沢政府の罪なり」と日記（宮島「明治三年庚午日記」二、九月二十一日条）に記している。中央集権体制構築の一端を担うことが、皇国のためであり、ひいては藩の汚名を雪ぐことになる。そう信じて藩政改革に邁進する誠一郎にとって龍雄の言動は常に頭痛の種であった。温厚な彼に似合わぬこの言は、龍雄との溝がもはや越えがたかったことを物語っている。

米沢藩が龍雄によって被った嫌疑を払拭するためには、藩政改革をさらに推し進め、実効を示すほかない。九月十日の「藩制」公布はその契機となった。これにより、新政府は藩政への介入を強め、府藩県の施政一致を徹底させようとしたのである。

誠一郎は、局外から東京詰の藩首脳を励まし、「藩制」につき参議大久保利通に質問しながら改革の素案を形作っていった。そして、それが完成し、十月九日に権少参事の森三郎と山吉盛典《やまよしもりのり》が帰藩の途につくと、国許ではこの案に沿った藩政改革が着手された。改革断行の報は二十二日に誠一郎のもとに届いている（宮島「明治三年庚午日記」二）。このとき、彼は得意の絶頂にあった。龍雄が梟首の刑に処されたのはそれから三ヶ月を経た十二月二十六日のこと。誠一郎のこの日の日記には「雲井龍雄梟示」と記されるのみである（宮島「明治三庚午九月ヨリ十二月ニ到ル」）。

おわりに

運命の岐路

宮島誠一郎は明治四十四年(一九一一)三月十五日、七十四歳でこの世を去った。新政府の諸職を歴任し、貴族院議員として天寿を全うした。出世こそしなかったものの、彼が最後まで官に身を置くことができたのは、幕末維新期の探索周旋活動でつちかった鋭い状況判断能力と幅広い人脈があったればこそであろう。

誠一郎が封建体制から中央集権体制への移行を時代の要請として感得し、藩を越える忠誠の対象として国家を意識できたのは、戊辰戦争のさなか旧幕臣勝海舟の謦咳に接し、戦後処理において勝の真意とするところを、身をもって痛感したからであった。探索周旋活動における他者との交流は、誠一郎に情報だけでなく、国家意識転換の契機をももたらしたのである。

甘糟継成は、時代を乗り切るために情報が重要であることを誰よりも強く認識し、そのことを理解しようとしない藩当局にしばしばいらだちをあらわにしつつも、自らの足で情報を稼ごうとはしなかった。身分意識の強い継成にとって、情報収集は身分の低い者の役であり、侍組の自分の任はあくまでそれをもとに政策を立案して藩に進言することであった。それゆえ、情報から優れた政論を導き出すことができても、誠一郎のように国家意識転換の契機をつかむことはできなかった。誠一郎は、継成が自分よりはるかに優れた才能を持つことを知るだけに、彼が藩や身分という閾を越えられないことを惜しんだ。そして、継成の目を藩から国家に向けさせ、その才能を国家のために発揮させるべく、勝をはじめさまざまな人物に引き合わせ、藩外交の最前線に立たせんとした。その後、継成の視線が国家に移ったことを見て取ると、誠一郎は人脈を駆使し、継成の才能を新政府要路に売り込んでいったのである。

こうしてみると、情報は人との交流のなかではじめて効力を発揮し、思想の跳躍台たりうる、あるいは、人に思想の転換を迫るのは情報よりもそれをもたらすネットワークだとも言えるのかもしれない。だが、戊辰戦争で誠一郎と同じく探索周旋活動に携わった雲井龍雄は、三計塾出身という経歴を背景に誠一郎よりも幅広い人脈を有しながら、彼とは対照的に維新後も封建体制に固執し、中央集権化を推進する薩摩藩を打倒すべく、武力での新政府転覆を企図するに至る。龍雄はその人脈のなかに思想的転換の契機を見出せなかったのである。

もちろんそこには誠一郎と龍雄の個性の相違が要因として存在している。現実的で柔軟な思考を備えた誠一郎に対して、龍雄はあまりに詩人気質で一本気であった。だが、二人の運命を分った要因を個性の違いだけに帰するわけにもいかない。人の歩みは、さまざまな交流のなかで、いつ誰と出会い、誰にもっとも感化されたかによって大きく変わってくるものと考える。誠一郎は慶応四年の戊辰戦争のおり、勝と出会うことで、封建体制から中央集権体制へと国家意識転換の契機をつかみえたのであるが、龍雄は慶応元年に江戸に上り、安井息軒の薫陶をうけることにより、その封建思想をいっそう強固で揺るぎないものとした。そして、それは戊辰戦争での探索周旋活動を経ても変わることがなかった。

このような両者の思想的変遷の違いは、戊辰戦争後のネットワークの展開のありようにもあらわれる。薩長土肥四藩主の版籍奉還上表を知った誠一郎は、それを天皇のもとに国家の統一をはかる方途だと理解し、名実ともに正しい行為と評価、私情を捨てて薩摩藩への敵愾心を払拭する。それにともなって、彼のネットワークは薩摩出身者へと広がっていった。

だが、四藩主の版籍奉還上表をうけての龍雄の反応は誠一郎とは対照的であった。龍雄にとって版籍奉還は、封建体制はもちろんのこと、藩主と藩士のあいだに育まれた君臣の情誼などそこに息づくすべての価値観を圧殺するものであり、それらを固守しようとする彼には到底受け容れがたい選択であった。それどころか、彼の目には、王土王民の名のもとに政府に権力を集中し、覇権を握らんとする薩摩の邪謀とさえ映じたのである。かくして、彼は一途に薩摩への憎悪を増幅させていく。そして、幕末以来つちかったネットワークは、薩摩出身者が権力を握る政府を転覆するために利用され、費消されたのであった。

遺産の継承

それでは、継成と龍雄の生涯はひとり残された誠一郎にどのような影響を及ぼしたのか。また、三人の辿った軌跡は旧米沢藩の後身たちをどのような方向に導いていったのか。

明治四年（一八七一）、誠一郎は高知藩にならい、「藩制」を凌駕する急進的改革を米沢藩において実現すべく奔走する。「四民平均」を掲げたそれは、廃藩をも射程に入れたものであった。高知藩をモデルに藩政改革を推進する藩は米沢のみならず全国に広がり、やがてこれらの諸藩は、東京において高知藩大参事の板垣退助を中心に結集の動きを見せるようになる。その嚆矢となったのが、明治四年四月十四日の会合であった。

この日、誠一郎の呼び掛けで高知・熊本・徳島・彦根・福井・米沢諸藩の大少参事、および三条家の森寺邦之輔が一堂に会して、藩政改革について話し合いの機会がもたれたのである。以後、かかる会合はこれら諸藩のあいだで定例化し、会場が小梅の料亭小倉庵であったことから「小倉庵会」と名付けられる。彼らは会合を重ねるなかで、自分たちは「朝権」確立のため全国の諸藩に範を示しているのだという強烈な自負を抱くようになり、しだいに藩の利害をのりこえていく（宮島誠一郎「明治四年日記」）。

そして、その自負から、諸藩改革派は、集議院が休院状態のなか、諸藩の大少参事を構成員とする議院の開催を政府に要求するに至る。これに対して、諸藩の台頭を恐れた薩長出身の政府首脳部は、七月十四日に突如として廃藩置県を断行、ここに諸藩改革派の議院開設運動は頓挫を余儀なくされた。

だが、廃藩置県後、新政府の議事機関左院に登用された誠一郎は、出仕先の左院に提出した「立国憲議」（宮島誠一郎「国憲編纂起原　全」所収）のなかで、この構想を別の形で提唱する。我が国にとっては「君民同治」こそが理想的な政治形態であり、そのためには民選議院を開かねばならないが、現状では難しいので、当面地方官会議を民選議院の代替とすべきだというのである。

以後、誠一郎は地方官会議開設に尽力するが、それと同時に、旧米沢藩士を地方に送り込んでいく。地方官は米沢藩のような「朝敵」藩の出身者でも何とか得られる職であり、その地方官を立法官に位置づけることで、後進が国政に参画する道筋を付けようとしたのである。

ところで、「君民同治」の理念のもと議院を政権運営のなかに組み込むというこの構想は、誠一郎が継成から受け継いだものだったようである。継成が残した文書のなかに「君民同治政体表」なるものがある。そこに示された「君民同治政体」は、君主のもと、司法府・立法府・行政府を置き、立法府を上下両議院にわけるというものであった。殊に立法府についてはイギリス・フランス・プロシャ・オランダの実態が、上下両院にわけて簡略に記されている。誠一郎はこれに着想を得て、自己の立憲政体構想を形作っていったのではないか。

継成の恩恵に浴したのは誠一郎のみではない。明治二年に東京に上った継成が嫡男の竹太郎を呼び寄せ慶応義塾に入塾させたこと、継成の進言をうけて、米沢藩が慶應義塾で教鞭を執っていた吉田賢助を藩邸に迎え平田道策（東助）・内村洋庵を入門させたこと、そして、平田がのちに内務大臣・農商務大臣を歴任し、伯爵を授けられたことはすでに述べたが、その後も慶應義塾には旧米沢藩の子弟が次々と入塾し、優秀な人材が数多く巣だっていった。先に紹介した日銀総裁・大蔵大臣の池田成彬もその一人である。また、平田と同期の内村は、文部省に出仕後、東京外国語学校（現・東京外国語大学）校長となったが、内村の校長在任時には、小田切盛徳《おだぎりもりのり》（勇之進）の嫡子万寿之助《ますのすけ》、誠一郎の嫡子大八《だいはち》が同校で中国語を学び、それぞれ、外交官（上海領事）、書家あるいは中国語教育の第一人者として大成している。かようにして継成は後進に道を開いた。

では、刑場の露と消えた龍雄は後進に何を残したのであろうか。

明治十年代、立憲政体を樹立すべく自由民権運動が全国的に隆盛を極めるが、その民権運動に身を投じた壮士たちが愛唱してやまなかったのが、龍雄の詩であった。

薩摩の専制を激情的な言辞であげつらう龍雄は、「有司専制」打破を声高に叫ぶ彼らにとって崇拝の対象だったのである。各地で民権家たちによる一連の激化事件が頻発していた明治十六年に龍雄の墓碑が東京の谷中《やなか》に建立されたのは故なきことではなかろう。

この墓碑建立の発起人となったのは山下千代雄。米沢藩出身で当時司法省法学校の学生であった。彼の龍雄への敬意は並々ならぬものがあり、明治三年八月に、龍雄が東京に召喚された際、龍雄を乗せた駕籠を米沢南郊の白旗松原までひとり見送ったのが、少年時代の山下であった。司法省法学校卒業後、帰郷した山下は、米沢で代言業の傍ら民権運動にも携わり、山形県下を代表する民権家、自由党の領袖へと成長していく。藩閥打破することで龍雄を地下に瞑せしめんとの思いが、彼を運動に駆り立てていた（友田昌宏「雲井龍雄と米沢民権家たち―精神の継承をめぐって」）。

雲井龍雄墓碑（谷中霊園）

一方、誠一郎はと言えば、明治五年にいち早く立憲政体の樹立を提唱したにもかかわらず、民権運動を蛇蝎《だかつ》の如く忌み嫌った。

誠一郎の「君民同治」論は、立法権を君と民が分有することとしつつも、政府をあくまで天皇の代理者とし、その政府のもとに行政権を置こうとするものであった。これに対して、民権運動が目指す議院内閣制では、選挙でもっとも多くの人民から支持を得た政党が内閣を組織し、行政をも担当することになる。両者の政権構想が相容れないものであったことはここに明らかであろう。

そして、その民権家たちを鼓舞していたのが龍雄であった。龍雄は死してなお誠一郎を悩ませ続けたと言えよう。

明治二十二年、大日本帝国憲法の発布をうけて龍雄は恩赦の対象となり、ようやくその罪を解かれた。そして、これ以降、官界や学界からも龍雄を評価し、その死を惜しむ声が徐々に聞かれるようになる。大蔵大臣や逓信大臣を務めた渡辺国武《わたなべくにたけ》は、そういった声の主の一人であった。明治三十年、誠一郎は龍雄から贈られた書簡を巻子に表装しているが、その際、この渡辺に題辞を嘱している。渡辺が誠一郎から示されたのは、明治三年正月十四日、龍雄が帰藩を前にした誠一郎に贈ったあの書簡である。

これを一読するや渡辺は、太古の昔、李陵が蘇武に贈ったという書に思いを馳せた。李陵と蘇武は友人同士で、ともに漢に仕えて匈奴攻略にあたったが、李陵は匈奴に投降して将軍となり、蘇武は匈奴に捕えられ、李陵から投降を勧められるも最後まで節を屈しなかった。渡辺が想起したのは、蘇武が釈放されて故国に帰るとき李陵が贈った書のことである。そして、渡辺は行間にすっかりあらわとなった鋭い槍のきっさきのごとき圭角に故人の悲劇の遠因を見て歎いた。

渡辺は言う、「世人は往々にして雲井氏を一壮士、一俠徒の行いを為したに過ぎぬと思っているようだが、ああなんたる浅慮か。かの人は一世の偉人と断言しうる。雲井氏は胸中に寛大さを欠き、用いる手段に穏当さを欠いたがためについに刑に触れた。いうなれば、年若く血気盛んでいまだ深く時勢を解せなかっただけのことである。もし涵養するに数年をもってすれば、その才気は熟練され、造詣は計り知れぬものとなったであろう」と。

だが、誠一郎はこれとは少しく違った見方をしていたようである。

「巻末に余白があるので翁も一筆加えられたい」と渡辺から慫慂された誠一郎は、巻尾に次のような文を寄せている。「この雲井の文はただに結論の段をはっきり言わないばかりか、意は斬新で、文は歯切れがよい（さながら禅問答のようだ）。禅の古刹に入ってこの手腕を振るえば、一世の文士たりとて意気を挫かれ色を失うであろう。感ずべきである」。龍雄の刑死はあたら文士気質の彼が政治に身を投じたために生じた悲劇だと考えたのである。誠一郎は、これより先明治二十六年に宮内省爵位局主事補を罷免されて非職となり、前年一月に貴族院議員の席を得たばかりであった。

政治家としての能力に限界を痛感し、出世の道を閉ざされながら、なお官途にしがみつかねばならない境遇にあって、誠一郎が思うのは文士雲井龍雄の悲劇であった。

参考文献

〈公刊史料〉

大乗寺良一編『甘糟備後継成遺文』(甘糟勇雄、一九六〇年)
甘糟継成『公武治乱機』(巻之一〜六まで所収、甘糟勇雄、一九六〇年)
『上杉家御年譜』十六巻〜二十巻(米沢温故会、一九八二年〜一九八四年)
麻績斐・櫻井美成編『東北偉人雲井龍雄全集』(東陽堂、一八九四年)
『久坂玄瑞全集』(マツノ書店、一九九二年)
『改訂肥後藩国事史料』巻四・巻九(国書刊行会、一九七三、一九七四年)
『谷干城遺稿』一(東京大学出版会、一九七五年)
安井息軒『北潜日抄』巻二(安井小太郎、一九二五年)
『広沢真臣日記』(東京大学出版会、一九七三年)
巌本善治編・勝部真長校注『新訂海舟座談』(岩波文庫、一九八三年)
『復古記』第十二冊・第十四冊(東京大学出版会、一九七五年)
『米沢藩戊辰文書』(東京大学出版会、一九六七年)
『戊辰戦役関係史料(米沢市史編集資料第五号)』(米沢市史編さん委員会、一九八一年)
『大久保利通文書』第三(東京大学出版会、一九六七年)
宮島誠一郎「国憲編纂起原　全」(日本文化研究会編『明治文化全集』第四巻憲政篇、日本評論社、一九七二年)

〈未公刊史料〉

市立米沢図書館所蔵「甘糟家文書」

・「公武治乱機」十一（二）
・「上洛日記」二（一三八―二―二）
・「在洛日記」五（一四〇―二―二）
・「慶応四年戊辰排悶日録」（一四三）
・「慶応元年乙丑胸秘備忘日録」（一四四―二）一、二、三
・「海警雑記」巻之一（一九四）
・「封事雑稿」一（二〇五）
・「封事雑稿」二（二一二）
・「封事雑稿」三（二一三）
・「安政五年戊午雑記　安政六年己未雑記」（二一四）
・「軍務雑記」一、二（三九一、三八九）
・明治二年九月十八日付庄田惣五郎・堀尾保助宛甘糟継成書簡（七五七）
・文久三年四月二十七日付森井惣四郎宛甘糟継成書簡（七六三）
・慶応元年某日付頼支峰宛甘糟継成書簡（七六四）
・仙台藩への使者の口上見込書草稿（八一〇）
・甘糟継成意見書草稿（八一三）
・太政官あて上杉齊憲意見書草稿（八五二）
・「君民同治政体」（八七九）

・藩主意見書草案（八八一、八八三、八九二）
・藩主意見書草案（八八四）
・藩職制案（八八七）
・明治二年八月某日付弁官宛甘糟継成意見書（八八八）
・「仙台へ御国使被遣候節口上見込書へ御下札御不審ニ付」（九三九）
・藩内への諭達案草稿（九四〇）
・甘糟継成意見書草稿（九四二）
・明治二年六月二十四日付宮島誠一郎宛甘糟継成書簡（九四三）
米沢市立上杉博物館所蔵「上杉文書」（雄松堂出版のマイクロフィルム版を使用）
・木滑要人「京都日記」（六二一）
・莅戸九郎兵衛「皇都日記」（六二二）
・甘糟継成「寓京日録」一（六二七）
・明治二年三月二十九日付甘糟継成意見書（一一二八―五―四・五）
・慶応四年閏四月二十一日付竹俣美作宛千坂太郎左衛門書簡（一一三二）
・慶応四年六月十八日付庄田惣五郎宛宮島誠一郎書簡（一一四六）
・「読史堂叢書」第三集五（一四七四―三―五）
・「明治二年木滑要人日記」（一四七四―三―七）
・「木滑要人日記」乾（一四八二―六―二）
市立米沢図書館所蔵「林泉文庫」
・「歴劫存録」（R二一一R）

・「池田茂政覚書」（R一八一Ⅰ）
早稲田大学図書館所蔵「宮島誠一郎文書」
・「江戸桜田邸ニ寄ル日記」（A二）
・「文久三年上洛古書」（A六）
・「上洛日記」第一巻、「京城日記」第三巻（以上、A五）
・「文久三年癸亥上洛日記」（A七―三）
・「丙寅三月記事」「慶応二年丙寅江戸日記」「慶応二年丙寅十二月事情」「慶応二年丙寅江戸家信」（A一一―一〜四）
・「丙寅日記」（A一二）第二号・第三号・第五号
・「文久三癸亥京師交友人名　慶応二年討長ノ形勢書」（A一五―二）
・「戊辰日記」（A一八）壱之巻〜拾弐之巻
・「東京日記　巳一」「東京日記　巳二」「巳三」「明治二年己巳日記　巳四」（A二七）
・「明治三年庚午日記」一（A二九）
・「明治三年庚午日記」二（A三一―二）
・「明治三庚午九月ヨリ十二月ニ到ル」（A三二）
・「明治四年日記」（A三四―二）
・「戊辰紀事」（B七）
・「養浩堂詩稿」（E四）巻二、四、五
・「自年譜稿」（F二六）
・明治三年正月十四日付宮島誠一郎宛雲井龍雄書簡（誠一郎および渡辺国武の識語、J一三）

・宮島一郎左衛門「成章堂日記」（L二）一、二、四、八、九、十、十一、十七
・「桑折警衛日記」（L二〇―三）
・宮島一郎左衛門「日記」（元治二年正月朔日～慶応元年十二月七日、L二四）
国立国会図書館憲政資料室所蔵「宮島誠一郎関係文書」
・「愚見」（一〇六四―一〇）
・「仙台藩玉虫左太夫遺筆」（一〇五四―二三）
・「養浩堂私記史料　戊辰之部　甲号」（二一一三）
・「上洛紀略」（二一七六）
・「明治戊辰年雑集」（二一七八）
・「文久二年建言之源因」（二六七九）
国立国会図書館憲政資料室所蔵「大木喬任関係文書」
・「雲井処置云々」（二二―一）
・明治三年四月三日付大木喬任宛内田正風書簡（四七六―一）
「嘉永二年分限帳」（市立米沢図書館所蔵「地域資料」）
人見寧撰「龍雄雲井君之墓表」（東京都台東区谷中霊園）
「雲井龍雄文書写真帳」（市立米沢図書館所蔵）
「米沢藩小森沢猪吉筆記」（国立国会図書館所蔵「内閣文庫」一六六―二〇一）
大瀧新蔵「文久三年年京都事情忠恕手記」二巻（市立米沢図書館所蔵「大瀧家文書」四八―二）
「米沢藩上書　鹿児島新聞」（東京大学史料編纂所所蔵「維新史料引継本」Ⅱほ―三二）
伊藤東溟「封建」（北海道石狩郡当別町「戸田家文書」）

宮島誠一郎「養浩堂私鈔」天（宮島家所蔵）
慶応元年十二月四日付喜多村彦太郎・荒尾騰作宛福富健次書簡（高知県立坂本龍馬記念館所蔵「土佐藩京都藩邸史料」二〇一）
慶応元年喜多村彦太郎・津田斧太郎・野崎紀宛横山匠作・山田吉次・福富健次書簡（同右、二六〇）
慶応元年十月朔日付高橋藤助宛雲井龍雄書簡（東京大学史料編纂所所蔵・貴二三―一九）
雲井龍雄「達之大意」（慶応三年十二月二十六日付、神奈川県文書館「山口コレクション」二七七）
「雲井龍雄資料」（早稲田大学図書館所蔵ヌ六―九二八六）
「海舟日記」七（東京都江戸東京博物館所蔵「勝海舟関係文書」）
「公文録雲井龍雄隠謀始末」一（国立公文書館所蔵二A九―公四二九）

〈著書・論文〉

青山忠正『明治維新（日本近世の歴史6）』（吉川弘文館、二〇一二年）
安藤英男『雲井龍雄研究　伝記篇』（明治書院、一九七二年）
安藤英男『新稿雲井龍雄全伝』上・下巻（光風社出版、一九八一年）
家近良樹『江戸幕府崩壊―孝明天皇と「一会桑」』（講談社学術文庫、二〇一四年）
家近良樹『徳川慶喜』（吉川弘文館、二〇一四年）
石井孝『戊辰戦争論』（吉川弘文館、二〇〇八年）
井上勲『王政復古―慶応三年十二月九日の政変』（中公新書、一九九一年）
上松俊弘「奥羽越列藩同盟の成立と米沢藩」（『歴史評論』第六三一号、二〇〇二年）
久住真也「奥羽列藩同盟と北越「防衛」の展開」（『地方史研究』第二六五号、一九九七年）

工藤威『奥羽列藩同盟の基礎的研究』(岩田書院、二〇〇二年)
栗原伸一郎「米沢藩士宮島誠一郎『戊辰日記』に関する一考察―広沢兵助(真臣)との密談をめぐる諸史料」(『歴史』第九八輯、二〇〇二年)
栗原伸一郎『戊辰戦争と「奥羽越」列藩同盟』(清文堂出版、二〇一七年)
香坂琴城「戊辰史上上杉藩去就甘粕備後守建白書」(『米沢有為会雑誌』第四一六号、一九三二年)
古賀勝次郎「安井息軒の生涯―安井息軒研究(二)」(『早稲田社会科学総合研究』第八巻第二号、二〇〇七年)
古賀勝次郎「安井息軒の著作(下)―安井息軒研究(五)」(『早稲田社会科学総合研究』第一〇巻第一号、二〇〇九年)
佐々木克「奥羽列藩同盟の形成と性格―東北戦争の歴史的意義」(『史苑』第三二巻第二号、一九七二年)
佐々木克『戊辰戦争―敗者の明治維新』(中公新書、一九七七年)
佐々木克『志士と官僚―明治を「創業」した人びと』(講談社学術文庫、二〇〇〇年)
佐藤昌介『洋学史論考』(思文閣出版、一九九三年)
白石烈「「公武合体」をめぐる会津藩の政治活動」(『史学研究』第二三五号、二〇〇二年)
高島真『謀殺された志士雲井龍雄―また蒼昊に訴えず』(歴史春秋出版、二〇〇三年)
高島真『雲井龍雄庄内藩探索紀行』(無明舎出版、二〇〇五年)
高橋秀直『幕末維新の政治と天皇』(吉川弘文館、二〇〇七年)
田中正弘「東北戦争に活躍せるスネルの素性」(『国学院雑誌』第七四巻第五号、一九七三年)
田中正弘「米沢藩と平松武兵衛―戊辰東北戦争の一断面」(『軍事史学』第一二巻第二号、一九七六年)
友田昌宏「文久三年京都政局と米沢藩の動向」(家近良樹編『もうひとつの明治維新―幕末史の再検討』有志舎、二〇〇六年)

友田昌宏『戊辰雪冤—米沢藩士・宮島誠一郎の「明治」』（講談社現代新書、二〇〇九年）
友田昌宏『未完の国家構想—宮島誠一郎と近代日本』（岩田書院、二〇一一年）
友田昌宏「雲井龍雄と米沢の民権家たち—精神の継承をめぐって」（友田編著『東北の近代と自由民権—「白河以北」を越えて』日本経済評論社、二〇一七年）
西澤真由子「宮島誠一郎の政治認識とその役割—戊辰期を中心として」（『早稲田大学大学院教育学研究科紀要』別冊第八号—二、二〇〇〇年）
西澤真由子「慶応期米沢藩の父子並勤問題と宮島誠一郎」（『日本史攷究』第二八号、二〇〇三年）
原口清『幕末中央政局の動向（原口清著作集①）』（岩田書院、二〇〇七年）
原口清『王政復古への道（原口清著作集②）』（岩田書院、二〇〇七年）
原口清『戊辰戦争論の展開（原口清著作集③）』（岩田書院、二〇〇八年）
判沢弘「宮島誠一郎と雲井竜雄—米沢藩の場合」（思想の科学研究会編『共同研究明治維新』、徳間書店、一九六七年）
藤原相之助『仙台戊辰史』（マツノ書店、二〇〇五年）
藤原相之助『奥羽戊辰戦争と仙台藩—世良修蔵事件顛末』（柏書房、一九八一年）
星野尚文「奥羽越列藩同盟の再検討—新潟開港問題との関連から」（『新潟史学』第三四号、一九九五年）
松尾正人『廃藩置県—統一国家への苦悶』（中公新書、一九八六年）
松尾正人『維新政権』（吉川弘文館、一九九五年）
松尾正人『廃藩置県の研究』（吉川弘文館、二〇〇一年）
的野半介『雲井龍雄之伝』（安川良夫、一八八一年）
溝口敏麿「米沢藩からみた北越戊辰戦争」（青木美智男・阿部恒久編『幕末維新と民衆社会』高志書院、一九九九

八年）
宮地正人『幕末維新期の文化と情報』（名著刊行会、一九九四年）
宮地正人『幕末維新期の社会的政治史研究』（岩波書店、一九九九年）
宮地正人『幕末維新変革史』上下（岩波書店、二〇一二年）
由井正臣編『幕末維新期の情報活動と政治構想―宮島誠一郎研究』（梓出版社、二〇〇四年）

関連年表

和暦	西暦	甘糟継成・宮島誠一郎・雲井龍雄の動向	主なできごと
天保三	一八三二	3・12甘糟継成、米沢城下直峯町の甘糟家（侍組）に長男として生まれる。	この年、村田清風、長州藩に藩政改革案を上申。
天保九	一八三八	7・20宮島誠一郎、米沢城下猪苗代片町の宮島家（五十騎組）に長男として生まれる。	9・―水戸藩主徳川斉昭、意見書『戊戌封事』を執筆。この年、高野長英『戊戌夢物語』を、渡辺崋山『慎機論』を執筆。
天保一二	一八四一	継成、この年に藩校興譲館に入学。	閏1・7将軍徳川家斉死去。5・15天保の改革始まる。10・11渡辺崋山自害。
天保一五 弘化元	一八四四	1・25雲井龍雄、米沢城下袋町の中島家（組外）生まれる。	3・11フランス軍艦、琉球に到来。7・2開国を求めるオランダ国王の国書が長崎に到来。
弘化四	一八四七	誠一郎、この年興譲館に入学。	2・―幕府、江戸湾警備を川越・忍・彦根・会津四藩に命ずる。
弘化五 嘉永元	一八四八	2・―継成、『越鑑』の第一巻を脱稿。9・16継成、隠居した父に代わり家督を相続。	5・7アメリカ捕鯨船、松前藩領に漂着。
嘉永四	一八五一	誠一郎、この頃、米沢藩の浅間翁助に入門。龍雄、この年、上泉清次郎の家塾に入塾。	1・3中浜万次郎、琉球に上陸。
嘉永五	一八五二	龍雄、この年、上泉清次郎の病没により、曽根魯庵の家塾に移る。継成、この年、地球儀を作る。	6・5オランダ商館長、アメリカの来日を予告。
嘉永六	一八五三	誠一郎、この年冬に山田蠖堂に入門。	6・3アメリカのペリー艦隊、浦賀沖に来航。7・18ロシア使節プチャーチン、長崎に来航。
嘉永七 安政元	一八五四	3・12継成、『鷹山公偉蹟録』の執筆開始。	1・16ペリー艦隊再来。3・3日米和親条約締結。
安政二	一八五五	龍雄、この年、山田蠖堂に入門。	6・―幕府、長崎に海軍伝習所開設。

和暦	西暦	甘糟継成・宮島誠一郎・雲井龍雄の動向	主なできごと
安政四	一八五七	龍雄、この年、興譲館に入学。	12・11アメリカ総領事のハリスとのあいだで修好通商条約締結の交渉始まる。
安政五	一八五八	5・－継成、定仮助読に就任。	6・19幕府、無勅許にて日米修好通商条約を締結。8・8朝廷、戊午の密勅を水戸藩に下す。9・7安政の大獄始まる。
安政六	一八五九	6・－継成、友于堂助読に就任。	5・28幕府、神奈川・箱館・長崎、開港を布告。10・7橋本左内・頼三樹三郎、処刑される。10・27吉田松陰、処刑される。
安政七 万延元	一八六〇	3・7誠一郎、江戸在府中の実弟小森沢猪吉から書翰で桜田門外の変について知る。	3・3大老井伊直弼、桜田門外にて水戸浪士に襲撃され、命を落とす。
文久元	一八六一	龍雄、この年、小島家に入籍する。	5・29山田蠖堂自刃。
文久二	一八六二	3・12継成、『鷹山公偉蹟録』二十一巻を脱稿。9・－継成、学館典籍に就任。10・10継成、藩主上杉齊憲の上洛に反対する意見書を藩に提出。10・18継成、開鎖の是非、軍制改革につき意見書を藩に提出。10・27継成、幕権回復を期す旨の意見書を藩に提出。12・－誠一郎、公武合体・武備充実の実現を説く意見書を藩奉行千坂高明に提出。	1・15老中安藤信正、坂下門外にて水戸浪士に襲撃される。4・23寺田屋事件。5・－文久の幕政改革始まる。9・15米沢藩主上杉齊憲、将軍上洛につき、供奉を願い出る（28日許可）。
文久三	一八六三	1・10継成と誠一郎、米沢から上洛の途につく（2・10着京）。5・10龍雄、小島家の家督を相続する。5・26継成、学問機智あるものを探索に当たらせるよう藩に建言。6・10誠一郎、頼支峰の宅にて藝州藩士加藤七郎兵衛に邂逅。7・16誠	1・1上杉齊憲、米沢を出立、上洛の途につく。2・4米沢藩、幕府から屋代郷における私領同様の仕置きを許される。2・29上杉齊憲、幕府から京都警衛を命ぜられる。3・4将軍徳川家茂、着京。3・11孝明天皇、加茂社に行幸。3・22上杉

		一郎、会津藩の秋月悌次郎を訪ね、肥前藩周旋方長森伝次郎から政治情報を得る。8・5御所にて米沢を含む在京諸藩の調練が行われ、継成・誠一郎も参加。8・16、17継成・誠一郎、攘夷親征断行につきそれぞれ意見書を藩に提出。8・18八月十八日の政変。継成・誠一郎、齊憲に従い、御所の守衛にあたる。8・24誠一郎、会津藩の柴秀次らに面会、八月十八日の政変の真相を聞き出し、藩に報告。以後、会津藩の公用方と接触を重ねる。9・1継成、肥前藩周旋方の余田三右衛門・草野平蔵の訪問をうける。誠一郎も同席。	齊憲、関白の内意をうけて将軍東帰を思いとどまるよう幕府側と交渉。4・11孝明天皇、石清水八幡に行幸。4・20家茂、5月10日を期して攘夷を決行することを朝廷に奏上。4・—屋代郷の郷民、米沢藩の苛政を訴えるため仙台藩領に逃散。5・21上杉齊憲、議奏野宮定功からの諮問に対して、家茂をすぐさま江戸に東帰させるよう返答。6・3朝廷、家茂の江戸東帰を許可。7・29長州藩家老益田弾正・根岸上総ら、堺町の米沢藩邸を訪れ、攘夷親征への賛同を求める。8・13朝廷、大和行幸実施を決定。9・23上杉齊憲一行、帰藩の途につく。
文久四 元治元	一八六四	6・10誠一郎、屋代郷騒動をめぐる仙台・米沢両藩の紛争解決のため、桑折に出張、大瀧新蔵の命をうけて探索にあたる（〜6・26）。7・27誠一郎、小田切勇之進とともに奥羽探索の途につき、会津若松・白河・仙台・上山などに赴く（8・18米沢帰還）。	2・20長州藩の使者木梨彦右衛門、米沢に到来。3・27水戸藩士藤田小四郎ら、筑波山にて挙兵（天狗党の乱）。7・19長州藩兵、御所を警衛する幕府・薩摩・会津藩によって打ち破られる（禁門の変）。7・19齊憲、政事総裁職就任を要請される。7・24第一次長州征伐発令。8・5〜7四ヶ国連合艦隊、下関を砲撃（下関戦争）。
元治二 慶応元	一八六五	1・5継成、記録所頭取に就任。1・8誠一郎、興譲館寄塾生となる。4・2継成、齊憲の実子桃之助に対して政情探索の要を説く。5・7龍雄、江戸に着。閏5・1龍雄、安井息軒の三計塾に入塾。7・—龍雄、帰藩延期を願い出て許される。12・21会津藩の春日郡吾・香坂政太郎、米沢に到	2・26上杉齊憲、足痛を理由に隠居を願い出る。4・19幕府、齊憲の隠居を差し止め、その代償として屋代郷の収納高三万石を齊憲一代に限り下賜、帰藩を許可する。5・16将軍徳川家茂、長州再征のため大坂に進発。9・21家茂、朝廷から長州再征の勅許を得る。10・5朝廷、条約勅許を下

和暦	西暦	甘糟継成・宮島誠一郎・雲井龍雄の動向	主なできごと
慶応二	一八六六	来するが誠一郎の熱病のため面会かなわず。 4・10龍雄、江戸から帰藩の途につく。8・13誠一郎、藩から江戸出府を命ぜられる（8・16米沢出立、8・23江戸着）。8・27誠一郎、会津藩の林三郎とともに幕府目付堀錠之助を訪ねる。9・ー龍雄、前年江戸で集めた政治情報を探索書に纏めて藩に提出、探索周旋のための江戸派遣を歎願。10・4誠一郎、上与七郎とともに会津藩留守居石沢民衛らと面会、茂憲帰藩につき尽力を請う。10・6誠一郎、上与七郎とともに起草した茂憲帰藩の歎願書を会津藩に持参。会津藩、これをもって幕閣に掛け合う。10・12誠一郎、茂憲帰藩の件につき京都詰と談ずべく上京。（17日、着京。11・7江戸帰還）	す。 1・7米沢藩世子上杉茂憲、着京。警衛の任につく。1・22薩長盟約。4・15上杉齊憲、幕府から江戸の警衛を命ぜられる。5・12齊憲、幕府に隠居を願い出る。6・7第二次長州戦争勃発。6・25幕府、齊憲を差し止め、その代償として屋代郷三万石を米沢藩の込高とする。7・20将軍徳川家茂、大坂城にて陣没。9・2長州戦争の停戦なる。11・20上杉茂憲、京都を出立、帰藩の途につく。12・5徳川慶喜、将軍に就任。12・25孝明天皇没。
慶応三	一八六七	1・1誠一郎、江戸から帰藩の途につく（1・11着）。2～3月龍雄、藩命を帯びて庄内に赴く。10・7誠一郎、家督を相続。11・ー継成と誠一郎、藩からの諮問をうけて大政奉還につき意見書を提出。11・15継成、上京の命をうける。11・16継成、竹俣美作・堀尾保助とともに米沢出立。11・20継成、江戸桜田藩邸に着。11・25継成、堀尾とともに海路上京の途につく。11・30継成、京都に着。12・12継成、王政復古をうけて竹俣とと	4～5月松平慶永・山内豊信・伊達宗城・島津久光の四侯上京。将軍徳川慶喜と長州処分と兵庫開港につき協議（四侯会議）。10・14徳川慶喜、朝廷に大政奉還を上表。薩摩・長州両藩主に倒幕の密勅がくだる。10・28屋敷将真野寛助、京都から米沢に帰還、大政奉還をうけて朝廷から上杉齊憲への召命をもたらす。11・17京都において、仙台藩留守居松崎仲太夫・大童信太夫の呼びかけで、会津・南部・庄内・津軽・二本松諸藩の京都詰の

		もに帰藩の途につく。12・24龍雄、探索周旋のため須藤美保吉とともに藩から上京の命をうける（12・25米沢出立）。	面々が集い、「奥羽親ミ会」が開催される。12・9王政復古断行。12・25江戸三田の薩摩藩上屋敷が庄内藩等によって焼き討ちにされる。奉行竹俣美作、京都から米沢に帰還。12・29大坂の徳川慶喜から「挙正退奸」の表が米沢に届く。12・30三田薩摩藩邸焼討事件の報が米沢に届く。
慶応四 明治元	一八六八	1・2継成、米沢に到着。1・5龍雄、この日江戸にて師安井息軒のもとを訪ねる。この月、着京、新政府から貢士に任ぜられる。1・17継成、奥羽列藩が連合することを藩に進言。1・23誠一郎、奉行千坂太郎左衛門に従い、上京の途につく。継成は病のため上京を見合わせる。1・26龍雄、土佐藩の伴修吉らと面会、薩長の離間と西国諸藩の連合をはかる。1・27、28龍雄、長州藩の品川弥二郎に面会、薩摩藩との決別をうながす。2・18誠一郎、着京。3・6誠一郎、肥後藩の小橋恒蔵と面会、会津征討につき意見を求める。3・8慶喜・会津征討の否を訴える太政官あて米沢藩主建白書を携えて堀尾保助が上京。文面は継成の起草。3・15誠一郎、仙台藩の菅原龍吉と会談。菅原、大坂親征により薩摩藩への反感が高まることを期待。3・21龍雄、新政府参与後藤象二郎から奥羽諸藩が会津藩に降伏を促すよう指示を受ける。4・5継成、藩から軍務参謀に任じられる。米沢藩、奥羽鎮撫使の命をうけて会津征討の	1・3鳥羽伏見の戦い勃発。1・7徳川慶喜追討令が発せられる。1・11備前藩兵、神戸にて外国人と衝突（神戸事件）。1・15上杉齊憲、「挙正退奸」の表をうけて上坂の途につく。1・17仙台藩に会津征討の命が下る。1・18齊憲、鳥羽伏見における旧幕府方の敗退を知り、上坂を中止して米沢に引き返す。1・25米沢藩、朝廷から会津征討を命ぜられた仙台藩への応援を命ぜられる。1・29京都より屋敷将橋本主税、慶喜追討応援の命を携えて米沢に帰還。2・9東征大総督府設置、東海・東山・北陸各鎮撫使その麾下に属す。奥羽鎮撫使設置。2・15土佐藩兵、堺港に上陸したフランス人軍艦乗組員を殺傷（堺事件）。3・2奥羽鎮撫使一行、京都を出発。3・14明治天皇、百官を率い、五箇条の誓文を誓約。3・19奥羽鎮撫使一行、仙台藩領松島沖から上陸。3・21明治天皇、大坂に親征行幸。3・22奉行千坂太郎左衛門、京都から米沢に帰還、奥羽鎮撫使発向の旨を伝える。4・11江戸開城。4・13米沢藩、降伏を

和暦	西暦	甘糟継成・宮島誠一郎・雲井龍雄の動向	主なできごと
慶応四 明治元	一八六八	ため出兵することを家中に諭達、文面は継成が起草。4・26誠一郎、仙台藩の菅原とともに加賀藩の恒川新左衛門を訪う。恒川、全国の反薩諸藩の結集を呼び掛ける。閏4・3龍雄、新政府参与広沢兵助と面会、会津征討の不可を説き、討薩を呼び掛ける。誠一郎、大坂から京都に帰還。閏4・10誠一郎、会津謝罪歎願にむけて奥羽諸藩を説得するため、京都から帰藩の途につく。閏4・18誠一郎、米沢に帰着。即日、堀尾保助とともに奥羽列藩重役が集う白石に派遣される。閏4・29誠一郎、列藩会議に出席、仙台藩の太政官建白草案から「国賊追討の御綸旨」を求める文言を削除するよう主張。5・2龍雄、新政府に意見書を提出。5・3龍雄、討薩を実現すべく京都から帰藩の途につく。5・13継成、越後口総督の色部長門を追って越後に出陣。5・16龍雄、沼津にて遊撃隊長の人見勝太郎に邂逅、「除賊恢復」の誓紙を交わす。5・18龍雄、江戸に潜伏。5・24継成、堀尾保助らに進軍・徹底抗戦を主張。5・26龍雄、輪王宮とともに品川沖を出帆、28日、平潟に上陸。5・28誠一郎、太政官建白の使者として京都に向けて仙台藩領寒風沢沖を出帆。5・30誠一郎、館山沖停泊中の軍艦開陽艦上にて榎本釜次郎	促すべく会津藩と交渉することに決する。閏4・1会津藩の謝罪降伏につき、仙台藩領関宿に仙台・米沢・会津三藩の代表が集まり談判、交渉まとまる。閏4・4仙台・米沢両藩奉行の名で奥羽列藩に白石への参集が呼び掛けられる。閏4・12仙台・米沢両藩主から会津藩謝罪歎願書が奥羽鎮撫総督九条道孝に提出される。閏4・17奥羽列藩の歎願書、却下される。閏4・20世良修蔵、仙台藩士によって斬首される。閏4・21政体書、公布される。5・1米沢藩、奉行中条豊前率いる一大隊越後に派兵。5・3太政官建白に列藩代表が署名、奥羽列藩同盟が成立する。5・4長岡藩、列藩同盟に加盟。5・6新発田・村松・村上・三根山・黒川の諸藩、列藩同盟加盟（奥羽越列藩同盟）。5・15上野戦争で、彰義隊、新政府軍に敗れる。色部長門・中条豊前、北陸道鎮撫総督府に止戦の歎願書を提出。5・18奥羽鎮撫総督九条道孝、盛岡にむけて仙台を出立。5・19長岡城が新政府軍によって落とされる。5・26齊憲、越後に出陣。6・16輪王寺宮、列藩同盟の盟主に推戴される。7・4秋田藩、仙台藩の使節を惨殺し、同盟を離脱。7・17江戸を東京と改称。7・24同盟軍、長岡城を奪還。7・25新政府軍、太夫浜に上

（武揚）と面会、太政官建白の是非を問う。6・1龍雄、米沢に帰着。6・2誠一郎、会津藩の林三郎、勝海舟と面会、太政官建白の是非を問う。6・8龍雄、米沢を出立、越後に向かう。6・10誠一郎、旧幕臣山岡鉄太郎に太政官建白の方途について伺う。ついで勝から奥羽列藩の太政官建白書の添削をうけ、その勧めにより新政府参与あての添状を執筆する。6・11龍雄、越後加茂にて「討薩之檄」を起草、翌日、見附在陣の継成らにこれを示す。6・18龍雄、米沢に帰着。6・27龍雄、米沢出立、上州へ向かう。7・7継成が草案を起草した諸外国への布告文を携えて、仙台・会津・米沢の使者が新潟を出立、横浜へ向かう。8・7誠一郎、着京。8・10誠一郎、土佐藩京都留守居下村銈太郎の助力あって、太政官に奥羽列藩の会津謝罪歎願書を提出。8・13誠一郎、京都から帰藩の途につく。8・18龍雄ら、上州の立沢で新政府軍の襲撃にあい敗走。8・29龍雄、米沢に帰還。9・1継成、降伏を促すため片山仁一郎とともに仙台藩に遣わされる。9・4誠一郎、肥後藩邸にて米沢藩降伏の報を得る。9・11誠一郎、福島にて継成と対面、同日米沢に帰還。9・13龍雄、誠一郎のもとを訪問、激して藩の降伏について迫る。9・25誠一郎、会津若松にて新政府軍の軍監谷守部（干城）・参謀板垣退助と面会、翌日軍

陸、新発田藩、同盟を離反し新政府軍を新潟まで先導。7・29新政府軍、新潟を攻撃、米沢藩の色部長門、戦死。長岡城、再び新政府軍に帰す。8・1新潟陥落。これ以後、米沢藩、越後から撤兵を開始する。8・18米沢藩の庭坂陣営に土佐藩の沢本守也到来、降伏を勧告。米沢藩、これを受け容れる。8・19榎本釜次郎（武揚）、旧幕府艦隊を率いて品川沖を脱走、蝦夷地を目指す。9・3米沢藩主の名代の毛利上総・小川源太郎、新発田にて奥羽征討越後口総督仁和寺宮に謝罪状を提出。9・8明治に改元。9・11米沢藩世子上杉茂憲、新発田の仁和寺宮のもとに出頭、降伏を申し入れる。9・15仙台藩降伏。9・20明治天皇、京都を発し、東幸の途につく。9・22会津藩降伏。9・26庄内藩降伏。10・13明治天皇、東京に到着。10・20榎本軍、蝦夷地の鷲ノ木に上陸。26日には箱館を占領。11・10行政官から米沢藩に箱館出兵の命が下る。11・15旧幕府軍艦開陽、蝦夷地江差沖にて座礁。11・26新政府から米沢藩に箱館出兵見合わせの沙汰が下る。12・2米沢藩、新政府に「奥羽有罪在一身」の建白を提出。12・7奥羽処分。米沢藩は藩主齊憲の隠居、四万石削封に処される。12・8明治天皇、京都に還幸。

和暦	西暦	甘糟継成・宮島誠一郎・雲井龍雄の動向	主なできごと
明治元	一八六八	務官判事吉井幸輔(友実)と面会、庄内藩の寛典を請う。10・18誠一郎、齊憲に先立ち東京にのぼる。10・29誠一郎、前土佐藩主山内豊信に「奥羽有罪在一身」の案を披歴。11・24、25誠一郎、勝海舟を訪い、箱館出兵と「奥羽有在一身」の是非を問う。11・26米沢の継成から東京藩邸に箱館出兵反対の意見書が届く。12・1誠一郎、重役たちに「奥羽有罪在一身」の貫徹を進言する。龍雄、同志の武内政之輔・近松清と他日の賊征伐を誓う。	
明治二	一八六九	1・3誠一郎、土佐藩の中村観一郎から米沢藩が奥羽諸藩を勤王へ導くよう求められる。1・30誠一郎、京都にて薩長土肥四藩主が天皇に版籍奉還を上表したことを勝海舟から知らされる。2・4誠一郎、藩主上杉茂憲に米沢藩も版籍奉還すべきと進言。2・19誠一郎、国許の重役に書を致し、版籍奉還の決断を促す。3・4龍雄、藩の諮問に応じて、版籍奉還に反対する意見書を提出。3・8継成、東京に到着。3・14茂憲、版籍奉還を上表。上表文の起草には継成・誠一郎・片山仁一郎が携わる。3・15誠一郎、家禄二十石を加増され、公議人添役に任ぜられる。3・18誠一郎、継成を勝海舟に引き合わせる。5・3継成・誠一郎、国是確立の詔に対する茂憲意見書の原案を藩	1・20薩長土肥四藩主、京都にて天皇に版籍奉還を上表。2・8上杉茂憲、東京出立、帰藩の途につく。3・7天皇、再東幸の途につく(28日、東京着)。新政府、公議所を開く。4・22新政府、国是確立のための会議開催に先立ち、諸侯に意見を求める。5・4茂憲、国是確立の詔に対する意見書を提出。5・18箱館の榎本軍、新政府に降伏(戊辰戦争終わる)。5・22天皇、皇道興隆・蝦夷地開拓につき、諸侯に諮問。6・2戊辰戦争の論功行賞行われる。6・17天皇が諸藩の上表を聴納するかたちで、版籍奉還、断行される。6・25新政府、諸藩に対して諸務変革十一箇条を発する。7・8職員令により新政府の官制改革が行われる。8・11民部・大蔵両省が合併。8・14待詔

年号	西暦	事項	一般事項
		に提出。5・9継成、生糸輸出の手筈を整えるため横浜への出張を命ぜられる（24日にも）。5・25上杉茂憲、皇道興隆と蝦夷地開拓の諮問に対して意見書を提出。草案は継成が起草。5・25誠一郎、継成起草の「杞憂概言」を土佐藩の毛利恭助に手交、山内豊信らにも示すよう求める。6・17龍雄、藩校興譲館の助教に抜擢される。6・24継成、誠一郎に書を致し、新政府出仕の決意を示す。7・19継成、新政府より待詔院下局出仕を命ぜられる。8・21誠一郎、勝海舟宅にて参議大久保利通に邂逅。8・24継成、母の重篤を知り帰郷。8・―この頃、龍雄、遊学を名目に上京。9・21龍雄、米沢藩邸に誠一郎を訪ね、集議院に登用されたことを告げる。9・23龍雄、集議院の寄塾生を命ぜられる。10・18龍雄、質問状を提出し集議院を去る。10・22誠一郎、龍雄を訪ねる。11・5誠一郎、稲屋に龍雄を訪う。龍雄、芝山内への移居の意を洩らす。11・29継成、米沢にて病没。12・29誠一郎、藩に帰藩を願い出て許される。誠一郎、龍雄を訪れ、謹慎を求める。	院下局の事務が集議院下局に移管される。10・16米沢前藩主上杉齊憲、従五位宣下の御礼のため上京。10・24齊憲、右大臣三条実美のもとを訪れ、藩政改革の断行を誓う。10・29上杉齊憲、帰藩の途につく（11・9米沢帰着）。11・16米沢藩において改革が断行される。12・25東京・横浜間の電信が開通。
明治三	一八七〇	1・14龍雄、誠一郎に軽挙なき旨を誓う。1・20誠一郎、新政府の待詔院下局出仕を命ぜられる。1・26誠一郎、帰藩を前に龍雄に面会、再度暴挙なきよう言い含める。1・29誠一郎、父の看病のため待詔院に休暇を請い帰藩（2・7米沢帰着）。	5・16千坂高雅、病気のため米沢藩大参事を辞任。5・28集議院にて「藩制」の審議が始まる。7・10民部・大蔵省が分離する。新政府、盛岡藩知事南部利恭の廃藩の願いを容れ、盛岡藩を廃して盛岡県を置く。9・10新政府、諸藩にむけて藩

和暦	西暦	甘糟継成・宮島誠一郎・雲井龍雄の動向	主なできごと
明治三	一八七〇	2・16龍雄、密雲寮の学僧大俊が尾張に帰郷するに際し、詩を送り、他日の決起に備えるよう求める。2・17頃龍雄、二本榎の上行寺・円真寺に隊下とともに移居。2・22龍雄、新政府に歎願書を提出。浪士たちを親兵を取り立ててほしいと訴える。2・26龍雄、上行寺・円真寺の門前に「帰順部曲点検所」の標札を掲げる。3・11龍雄、新政府から返答をうけて二度目の歎願書を提出。3・16龍雄、三度目の歎願書を提出。3・21龍雄、四度目の歎願書を提出。3・28誠一郎、休暇を終えて米沢から東京に戻る。藩邸にて龍雄と面会、この間の挙動につき難詰する。4・14新政府、米沢藩に対して龍雄を藩邸に引き取り、謹慎のうえ取り調べを徹底するよう命ずる。4・29新政府、龍雄の一連の歎願を却下。5・11誠一郎、龍雄を訪ねる。龍雄、混乱の様子を見せる。5・13新政府、米沢藩に龍雄を国許に護送するよう命ずる。5・14龍雄、米沢に護送される。7・20新政府、龍雄を東京に召喚。8・5龍雄、米沢出立（14日、東京着）。閏10・10誠一郎、待詔院の廃止により非職となる。12・26龍雄、小塚原にて処刑される。	制を公布する。閏10・20工部省、設置される。12・18岩倉具視、勅使として鹿児島に到着。島津久光に勅旨を伝達。
明治四	一八七一	1・23誠一郎、新政府より弾正少巡察に任ぜられ	1・9参議広沢真臣、暗殺される。勅使岩倉具

		る。2・27誠一郎、弾正少巡察を依願免職。4・14東京にて誠一郎の呼び掛けで、高知・熊本・徳島・彦根・福井・米沢諸藩の大少参事が集い、藩政改革につき話し合う。以後、「小倉庵会」として定例化。5・7誠一郎、高知・徳島・彦根・福井・米沢諸藩との会合に参加、席上、議院開設のことが話し合われる。以後、「議院の事件」を議題とする会合が「大六機密会」として定例化。10・5誠一郎、大議生として左院に出仕する。	視、山口に至り毛利敬親にも勅旨を伝達。2・13薩長土三藩からの徴兵を親兵として召し出す。4・4戸籍法制定。7・14廃藩置県、断行される。7・29太政官制が改められ、正院・左院・右院が設置される。11・12岩倉具視を全権大使とする使節団、欧米視察にむけて横浜を出航。
明治五	一八七二	3・19誠一郎、少議官に昇進。4・3誠一郎、左院議長後藤象二郎に「立国憲議」を提出、「君民同治」の理念のもと、立憲政体の樹立を求める。	8・2文部省、学制を公布。11・28徴兵の詔書発せられる。12・3太陽暦が採用される。
明治一六	一八八三	この年、龍雄の遺骨が回向院から谷中天王寺に移葬され、墓碑が建立される。	4・16新聞紙条例改正。7・20右大臣岩倉具視没。8・3参議伊藤博文、ドイツから帰国。11・28鹿鳴館開館。
明治二二	一八八九	2・11大日本帝国憲法公布に伴う大赦により、龍雄の罪が解かれる。3・17谷中天王寺の龍雄の墓前で大赦稟告祭が開催される。	2・11大日本国憲法・衆議院議員選挙法・貴族院令公布。皇室典範制定。10・18外務大臣大隈重信、玄洋社員に襲われ負傷。
明治二三	一八九〇	4・—龍雄の大赦をうけて、未亡人、龍雄の士族復族を願い出る。	7・1第一回総選挙。10・30教育勅語発布。11・25第一回帝国議会召集。
明治三〇	一八九七	5・—誠一郎、龍雄からの書簡を巻子にしたて、識語を渡辺国武に請う。渡辺の勧めで自らも識語を加える。	3・—足尾銅山鉱毒事件の被害民が上京のうえ政府への請願に及ぶ。3・29金本位制実施。
明治四四	一九一一	3・15誠一郎東京の自宅にて病没。	1・24天皇暗殺を企てたとして幸徳秋水ら処刑される（大逆事件）。

あとがき

私が吉川弘文館から本書の執筆につき御依頼をうけたのは、東北大学東北アジア研究センター上廣歴史資料学研究部門に助教として着任して間もない二〇一三年十一月頃のことだったと記憶する。とすれば、本書の刊行まで五年もの歳月を費やしてしまったことになる。そして、今私は先行きの分からぬまま助教の任期を終えようとしている。在任中に本書を刊行できなかったことは痛恨の極みである。

かくも本書を書きあぐねたのは、おのが魯鈍と怠慢によるものだが、その他に理由がなかったわけではない。私は前著『未完の国家構想―宮島誠一郎と近代日本―』（岩田書院、二〇一一年）を上梓した後に、東北に活動の拠点を移してから、それまでの宮島誠一郎の研究を土台として東北の幕末維新史をさまざまな個人の視角から見直してみようと心に期していた。そのような矢先に御依頼に接したものであるから、当初の計画では、情報・ネットワークと思想形成の関係性に問題関心を絞りつつ、奥羽列藩同盟を主導した米沢藩のみならず広く東北諸藩から探索周旋活動に携わった人物を取り上げるつもりであった。だが、史料を渉猟して読みあさってもいっこうに構想がまとまらない。筆を執ることができないままいたずらに時間のみが過ぎていった。

「これでは埒が明かない。ここは、少しばかり馴染みのある米沢藩を焦点に、宮島とその他の人物の姿を比較して描くほか道はない」、そう観念して、執筆に取り懸かったときにはすでに御依頼をうけてから一年がたっていた。だが、そこから数えてもさらに四年の月日が流れている。ここで、私の筆を鈍らせたのは、前著『未完~』での失敗であった。失笑を買うのを覚悟であえて言わせていただくならば、前著は私にとって青春の証のようなものであった。ゆえに一世一代の仕事と思い定めて慎重に執筆に臨んだつもりであったが、後日、誤字脱字に止まらぬ、思わず赤面したくなるような誤りに多々出くわし、そのたびに暗澹たる気分に包まれた。もう同じ過ちはすまいと思えば、筆が進まないのは自明の理、加えて生来の遅筆ときている。

そうこうして、どうにか書き上げたものを今読み返してみると、「五年ものあいだなにをやっていたのか」と自らに呵責を加えたくなる。とはいえ、たとえできあがった産物がそのような代物であったとしても、私にとって本書の執筆は得難い経験となった。そう思えるのは、本書において前著の誤りを幾分かでも訂正する機会が得られたからである（だが、私のことであるから新たな誤りを犯してしまっていることであろう）。その意味で本書は「再提出の書」である。

また、本書の執筆を通じて、わずかながらだが新たな知見が得られた。今回、宮島以外に甘糟継成・雲井龍雄という二人の人物を取り上げたが、三者の異なる歩みを比較検討することにより、宮島ひとりを対象としていては醸しえぬ豊かさを本書に与えることができた。二人ならまだしも三人を、しかも同一のストーリー展開のなかで取り上げて記述するということは、私にとって大きなチャレンジであったが、そうして得られた収穫は大きかったと言わねばなるまい。

さて、本書は、両親・姉の家族は言わずもがな、実に多くの方々の恩恵あってなったものである。最初からここまでお読みくださった読者諸賢はお分かりかと思うが、本書はその記述の多くを原史料によっている。まずは、これら史料を閲覧する機会をお与え下さった早稲田大学中央図書館特別資料室・国立国会図書館憲政資料室・市立米沢図書館郷土資料室等、各地の資料館・図書館の職員の方々、そして、御私蔵の史料を惜しげもなく御披露下さった宮島家御当主吉亮氏ならびに夫人の靖子氏に御礼申し上げたい。

本書の一部は、東北大学東北アジア研究センター上廣歴史資料学研究部門（以下部門）在任中に行った山形県立博物館での数回の講演をもとにしている。これらの講演は同部門の活動の一環に位置づけられたものである。とても聞くに堪えない講演に耳を傾け下さった聴衆の方々、五年ものあいだ研究に打ち込める環境と条件をお与え下さった東北大学東北アジア研究センターならびに公益財団法人上廣倫理財団、部門の長として私に責任のある仕事をお任せ下さった平川新先生（宮城学院女子大学学長）、日々の活動をともにし職場の先輩として折に触れて私を御善導下さった部門准教授荒武賢一朗、同助教高橋陽一の両氏には、とくにこの場を借りて御礼を申し上げたい。

そして、なにより感謝申し上ぐべきは、なかなかあがらない原稿を辛抱強く待たれ、適切なタイミングで適切な方向に私をお導き下さった吉川弘文館の若山嘉秀氏である。

甘糟継成・宮島誠一郎・雲井龍雄の三人が、激動のなか、情報、あるいはネットワークという糸でもって織り上げた思想という衣は、それぞれまったく異なる色をなすものであった。そのさまざまな色の衣は、近代にあって他者から「白河以北一山百文」と十把一絡げに蔑まれた東北の多様性の一端を示すものであろう。本書が米沢藩にスポットを当てながら、『東北の幕末維新』と銘打ったのは、これが東北の幕末維新史を考察する第一歩となればと願ってのことでもある。

二〇一八年九月五日

友田昌宏

（追記）本書は日本学術振興会から科学研究費の助成を得ている「幕末維新期における情報ネットワークと思想形成─東北諸藩士を素材として─」（「基盤研究（C）」17K03091）の成果の一部である。

著者略歴
一九七七年　埼玉県に生まれる
二〇〇八年　中央大学大学院文学研究科日本史専攻博士後期課程修了、博士（史学）
現在　東北大学東北アジア研究センター専門研究員

〔主要編著書〕
『戊辰雪冤―米沢藩士・宮島誠一郎の「明治」―』（講談社現代新書、二〇〇九年）
『未完の国家構想―宮島誠一郎と近代日本―』（岩田書院、二〇一一年）
『東北の近代と自由民権―「白河以北」を越えて―』（編著、日本経済評論社、二〇一七年）

東北の幕末維新
米沢藩士の情報・交流・思想

二〇一八年（平成三十年）十一月一日　第一刷発行
著　者　友《とも》田《だ》昌《まさ》宏《ひろ》
発行者　吉川道郎
発行所　株式会社　吉川弘文館
郵便番号一一三―〇〇三三
東京都文京区本郷七丁目二番八号
電話〇三―三八一三―九一五一（代表）
振替口座〇〇一〇〇―五―二四四番
http://www.yoshikawa-k.co.jp/
印刷＝藤原印刷株式会社
製本＝ナショナル製本協同組合
装幀＝渡邉雄哉

ISBN978-4-642-08341-6